浅谈闭环管理与HR创新

李刚　编著

WUHAN UNIVERSITY PRESS
武汉大学出版社

图书在版编目(CIP)数据

浅谈闭环管理与 HR 创新/李刚编著. —武汉:武汉大学出版社,2018.5
ISBN 978-7-307-20106-4

Ⅰ.浅… Ⅱ.李… Ⅲ.企业管理—人力资源管理—研究
Ⅳ.F272.92

中国版本图书馆 CIP 数据核字(2018)第 063375 号

责任编辑:王金龙　　　责任校对:李孟潇　　　版式设计:韩闻锦

出版发行:**武汉大学出版社**　　(430072　武昌　珞珈山)
　　　　(电子邮件:cbs22@whu.edu.cn 网址:www.wdp.com.cn)
印刷:湖北金海印务有限公司
开本:787×1092　1/16　印张:14.25　字数:292 千字　插页:2
版次:2018 年 5 月第 1 版　　2018 年 5 月第 1 次印刷
ISBN 978-7-307-20106-4　　定价:39.00 元

自言自语我的序

写书我不是专家，仅有些实操经验，经验也不全对，但确实是费尽脑子，认真负责的。写这本书，我做了很大努力和准备，因为没名气，犹豫了很多年！写这个序，我也做了很大努力和各种尝试，托了很多朋友，想找些名人大师写序推荐，最终也没做成！

最后想想，算了，又不是什么名人，最多能算个草根专家，别折腾了，豁出去，自己自言自语写个序吧：

【不容易】：用了近20年时间学习、积累，用了10年时间思考、验证，用了5年时间准备、总结，用了2年时间查阅、编辑、修改，最后用了半年时间下决心、修订、出版。

【胆子大】：仅因一腔热情和执着，凭借些对管理的痴迷，特别是基于"管理标准化机制论与创新人力资源管理论"，秉持着实战、实操、务实、高效之职场历练精神，真的没什么惊世骇俗之举，也没有风采迷人的演讲，更没有催人泪下的奋斗史和励志成功故事，最怕不适用而误人误己。终因一句话鼓励和壮胆："管理创新无专利，知识和进步贵在分享、交流"，冒冒失失就干了。

【讲真话】：本来只想写写本人的核心研究成果与技术：可持续资源管理技术SRMT，就是：三定原理（定位、定性、定标：3W1H+五力检核模型）+TRPM落地保障+七大闭环管理机制+创新人力资源管理（HR十大模块+六大工程）。但是，听取多方意见后，大家一致认为"要基于管理研究的严谨、逻辑考量，特别是避免突兀"，最后上溯到与之有密切关联的民营企业管理与家族企业传承。在这些延伸领域，虽然存在一些本人观点和理念、交流，但实际上大量借鉴和参考了国内外较为成熟的理论和专家成果，在此特别声明，一并表示郑重感谢！

【有点杂】：谈管理理论我不擅长，最多是个草根实战派，人也不是绝顶聪明，只是有些小聪明和一股不认命、不认输的精神。所以，这本书从20多万字被修改到10多万字，我还是感觉有点杂。本书通用理论占20%，实操自创观点、理论占40%，多年积累成果工具等占40%。所以，您会看到有些章节大道理与理论较少，为了直观借鉴，拿来便可用，我把自己做的、用的制度、流程、文案、表格、工具等直接拿出来，以便直观对比、套用、优化。

【自画像】：李刚，曾用名：李森，英文名：HARD LEE；1972年出生于湖北，现居籍广东；中国民主促进会会员，区政协委员。1994 年大学毕业，2001—2003 年修完中国人民大学研究生院 MBA 课程，并于次年获得新西兰大学商学院 MBA 硕士学位。

自幼顽劣，晚醒晚悟；小乘佛教，且行且修；为人随和，事不随意；成人成己，与人为善；居安思危，感恩随缘；志同道合，宁缺勿滥。

逾 20 年的职场磨难，历经三大主场：20 世纪 90 年代初求生于福建沿海，21 世纪初奔波于江浙沪长三角地区，2010 年初扎根于广东珠三角。从基层职员做起，曾服务于七匹狼、潮宏基、深圳茂业控股等企业集团，历任集团总监、副总裁、COE 首席 HR 知识专家。参与辅导咨询的项目及企业逾 60 家，主要定位于中国民营企业、品牌连锁零售、多元化集团。不惑之年，热衷于"互联网+"的创新研究。

坚持"实战、实操、落地"；研究"管理标准化、机制取代人制、岗位价值绩效化"；秉持"高薪、高目标、高绩效"；崇尚"务实创新、杂学活用、价值为王"。基于实战与杂学的草根本质，始终坚守"管理化繁为简、回归商业本质、构建常态固化机制"的探索和追求。

先后荣任中国时代杰出职业经理人，全国人力资源理事会理事，2015 首届世界微商大会微商导师，陕西国际商贸学院特聘教授；国际注册管理/策划师、国际职业培训师等。多项管理研究成果、论文、实战案例及专题演讲被《中国体育报》（体育局）、《财经界》（发改委）、《中国人力资源》杂志、阿里巴巴百度专家文库、暨南大学、《陕西教育厅官网》、广东电视台等媒体专访报道。

研究方向为标准化体系与管理机制，人力资源管理的创新与转型。

管理创新核心理论：所谓做管理，就是定目标、抓标准、讲价值。

唯一研究成果：《可持续资源管理技术 SRMT》。

李刚

2018 年 4 月

前　言

中国企业目前主要阵营是民营企业，借助 21 世纪初高速发展的诸多红利，快速成长、完成积累。可是一旦遇到冲击、竞争，特别近几年"互联网+"、O2O 的发展以及行业集中、供给面结构新常态需求等，诸多企业面临着业绩下滑、发展减速，甚至频临破产。特别涉及持续发展和基业常青这个话题，企业才焦灼地意识到冯仑先生《野蛮生长》所道破之天机：之前忽略了企业标准化、规范化管理机制的建设、健全、固化，缺乏对可持续发展资源与机制管理的研究和投入，当然，也找不到增长点的根源。

与此同时，管理理论与知识的不断成熟与创新，形成跨界跨域、多样多元化、碎片式的管理知识、工具、模式、机制。管理咨询界"鱼目混珠、滥竽充数；有的只为商业价值，不重商业道德"，有的偏重快餐式、迷信提炼某些成功人士和成功企业的模式，或者策划包装些花样新奇理论，包括崇洋舶来些所谓国际大师的洋理论，粉饰、炒作、堆砌、囫囵吞枣。各类名头的大师、专家成堆，务实、实战、实操的教练式咨询和落地专家缺乏。

面对眼花缭乱、错综复杂、百家争鸣的诸多管理模式、机制、体系，特别是雪上加霜的"高价贵族 MBA"，几十万元几个月几节课便把很多本来务实的草根企业家，甚至部分职业经理人，刺激得像"打了鸡血"，一夜之间"上要通天、下不着地"，更加浮躁不安，不断试错，却又不知所措，苦不堪言。知识多了是好事，知识杂了愁煞人，知识庞杂害死人！

谈起人力资源管理，这个起源于 19 世纪 30 年代，至今拥有不到 200 年历史的管理科学，20 世纪 80 年代传入中国，在中国也仅仅有 30 多年边学边用的实践经验。当其遇到东方文化差异和多元化民营企业需求时，势必暴露出舶来知识与理论的短板与缺陷、漏洞，以及适用差异。所谓的"六大模块"在知识结构和实践检验中，确实存在很多盲点和缺失，以及传统 HR 理念、战略缺乏、价值错位、技术盲区等都必须予以正视、修正、升级、优化。

基于以上的种种问题和原因，笔者冒昧希望本书可以抛砖引玉，最终解读或解决以下问题：

1. 中国民营企业、家族企业传承的现状、创新及变革，其可持续增长与发展，归根结底怎么办？有何全面解决方案？辩证引出 SRMT！

2. 三定原理、五力检核与落地（本书关键理论），即定性、定位、定标，五力维度检核以及闭环落地机制。简单地说：对标检核，重新认识定位自己的企业，抓准关键问题点与差异是培育和构建持续增长与发展的核心基因。

3. 可持续资源管理技术 SRMT（本书核心技术），即固化闭环管理机制+创新人力资源管理。通过该技术的学习、运用，精准快速构建或优化企业可持续发展的人力资源与管理机制。

可持续资源管理技术 SRMT（Sustainable 可持续的，Resources 资源，Management 管理，Technology 技术），是本书作者根据逾 20 年的实战经验与学习积累，本着"实操为本、科学严谨；聚碎为焦、化繁为简；回归本质，落地为王"宗旨，为企业的可持续增长与发展、基业常青、百年品牌与传承管理，研究创新的一套简捷实效的管理知识体系与管理技术、机制。期望抛砖引玉，开启一个技术型、教练型、实操型细分管理领域的研究与创新常态。

核心技术与具体技术实现路径：

1. 通过入门必修三定原理诊断企业现状（定性定位定标：3W1H 诊断模型+五力检核表+硬软实力），检视企业竞争与持续发展的关键缺失与需求，完善 TRPM 体系确保落地。

2. 通过 SRMT 的落地必会核心技术：七闭环机制+三层五级流程+三大权限表+HR 的十大模块+六大工程，快速构建和固化企业可持续发展资源管理机制，使得企业具备可持续发展与基业传承的固化基因与机制。

3. 核心技术中的关键创新研究成果：HR 的十大模块六大工程即创新人力资源管理。

目　　录

第一部分
中国民营企业与可持续发展之困惑

中国民营企业经过多年的发展，现已成为全国经济结构的重要组成部分，对全国的经济贡献率越来越大，成为增加财政收入、扩宽就业渠道、拉动经济增长的重要力量，对我国经济增长的贡献作用也越来越大。

我看冯仑先生的《野蛮生长》，本质是讲民营企业快速发展、盲目追求规模的后遗症。民营企业发展存在许多问题，这些问题的出现使得后期发展减速、停滞，面对二次创业和转型，有的甚至根本不明白究竟该做些什么、怎么做。归根结底，其实质都是一个共同话题——可持续增长与发展。

第一章　中国民营企业持续发展的三大缺陷

一、缺乏回归商业本质的常态化、市场化、成熟度

（一）发展环境制约

1. 政府职能急需向服务激励型转型

民营经济的快速发展需要一个宽松稳定的外部环境，政府职能必然起着关键作用，当前国家一再强调各级政府职能的转变，由对企业管理转变为为企业服务，然而实际中有关职能还急需加强。

在"先有鸡，再有蛋，鸡和蛋的政策问题"上，我们应该从客观人性化的高度与角度考量"野蛮生长"后遗症，考量企业曾经的纳税、GDP、就业等贡献，多给予普法宣教、引导指导、限时整改，与企业携手加快加强改造、改善，从教育培养灌输最基本的环境、质量等道德意识、社会责任意识开始，逐步加快加强升级改造。

一些本来利国利民、提升企业责任素质的好事，有时候由于缺乏耐性和引导，缺乏客观和公正，缺乏方法，最后变成了"猫捉老鼠的博弈和游戏"，总是少不了火药味和管制权力味。

2. 政策执行与落实的常态化、固化度不足

近几年国家放宽非公有制经济市场准入，加大对非公有制经济的财税金融支持，完善对非公有制经济的社会服务，维护非公有制企业和职工的合法权益，引导非公有制企业提高自身素质，改进政府对非公有制企业的监管，加强对发展非公有制经济的指导和政策协调。比如2014年以来，深圳市陆续颁布了一些加快民营经济、小微经济发展的规定与激励机制。

但是一些政策触犯部门利益，在执行中走样变形，还有一些政策由于各自认识不一致，在执行中相互抵触、互相抵消，有的部门只认本部门的具体规定。当然也有些"害群之马"依然敢于"顶廉洁之风逆行"，借法施权，借政施威，借机设障，变换方式吃喝卡拿；有的由于领导人事更迭，新官不理旧账，缺乏政策连续性等。

（二）结构性矛盾较为突出，行业集中度与成熟度不够

同质化程度极高，深圳的田贝路集中了毫无差异的成千上万家珠宝作坊；在广州类似白马的服装批发城，一夜之间冒出几十、几百家；在福建晋江一个小镇可以聚集上百亿的同质化服装、体育品牌；在湖南，几乎每个城市都有几个自己的槟榔产品；房地产赚钱，大家纷纷圈地；国家支持大健康产业，食品企业便如雨后春笋；"一窝蜂"经济，是造成同质化的根源，同质化又是行业集中度不够的本质。

民营企业的结构性矛盾主要表现为：传统产业庞大，单体规模水平严重偏低，竞争力明显不足；在初步形成的产业群中，优势互补性和协作配套的产业链环节薄弱，集约化、规模化水平偏低；劳动密集型行业多，技术密集型行业少；高能耗、高污染企业多，高附加值、环保型企业少，未形成新的特色和优势，部分产品跟不上市场需求变化。

至于集成供应链整合以及资本运作对于一些传统企业来讲，大多是一知半解或可望不可即的。他们大多认为有风险、不可控、没必要，从而一直坚持以传统蛮荒之力勇往直前、再创辉煌，甚至再创奇迹。

即使部分企业以领袖、领头羊身份发起行业集中战略，也无不是些简单粗暴的价格战、促销战、市场渠道拉锯战、区域市场轮庄战。极少从本质上真正弄懂做实商业本质回归及以顾客为中心从而上升到产品战略、品牌战略的智慧竞争。

（三）社会资源配套体系市场化发展滞后

当前民营企业存在投入不足、人才匮乏、技术力量薄弱、产品开发缓慢以及信息不畅、债务困扰等问题，这些问题仅靠企业自身难以解决，迫切需要得到社会服务组织和更为市场化的社会分工职能的支持。

目前符合中小企业发展需求的各类社会服务组织尚不建全，在信用担保、技术推广、成果转化、人才引进、员工招聘、劳务派遣、市场开拓及信息服务、法律服务等方面，还未形成社会化服务组织体系，客观上影响着民营经济的发展。

特别是"用工荒"招聘困境，一方面有些企业招不到人，另一方面，尚有大量社会劳动力资源闲置，如信息与意识闭塞的地区依然存在贫困户，他们走不出去。双方因为信息、渠道、服务、规则等方面的制约和闭塞而不能高效互通、互动，互惠互利。

二、缺乏管理机制的规范化、标准化

（一）管理理念制约、滞后

1. 理念观念有待进一步提高

当今社会是不断鼓励和崇尚多元、个性、包容、欣赏、激励的主流文化与价值观的，人们的思想发生了新的飞跃。传统的不谈物质与激励、只谈管制文化确实有点过时了。受传统思想和习惯的影响，有的企业与管理者习惯于从"管人"出发，从文件制度出发，而照本宣科，既定规章制度缺乏人性化，缺乏与员工的换位考量，大多是闭门造车、生搬硬套、墨守成规。

2. 企业受固有观念束缚

民营企业经营者自身落后的观念的束缚也是阻碍其发展的又一原因，从民营企业本身来看多数存在"小成即满，小富即安"的思想，民营企业群体庞大，然而大多数的企业规模不大，直接原因就是企业经营者缺乏干大事业、闯大市场、当大老板和敢为人先的气魄及雄心。最缺乏的是"敢放权、愿分钱"的意识和实际行动！

许多中小型民营企业采用的是作坊式的生产和经营，没有专利技术和专利技术开发能力，没有设备自动化研发与迭代能力，产品的技术含量低，质量差，市场占有率低，同质化程度高，缺乏市场差异化竞争优势。

（二）错解"纸上谈兵"，不搞机制建设

很多企业是先赚钱后管理，先致富再修行，骨子里始终没把标准化、规范化、制度化、流程化作为企业的命脉和根基，没有真正学懂吃透，没有扎实地去建设、健全、优化、简化、固化。

企业涉及规模大、发展快，外部竞争威胁，自身停滞不前；企业内部无章无序，迷茫失控；管理者一知半解，生搬硬套，信息与管理错位，人才资本大量浪费，这些最终都会造成根本无法量化和落实"管理有秩序，管理见效益"的管理机制效能。

三、缺乏人力资源的战略与创新

（一）人力资源战略规划滞后，管理意识淡薄

近年来，民营企业的发展十分迅猛，人力资源呈现供不应求的局面，尤其是中基层管理人员和技术人才的缺乏，一线员工劳动力短缺，使得民营企业发展的后劲不足。一个企业不能等到需要用人时才去找人，而应事先有人力资源规划。在企业的战略目标、经营计划、生产计划、财务计划的基础之上形成本企业的人员替补计划、招聘计划、退养计划、发展计划等。大多企业对于关键岗位人才梯队建设和人才可复制工程了解甚少，无从下手，选人、用人凭印象。

许多民营企业还停留在管理一言堂阶段，特别是有些企业家在大师专家的指点下还在用帝王权术——疑者不用，用者还疑，把表面忠诚看得比业绩绩效更重。对人才缺乏授权

与激励，缺乏充分开发培养、合理使用、有效管理人才的观念。这种观念无疑将企业人才的能力局限在现有水平上，不能有效地挖掘员工潜能，更是对员工积极性和创造性的极大挫伤，其后果必然极大地阻碍企业自身的前途和发展。

（二）酬薪与激励管理误区：不懂杠杆效能，不敢大胆激励

企业为了提升业绩，认为在物质上的奖惩是最佳的选择，而忽略了对员工的精神激励。在民营企业中，员工的报酬一般采用基本薪资加奖金或基本薪资加提成的方法，这个是结构薪资，这种方法既简单又灵活。这种管理方法在企业发展初期没有太大的障碍，但随着企业的发展和人才结构的复杂化，对核心员工特别是关键岗位来说，报酬不仅是一种谋生手段，更是一种人们的自我满足和自尊的需要。因此，必须根据现实的状况，对原有的薪酬体系做出相应的调整。

目前在民营企业中，还出现一些更离谱的情况，有些企业对职工进行物质激励承诺，甚至签订了目标责任制的奖励合同，但是最终部分甚至完全不兑现，结果不但挫伤了职工继续工作的积极性，并且破坏了职工对企业的感情和对领导的信任。舍得，有舍才有得；舍不得，不舍就不得。不懂分享与激励，当然留不住关键人才和骨干，甚至连一线员工获取优势也会丧失，谈何发展与竞争？

现代企业的人力资源管理更多地把人看成一种活的资源来加以开发、利用，把激发人的热情、增强人的能力作为人力资源开发的重要目标。通过有效而正确的激励技巧，激发出每个人内在的活力，使其始终保持一种积极进取、奋发向上、勇于拼搏、开拓创新的精神状态，把潜能最大限度地释放出来。目前许多民营企业认识到了人才的重要性，并以较高的工资收入或其他物质激励方式吸引人才，但在对人才资源管理的过程中，单一地以增加报酬激励员工的工作激情，忽视非物质的激励方式（如理想激励、目标激励、榜样激励、培训激励和自我实现激励等），忽视良好的企业组织环境氛围的培育，使得企业缺乏凝聚力，员工缺乏归属感、安全感。

如何解决不断攀升的人工成本压力，秘诀只有一个：科学合理运用结构化薪酬，大胆加大机会与变动成本和绩效激励，缓解固定成本压力与负荷。

一个企业的薪酬文化与制度是否科学，其主要衡量维度有四个：（1）人工占比与结构占比的负荷度、可控度；（2）同城同行水平差异度与满意度；（3）结构规划与切割合理性；（4）绩效的管控效能与激励的杆杠效能。

（三）单一招聘渠道，传统落后的招聘选人策略

人员的招聘本身应具有很明显的计划性、程序性和科学性。而相当一部分民营企业由于缺乏规范的招聘规程，在招聘时没有详尽周密的招聘计划，其招聘往往呈现出现用现招

的特点。招聘渠道、形式单一，结果往往是招聘者重复性地到本地或跨地区的人才市场上去寻找企业所需要的人才，这样既费时又费力，招聘成本过高，而且企业难以招到满意的人才。

另外，大多数民营企业在招聘关键人才时，往往采用传统的面试法，很少采用笔试法、情景模拟法和心理测验法来考察应聘者的写作能力、分析创造能力、组织决策能力和人际交往能力。加上有些民营企业人力资源管理者本身的专业素质较低，在招聘时，往往凭经验办事，重感觉不重能力。重应聘者的言谈，不注重考察实绩，甚至凭个人喜好与印象，以貌取人。可以想象，这样的"伯乐"怎么能够找到真正的"千里马"呢？

（四）职员的专业水平与职业化程度偏低

在知识经济时代，企业对员工的素质要求越来越高。随着民营企业的发展与壮大，接踵而来的问题是人才的缺乏，尤其是缺乏熟练程度高的技工，专业水平高、高素质的管理人才。目前民营企业管理人员的现状是：

1. 不懂标准化

大部分员工会做、不会写、不会说、不会传，大部分管理人员会管不会教，大部分工作、工艺、技术靠师带徒传授，没有分析分解标准，不懂 IE，不建立工作标准、培训标准、绩效标准等系列标准。

2. 缺乏现代企业管理知识

一般来说在民营企业中从事人力资源的管理者缺乏现代企业管理的基本认识，不大懂得按现代企业制度运行企业，在管理方式上，大部分仍处于经验管理阶段。

3. 专业结构单一，复合型的管理人才少

在一些民营企业中，大部分管理人员是单纯学技术或学制造出身的，知识结构太单一，缺乏必要的相关管理知识。要么十几年专长一技，对其他管理知识知之甚少。

（五）人才结构与组织氛围（新老）融合问题

如何快速有效改变和优化人才结构，以及培育高效的组织发育能力，也是民营企业首要的人才发展工作。民营企业如何拓宽提高人才素质途径的渠道，如何通过科学配置整合人力资源、充分发挥人才整体效应、实现素质与结构的和谐，就显得非常重要及迫切。

新人工作时间短，新老融合周期长、风险大，是个大问题。基于民营企业的家族特色以及区域特征，在新人的引入上，往往面临一个共同问题：存活难，见效慢。无论是新兵还是新将，都有这个存活融合问题。是员工的问题还是企业管理者的问题，始终没有弄明白。其实归根结底是企业职场氛围的问题，并非价值观的冲突问题，也是职业化标准的差异问题，更是人才价值导向定位问题。

第二章　民营家族企业传承与持续发展管理

国内第一批家族企业诞生于 20 世纪 70 年代末至 80 年代初，当年那些血气方刚的企业家，经过二三十年的风雨搏击，已是两鬓斑白，面临着年龄或知识老化的危机，国内的家族企业也迎来了交班时代。

2017 年中国财富管理论坛上，全球最大投资银行之一美林集团发布的报告显示，中国大陆的千万富翁过百万人，中小规模的家族企业更多。如果按照正常的家族代际传承，那么有资格成为百万富翁乃至千万富翁的"富二代"将数不胜数。然而，经过几十年的打拼，第一代的创业者有些已垂垂老矣，有些虽然正当壮年，却因为健康状况或意外英年早逝；还有一部分企业家感觉知识匮乏，希望子女通过学习现代企业的管理知识，能够更好提升企业管理水平，建立规范的企业管理制度。

家族企业的传承是一个过程，是家族企业的所有者和经营控制者把所有权和经营权传递给继承者的过程，传递的过程以继承人加入家族企业开始，以家族企业的原控制者退出企业控制权和继承人掌握企业经营控制权或所有权为结束，传递的内容包括家族财产、经营权、社会地位和声望等。

归根结底，其实质也是企业的可持续增长与发展管理问题，依然分为资源管理与机制管理两大范畴和领域，也正是本书的核心研究范畴。

一、传承内容：资源基础理论

（一）资源的重要性

企业是由许多不同的资源束组成的集合，每种资源都有多种不同的用途，企业因为具有这些资源而具有竞争性。

企业的资源对企业的发展和获得竞争优势是至关重要的。总体来看，资源一般包括有形资源和无形资源，有形资源比较容易获取和传承，而无形资源比较难以取得和传承，而无形资产往往是很重要的，因此，在家族企业的传承中既要关注经营权和所有权的传承，也要关注关系、企业文化、企业家创业精神等无形资产的传承。

（二）家族企业的关键资源

在家族企业发展中，家族企业具有以下的资源才能确保家族企业获得持续的竞争优势：

1. 家族企业的家族文化

家族企业由于受家族文化的影响，凝聚力强，家族企业内部信任程度比较高，代理成本比较低，这是其他企业所不具备的。

2. 家族企业的股权集中

家族企业一般股权比较集中，确保了家族企业在发展过程中执行力比较强，能够很精准地实现企业的战略目标。

3. 家族企业的机制灵活

家族企业一般机制灵活，市场反应快，能够很快地抓住市场商机，及时调整发展战略以适应市场变化。其实这种灵活性也隐藏了传承中的巨大缺陷与遗憾。因为在管理机制上，反而没有可传承的具体东西。

二、家族企业传承的理论模型

（一）家族企业的三极发展模型（见图 2.1）

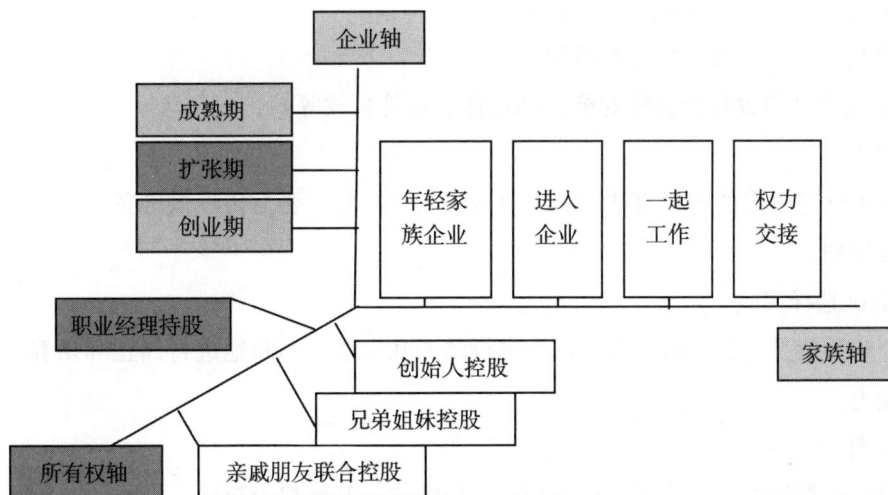

图 2.1　家族企业三极发展模式

在家庭发展轴上把家族企业分为四个阶段：年轻家族企业、进入企业、一起工作、权力交接，也描绘了家族企业传承的过程。

在企业生命周期轴上，把企业划分为三个周期：创业期、扩张期和成熟期。

在所有权发展轴上中国民营企业大多是创始人控股、兄弟姐妹控股、亲戚朋友联合控股。

最明智也最可惜的是家族企业传承较少敢于突破选择——职业经理持股。

（二）家族企业所有权传承六阶段模型（见图 2.2）

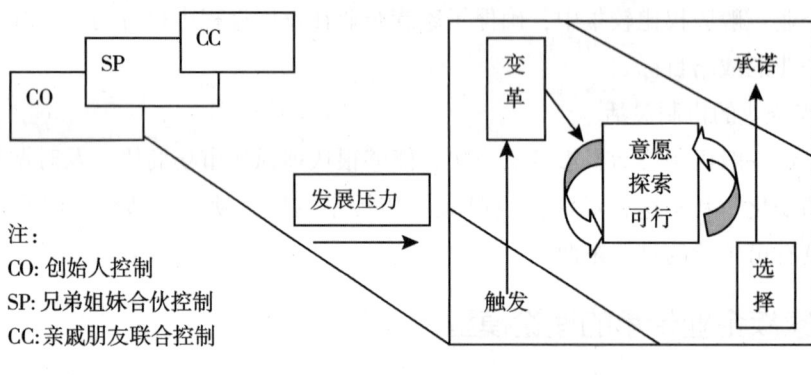

图 2.2　家族企业所有权传承六阶段模型

家族企业所有权的传承分为六个阶段：

1. 发展压力迫使要求所有权结构变革

2. 突发事件导致开始实施变革（如退休、意外事故等）

3. 变革

偶发事件导致旧的所有权结构需要改变，这个时候就要为传承做准备，为候选人做好职业生涯规划。

4. 尝试选择实验

这个阶段就是尝试传承，对候选人进行培养和考察，不断地进行纠正和培养，培养其意愿和能力。

5. 抉择

从可供选择的方案中选择一种新型所有权结构，开始权力交接。

6. 实施新结构

开始实施新的所有权结构，要为新的所有权结构做好人员安排等准备，以确保新的结构顺利实施。

(三) 七阶段接班模型 (见图 2.3)

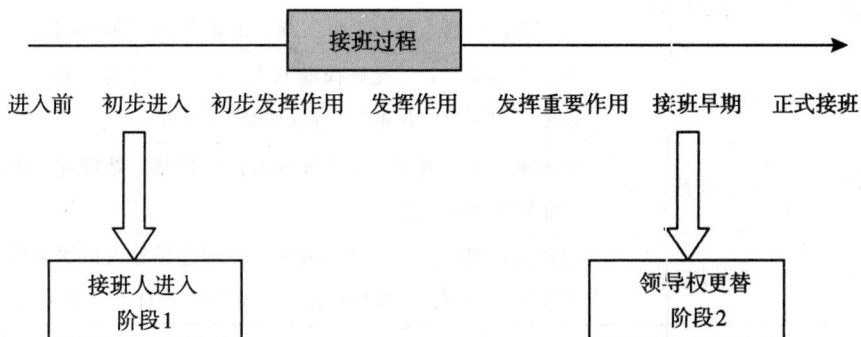

图 2.3　七阶段接班模型

家族企业的传承模型包括七个阶段：进入前—初步进入—初步发挥作用—发挥作用—发挥重要作用—接班早期—正式接班。

三、家族企业传承的实施与评价

(一) 家族企业传承的内容

家族企业的传承最关键的是要明确传承的内容，从而才能确定传承的方式。家族企业传承主要是三个层次的传承：

(1) 核心传承：事业传递、使命愿景传递、文化价值传递；

(2) 深层传承：所有权和控制权传递；

(3) 表层传承：职位传递。

在家族企业传承中，经济资本是家族企业的所有权，可以通过契约等形式传承，很容易实现；经营权和控制权相当于权力资本，是家族企业传承的深层次传承，这个可以通过职位和权力转移实现，"传帮带"比较容易实现。

(二) 家族企业的传承实施

依据继承人参与企业的情况，可以把企业传承划分为四个阶段：准备阶段、适应阶段前期、融合阶段后期和移交阶段 (见表 2.1)。

表 2-1　　　　　　　　　　　　　　**代际传承实施阶段表**

企业生命周期	代际传递实施	代际传递的具体措施
创业期	准备阶段	确定候选人，学习专业知识；传承者制订培养方案和候选人的评选方法；候选人轮岗进行实践，企业高层领导负责指导培训
青春期	适应阶段前期	根据学习和培养情况选择继承人；恰当安排落选者；继承人担任重要部门领导，开始参与企业的战略决策
盛年期	融合阶段后期	对继承人充分授权；帮助继承人树立权威；处理好继承人和现任企业管理者的关系
稳定期	移交阶段	把经营管理权，正式交给继承人；现任领导人退居幕后，不干预其决策和管理，主要协调继承人和企业管理人员的关系

（三）家族企业传承结果、效果的评价

家族企业传承结果评价，只有两个维度：一是绩效增长性，传承后的绩效可能又会改变家族成员对传承的满意度；二是可持续发展，接班人对家族事业传承持续性，即基业常青、百年品牌。

第三章　中国民营与家族企业可持续发展综述

一、可持续发展的内涵与八大领域

企业可持续发展是指企业通过各管理手段达到资源的有效配置，同时实现企业与外部环境相协调的一种长期共存发展状态。这一概念包括三层含义：一是企业可持续发展的实质是一种理想化的长期发展状态；二是当企业处于这种状态时，企业所拥有的各种资源应该达到优化配置，获得外部环境的支撑，并承担相应的社会责任；三是企业实现可持续发展状态必须依靠各种有效的管理手段和机制。

笔者认为进行企业可持续发展研究应该研究以下八大领域：

（1）愿景与使命依然坚定；

（2）文化与价值观明确传承；

（3）可延伸与持续增长；

（4）稳定稳固的发展；

（5）内外部资源的配置效率和价值协调；

（6）内外责任与满意度高度协调；

（7）标准规范固化的管理机制；

（8）高职业化程度的团队与组织发育发展能力。

二、企业可持续发展的核心三要素

企业可持续发展是一种全新的企业发展模式，基于本书做出的定义和对相关文献的理解，企业可持续发展所需要的主要要素有：资源要素、创新要素、分享要素。

（一）资源要素

任何一个企业的抽象模型都是一个投入产出模型，这其中的投入要素就是资源，没有资源的投入，就没有任何产出。资源的禀赋往往决定了企业的经营行为特点，资源的获取、占有和使用方面的差异决定了企业的生存状态和竞争地位差异。在资源稀缺的前提下，企业可持续发展要求企业持有一种全新的资源观，企业必须更高效地利用现有的资源，要具备更强的发掘资源的意识和能力。企业资源包括有形资源如财务资源、自然资源、人力资源等，无形资源如知识资源、社会资源、品牌资源等。

（二）创新要素

创新是企业进步的动力，是企业解决"资源—责任"矛盾的路径，资源是稀缺并不断减少的，责任却是变化切不断增加的，两者分别给可持续和发展施加了压力，只有通过不断创新来解决持续性问题，包括商业模式创新转型（比如"互联网+"），使之更符合可持续发展的要求。企业创新活动的主要形式包括技术创新、制度创新、文化创新和商业模式创新等。

（三）分享要素

企业理论认为管理的实质是一系列契约的联结，伴随企业对资源的利用，他们同样需要承担的一系列责任。这就是企业的实质——涉及多方利益相关者的契约。企业可持续发展要求企业不仅要关注对核心利益相关者的契约责任，同时应广泛关注所有利益相关者。一个敢于分享、乐于分享的企业才会成就百年基业，包括但不仅限于与供应链、员工、顾客、社会的分享。

三、企业可持续发展七大战略

企业可持续发展观是形成企业可持续发展战略的基础，在目前的理论研究中，企业可持续发展观的核心要素不尽相同，导致企业可持续发展战略的重心也不同，根据相关研究的结果，可以大致分为以下七类。

（一）资源可持续发展战略

资源可持续发展战略是建立在资源基础理论及由此形成的企业发展观之上的，这种发展观认为企业是资源的集合体，设备、土地、人力、房产和资金等有形资源及知识、技术、信息、网络等无形资源共同形成资源优势，并形成企业竞争力，这种战略是围绕着不断获取优势资源、保持持续的竞争优势展开的。

（二）核心能力可持续发展战略（差异化）

核心能力可持续发展战略是建立在企业能力理论之上的，这种发展观认为企业的发展在于依据自身的资源建立自己的能力体系，核心能力是企业中的积累性学识，是对企业资源、技能、知识的有机整合能力，这种战略是围绕核心能力的持续提升而展开的。

（三）创新可持续发展战略

创新可持续发展战略认为企业的创新能力和技术水平差异是企业异质性存在的根本原因，创新是企业实现持续发展和保持持续竞争力的根本，不断的技术创新、管理创新和组织创新使企业持续发展。

（四）利益分配可持续发展战略（分享）

利益相关者可持续发展战略是基于利益相关者的企业发展战略，这种战略的发展观把利益相关者放入了战略环境和战略目标的考虑之中，认为企业要实现可持续发展需要实现社会效益的最大化，保障相关者的利益实现，战略也是基于此展开的。

（五）制度机制可持续发展战略

除了硬实力外，笔者认为严重影响一个企业可持续发展的最致命因素是经营管理秩序和水平，也就是一个企业的管理标准化和规范化程度，管理体系与机制的科学、规范与固化、先进水平。

（六）企业文化可持续发展战略

企业文化是指一个企业在运行过程中形成的，并为全体成员普遍接受和共同奉行的理想、价值观念和行为规范的总和。优秀的文化能够突出企业的特色，形成企业成员共同的价值观念，而且企业文化具有鲜明的个性，有利于企业制订出与众不同的、克敌制胜的战略，指导形成有效的企业战略，并且是实现企业战略的驱动力与重要支柱。

企业战略制订以后，需要全体成员积极有效地贯彻实施，正是企业文化具有导向、约束、凝聚、激励及辐射等作用，激发员工的热情，统一了企业成员的意志及欲望，为实现企业的目标而努力奋斗。企业文化与企业战略必须相互适应和相互协调，良好的企业文化是企业可持续发展的关键因素。

（七）企业可持续发展战略工程

企业可持续发展战略的实现是一个复杂的系统工程，涉及内外部环境分析、战略制订、战略实施和战略控制，其中包括研发、生产、销售等各个方面，可持续发展的思想贯穿战略全过程（见图3.1）。概括起来，企业可持续发展战略由两个层次（核心层、制度层）、四个主要方面（内外部环境分析、战略制订、战略实施、战略控制和评估）组成，这四个方面缺一不可，只有这四方的相互协调和相互促进，才能最终形成企业的可持续发展。

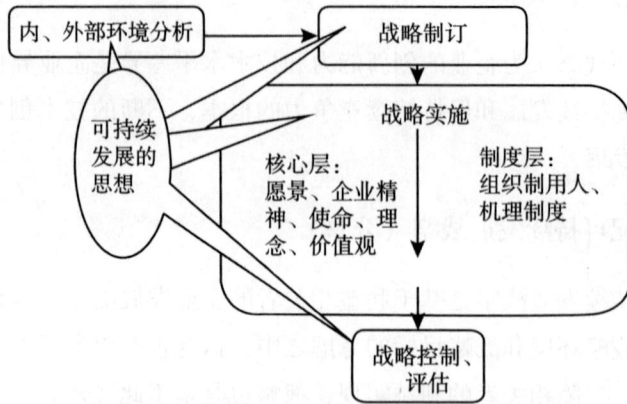

图 3.1 可持续发展的思想贯穿战略全过程

1. 顶层设计

无顶层设计，等于没有梦想与目标；当然不会造就基业常青、百年品牌，也注定不会拥有令人尊敬的社会责任和价值。

2. 管理机制

无管理机制，等于没有秩序和保障；当然不会实现经营目标，也注定不会实现持续增长与发展的奇迹和辉煌。

第二部分
持续发展入门必修：三定原理与落地

想弄清楚企业的管理问题与可持续发展，先要弄清楚企业的"三定"，即定性、定位、定标。

简单说就是企业可持续增长与发展面临或者呈现出哪些问题？处于什么阶段？属于什么竞争？弄清了，再找个标杆，比着、照着、学着，确定如何持续竞争，如何落实。

想干对、干好一件事，首先要弄清它、想透它，然后再把定好的标准找到，目标定准，方可励志前行。否则，凭一时勇气、头脑发热，苦干、瞎干、蛮干，都会白干。

方法技巧千百种，知识技术一箩筐；你讲他讲我也讲，谁能落地才称王。

理论、想法再多，方案、方法再多、再好，没办法落地是最痛苦，也是最常见的。如何100%把握保证可落地？

请记住、试试以下工具和理论，或许可以帮到你：

3W1H 诊断模型

五力定标表（检核模型）

TRPM 落地保障机制

第四章 三定原理：定性、定位、定标

第一节 3W1H 诊断模型：定性、定位

面临什么问题　　处于什么阶段　　属于什么竞争

WHAT PROBLEM WHAT STAGE　　WHAT COMPETITION

创 业 生 存 — 初 级 阶 段 — 商品价值竞争

快 速 成 长 — 中 级 阶 段 — 市场规模竞争 ⟹ 怎么持续竞争

持 续 发 展 — 高 级 阶 段 — 品牌价值竞争 　　HOW TO COMPETE

基 业 常 青 — 终 极 目 标 — 商业传承竞争

一、创业生存—初级阶段—商品价值竞争

（一）什么是商品价格竞争

价格竞争是指企业运用价格手段，通过价格的提高、维持或降低，以及对竞争者定价或变价的灵活反应等，来与竞争者争夺市场份额的一种竞争方式。长期以来，价格竞争一直深受商品生产者、经营者重视。甚至一谈到竞争，就会想到削价。在一定条件下，价格竞争是必要的。但是，把价格看成决定交易成败的唯一因素，难免会造成价格竞争的泛滥。

价格竞争是竞争对于易于仿效的一种方式，很容易招致竞争对手以牙还牙的报复，以致两败俱伤，最终不能提高经济效益。以价格为手段，虽然可以吸引顾客于一时，但一旦恢复正常价格，销售额也将随之大大减少。若定价太低，往往迫使产品或服务质量下降，以致失去买主，损害企业形象。价格竞争往往使资金力量雄厚的大企业能继续生存，而资金短缺、竞争能力脆弱的小企业将蒙受更多不利。因此，在现代市场经济条件下，非价格竞争已逐渐成为市场营销的主流。

（二）价格竞争的原因

价格竞争的引发一方面源于企业，另一方面源于商家。厂家的目的通常以市场占有率的扩张或维护为中心，而商家通常以利益最大化或短期利益为目的。

1. 企业引发价格竞争的原因

（1）迅速提升市场占有率；

（2）清理库存，回笼资金；

（3）攻击或防卫竞品；

（4）"自杀"产品，新品跟进。

2. 商家引发价格竞争的原因

商家注重短期利益者居多，尤其是分销商对企业忠诚度极低，随时见风使舵，普遍追求薄利多销，习惯将促销利益等转化为价格优势进行市场拼杀，常见的引起价格竞争的方式如下：

（1）转化促销利益；

（2）转化运输利益；

（3）转化年终奖利益；

（4）转压力为降价动力；

（5）砸货，捣毁市场。

（三）如何应对价格竞争

"价格竞争"是市场运作中不可避免的一种经济规律，关键在于如何根据自身的资源以及所处的环境，采取有效的措施使企业在竞争中得以生存与发展。面对价格竞争在做出决策之前应首先界定好以下几个应对考量：

1. 竞争对手为提升市场占有率而降价时应如何应对

第一，首先界定是谁降价了，它在市场中所处的竞争位置如何。

第二，如果是市场的领导者降价，其他的品牌又无特殊卖点，只能跟随降价，否则，市场份额会迅速被瓜分，在这种情形下，坚持就是胜利。另外根据资源状况，有计划地退出市场，进行战略转移也不失为一种良策，即有所为有所不为。

第三，如果是市场排名较后的竞品降价，则可因状况而定，跟随降价未必是良策。

2. 竞争对手为了清理库存、淘汰产品降价时应如何应对

第一，辨清真假，确定降价产品对自身老产品是否形成威胁。

第二，切忌用新系列产品与竞争对手清理库存产品相抗衡。

第三，密切关注后续新品上市的动向，及时采取应对措施。

3. 竞品用"自杀"产品扰乱市场时应如何应对

第一，"自杀"产品的特点一般是顾客满意，商家得利，但企业赔本的经营。

第二，有三种应对方式：跟进、关注、置之不理，可根据实际情况确定。

第三，"自杀"产品的目的是将厂家拉进价格竞争这个泥潭，但谁是赢家呢？第一个爬上来的是赢家，它取决于后续替代产品的威力，这是决策的关键所在。

4. 商家因利益趋动降价时应如何应对

商家的降价现象并非防不胜防，不可理喻，关键在于企业给了商家降价的理由和空间，商家降价因厂家而起，厂家应予深刻检讨。企业是否建立了一套科学的价格体系，是否鼓励商家获取正常的单价利润，促销是否适度，商家的管理流程是否完善等，这是一个系统工程，需要进行全面的整合。

（四）如何走出价格竞争旋涡

1. 靠技术差异化走出价格竞争

TCL王牌彩电郑州公司开业时，面对长虹、康佳降价风波、高路华低价抢占市场，依然能从知名品牌的市场中夺得较大的市场份额，不能不说是个奇迹。其成功切入市场有两个要点，其一，面对中原彩电市场瓜分完毕的态势，TCL郑州公司引导顾客需求，进行技术创新，由21寸彩电转向生产销售25寸彩电，投其市场空档；其二，营销技术手段创新。把4月、5月这一通常的彩电销售淡季市场"炒热"、"炒爆"，打出时间差这张出奇制胜的牌，这些营销组合手段的巧妙运用，使得TCL王牌彩电的销售量猛然攀升。当中原区域市场的其他家电厂商回过神来，TCL王牌彩电已在中原市场强行登陆并牢固地建立起滩头阵地。

2. 靠产品概念创新走出价格竞争

1999年底，美的空调进行品牌延伸，开始进攻微波炉市场。当年格兰仕微波炉的市场占有率高达75%，其产品线很长，每40元左右的差价就有产品，形成价格带上的"金钟罩"。价格竞争行不通，于是美的微波炉将主要精力放在将新的价值附加于产品之上，以价值的较量代替价格竞争。经调查，有72%的消费者对食物营养的流失感到担心。针对这个需求，美的于2000年8月推出了将食物中的蛋白质、维生素和微量元素等营养成分的保有量增加25%的产品，第一次提出了营养保存概念。营养价值的附加使产品一上市就受到了各界的好评，2000年9月到当年底，提货量达到350万台。

3. 走出价格竞争的其他途经

走出价格竞争尚有其他途径，如：

（1）靠品牌优势不参与价格竞争；

（2）靠服务特色规避价格竞争；

（3）靠高标准控制上游供应商，不打价格战；

（4）靠规模效益降低总成本，以价格优势走出价格竞争等。

二、快速成长—中级阶段—市场规模竞争

（一）什么是市场规模和市场竞争

市场规模主要是研究目标产品或行业的整体规模，具体可能包括目标产品或行业在指定时间的产量、产值等。

市场竞争是指商品经济条件下，各个企业或经济利益主体为了争取经济活动中的优势地位和有利条件所进行的较量。

（二）市场规模竞争的策略

1. 高质量竞争战略

高质量竞争战略是指企业以高质量为竞争手段，致力于树立高质量的企业形象，并希望在竞争中以高质量超越竞争对手。

实施这一战略时需要解决的主要问题是怎样认识和塑造高质量。20 世纪 90 年代初，市场学界提出了全面质量营销的新概念。

（1）要注重产品的性能质量。

性能质量包括产品的功能、耐用性、牢固性、可靠性、经济性、安全性等。

（2）要以顾客需求为依据。

性能质量的高是相对的，要适度，充分考虑不同目标群体的不同需求。

（3）高质量要反映在企业的各项活动和创造价值的全过程中。

（4）高质量要在比较中不断进取。

作为一种竞争战略，高质量的优势是明显的：它是一切竞争手段的前提和基础，也是树立良好企业形象的基础。

2. 低成本竞争战略

低成本竞争战略是指企业以低成本作为主要竞争手段，企图使自己在成本方面比同行的其他企业占有优势地位。

实现低成本战略的关键是发挥规模经济的作用，使生产规模扩大、产量增加，使单位产品固定成本下降。在扩大生产规模过程中，争取做到：

（1）以较低的价格取得生产所需的原材料和劳动力；

（2）使用行进的机器设备，增加产量，提高设备利用率、劳动效率和产品合格率；

（3）加强成本与管理费用的控制等。

实现低成本战略，可以低于竞争者的价格销售产品，提高市场占有率；也可以与竞争

者同价销售产品，取得较高利润。当同行企业都采用各种措施使成本最小化或接近极限时，这一战略就失去意义了。

3. 差异优势竞争战略

企业以表现某些方面的独到之处为竞争主要手段，希望在与竞争对手的差异比较中占有优势地位，便形成差异优势战略。这里的差异包括产品的性能、质量、款式、商标、型号、档次、产地、生产产品所采用的技术、工艺、原材料以及售前售后服务、销售网点等方面的差异。

差异优势竞争战略解决问题的思路是使企业利用技术、实力、创新能力、原材料、经营经验等方面的优势，成功地转化为产品、服务、宣传、网点等方面独具特色的差异优势，减少与竞争对手的正面冲突，并在某一领域取得竞争的优势地位。

在行业内，顾客对具有特色的产品可能并不计较价格或无法进行价格比较，从而可以高于竞争者的价格销售产品，而取得更多利润；在行业外，具有特色的产品又可以阻碍替代者和潜在加入者进入和提高与购买者、供应商讨价还价的能力。

4. 集中优势竞争战略

集中优势竞争战略要求企业致力于某一个或少数几个消费者群体提供服务，力争在局部市场中取得竞争优势。

所谓集中，就是企业并不面向整体市场的所有消费者推出产品和服务，而是专门为一部分消费者群体（局部市场）提供服务。

集中精力于局部市场，仅需少量投资，这对中型企业特别是小企业来说，正是一个在激烈竞争中能够生存与发展的空间。同时这一战略既能满足某些消费者群体的特殊需要，具有与差异战略相同的优势；又能在较窄的领域里以较低的成本进行经营，兼有低成本战略相同的优势。

（三）市场竞争的基本策略

1. 竞争地位

根据企业在市场上的竞争地位不同，企业的市场竞争地位可以分为四种类型：市场领先者、市场挑战者、市场跟随者、市场补缺者。

2. 市场领先者策略

市场领先者是指行业中在同类产品的市场上占有率最高的企业。市场领先者策略包括：

（1）扩大需求量策略。

①不断发现新的购买者和使用者；②开辟产品的新用途；③增加产品的使用量。

（2）保护市场占有率策略。

①阵地防御；②侧翼防御；③先发防御；④反攻防御；⑤运动防御；⑥收缩防御。

（3）提高市场占有率。

提高市场占有率即市场领先者设法通过提高企业的市场占有率的途径来增加收益、保持自身的成长和主导地位。

3. 市场挑战者和市场跟随者策略

市场挑战者和市场跟随者是指那些在市场上处于第二、第三甚至更低地位的企业。市场挑战者是指争取达到市场领先地位、向竞争者挑战的企业。市场跟随者是指安于次要地位，参与竞争但不扰乱市场局面，力争在共处的状态下求得尽可能多的利益的企业。

（1）市场挑战者策略。

①确定策略目标和挑战对象。攻击市场领先者；攻击市场挑战者或追随者；攻击地区小企业。

②选择进攻策略。正面进攻；侧翼进攻；围堵进攻；迂回进攻；游击进攻。

（2）市场跟随者策略。

①紧密跟随；②距离跟随；③选择跟随。

4. 市场补缺者策略

（1）市场补缺者。

市场补缺者是指精心服务于总体市场的某些细分市场，避开与占主导地位的企业竞争，只是通过发展独有的专业化经营来寻找生存与发展空间的企业。

（2）补缺基点的特征。

①有足够的市场潜量和购买力；②利润增长的潜力；③对主要竞争者不具有吸引力；④企业具有占据该补缺基点所必需的资源和能力；⑤企业已有的信誉足以对抗竞争者。

（3）市场补缺者策略。

善于发现和尽快占领自己的补缺市场，并不断扩大和保护自己的补缺市场。

三、持续发展—高级阶段—品牌价值竞争

（一）品牌竞争

在整个世界范围中，与经济发展相伴随的市场竞争大约呈现出五个方面的竞争：产品竞争、技术竞争、资本竞争、品牌竞争和知识竞争。其中品牌竞争在 20 世纪后期最具有代表意义，它在一定程度上折射和包容了其他的竞争形态。因此在现代营销中，品牌竞争就成为一种具有典型意义的营销模式。当然品牌除了营销之外也是一种有效的管理工具，在这里对品牌的功能认识主要着眼于品牌竞争及其营销价值。

品牌竞争，即在满足消费者某种愿望的同种产品中不同品牌之间的竞争。或许某个

消费者对巧克力感兴趣，并特别偏爱某牌，于是该品牌的产品在竞争中赢得了最后的胜利。

1. 品牌竞争的特点

品牌竞争的特点主要是相对于其他几种竞争形态而言的，因此只有和其他的竞争形态有所比较，才有利于更深刻地认识品牌竞争。简而言之，品牌竞争的特点主要体现在几个方面：

（1）综合性。

综合性可以从品牌竞争内容和品牌竞争表现两个方面来看。从内容上看，品牌竞争涵盖了企业的产品开发、设计、生产、销售、服务，以及管理、技术、规模、价值观念、形象特征等多种因素。只有当这些要素对品牌形成支持时，品牌形象才会丰满，品牌的竞争优势才可能体现。

（2）文化性——即心智竞争。

文化性是指品牌本身所附着的文化信息，是对某种社会情感诉求的反馈和表达。一般而言，品牌的文化内涵直接表达了一种生活方式和生活态度，因此选择一种品牌，也就是选择一种情感体验和生活态度。正是品牌才使得产品这一物质形式有了一定的精神内涵，从本质上讲，品牌集中反映企业对产品的态度、对顾客的态度、对自身的态度以及对社会的态度。

品牌的文化意义还表现为品牌的社会信息可以帮助顾客实现一种情感体验、价值认同和社会识别，也就是品牌与顾客心智模式的吻合度、融合性。

（3）形象化。

品牌的形象化特征最为显著，这是由品牌本身所具有的符号所决定的。形象化不仅使品牌得到简单明确的区分，而且还生动地折射出了品牌不同的内涵。品牌的形象化具有两重意义，一种是究其外在符号效果而言的，任何品牌总是以文字、图案、符号、产品外形和功能为载体，将其内涵与功能直接表现出来。

（4）稳定性。

稳定性是就品牌可以超越产品而存在这一特性而言的，品牌比产品的内容更加丰富。稳定性可以从产品和企业两方面着眼：就产品而言，通常情况下由于生命周期的原因，产品本身因为市场变化而不断更新调整，但是品牌却相对稳定。比如，宝洁公司的洗发品牌海飞丝，最初定位是去头屑，虽然随着市场变化这个功能逐渐失去了优势，但它仍旧是海飞丝不断改变和丰富产品。

（5）时尚性。

品牌的文化意味着对市场的追随，在一定意义上决定了品牌的时尚性。时尚性具有很多社会特征，有时候是一种品位的昭示，有时候是一种流行的追捧追逐。人们通过品牌追求一种生活方式，而生活方式在很大程度上就是一种时尚的表达。

（二）关于品牌竞争战略

走出价格、市场等初阶竞争的方式很多，组合使用的威力尤为明显。企业间竞争的核心在于资源实力的较量，通过资源的优化配置，可繁衍出一系列竞争方式，而价格竞争仅是其中之一，且是消耗资源最大的一种。

但是，成功的行业领袖也告诉我们：价格战、促销战或许是在行业集中白热阶段最常规和最有效的一种传统思维战略和竞争策略。主要是要注意把握度、掌握节奏、控制资源；先小后大，先集中再聚焦，先破再攻。

先有苏宁、国美，后例无数，英雄辈出。中国槟榔行业之父郭志光先生，可谓高手中的高手，专家中的专家，正如其人生一样传奇。将产品、价格、促销、品牌整合谋略布局，外行看似商品价格战，实际演绎了一场现代版"统六国、新春秋"的全面竞争盛况，真可谓竞争战略实操大师！完全可载入 MBA 经典案例！

四、基业常青—终极目标—商业传承竞争

（一）商业传承的逻辑框架（见图 4.1）

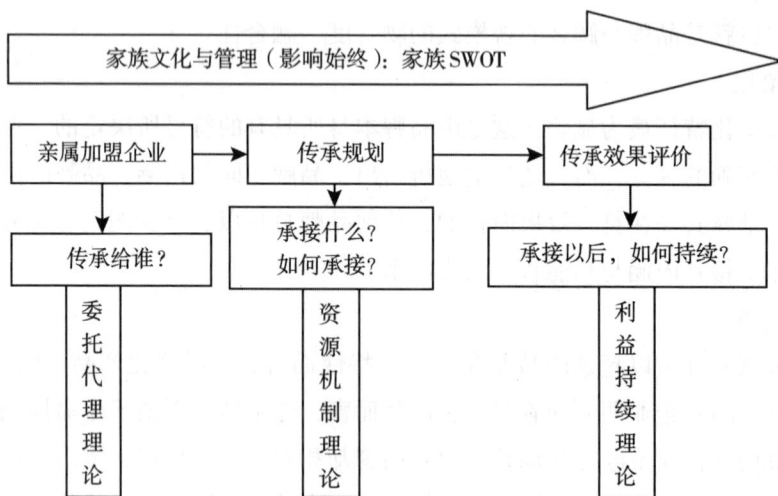

图 4.1 逻辑框架

该机制主要包括：传给谁？传什么？如何传？传以后？

（二）商业传承到底传什么，才可能基业常青

1. 坚守：一个中心，两个原则

（1）一个中心。

一个中心即以企业支柱事业为核心，根据其事业生命周期，先关联、再延伸，重聚焦，少发散。

（2）两个原则。

一是坚守盈利原则，盈利能力要与市场水平基本吻合，不要贪图暴利，但不盈利等于犯罪（就算是战略投资，也要有科学清晰的预测盈利目标与周期）。

二是坚守资金链原则，规模大小永远不是衡量企业的准则和标尺，而资金链的管控能力与水平才是企业应该坚守的。

2. 三个宏观与传统层次的传承

（1）核心传承：事业传递。

（2）深层传承：所有权和控制权传递。

（3）表层传承：职位传递。

3. 四个核心管控权传承

（1）股权与董事表决权。

（2）顶层及班子成员，总经理、财务、人事负责人任免权。

（3）关键岗位熟悉度与绩效、胜任知情权。

（4）核心业务流程及管理机制熟知度、评审权。

4. 传文化和传机制大于一切

授人以鱼不如授人以渔，传权传钱不如传文化，例如创业之勇、吃苦耐劳、管人理事、与人为善、梦想追求、坚韧不拔等。

管理无百分，卓越靠追求。企业的管理机制，才是传承和持续发展的最大保障和财富。

（三）传承秘笈与顶级宝典：统一文化目标，固化管理机制

1. 一群人，一条心，一个目标，一起分享快乐与自由

我们将永远把 20 世纪五六十年代的单纯作为美好善良的记忆，而敬仰和珍藏；我们也将把七八十年代爱拼才会赢的激情和辛酸，作为一杯烈酒和音乐，在崇拜与躁动中学会静思与感恩；我们或许还会把 90 年代的自由、个性、时尚，慢慢变成一种内心的渴望与宣泄，逐步理解、包容、欣赏，并真正懂得创新、转型的重要性和必要性，最终我们也将

在下一代身上真正学会和懂得：有些形而上学的东西，特别是简单粗暴的强制性管理条例和家法清规，并不是维系和激发员工责任、忠诚、智慧、士气的法宝。

因为时代变了，人的习惯与知识变了。九型人格早已经定义不了所有的员工和伙伴，就连马斯洛的基本需求理论也变成以人性的愉悦为核心。

2. 感恩是相互的，尊重与信任也是相互的

用条条框框得到的只是 8 小时，用工资也只能得到好听一点的剩余价值。而用培育、成就、欣赏、激励可以得人得心，也更加有战斗力与目标实现力。

这些，需要接班人不再像他们父辈们一样过于热衷所谓帝王权术，驾驭技巧，盲目迷信大师、专家，非要把自己磨炼成所谓的管理专家和高手。而只需要懂得：社会讲分工，专业人做专业事，团队靠合作。以下四句话可以作为宝典秘籍：

※ 唯志同道合者，可为我用；唯同心同德者，可为我用；

※ 选人选本性，看人看本质，用人用本事；

※ 少纠缠过程多看结果，别信经验多信标准，别凭感觉多讲价值，别偏听宠信而伤众人心；

※ 一群人，一条心，一个目标，一起分享创造的快乐与财富。

3. 读懂一本书，学透一套机制

书有千百本，有的人越读越复杂、迷乱，有的人越读越简明清晰；书不在于多，在于读精、活学、活用。管理模式、机制千万种，学会学透一种，特别是能够活用转化，功已莫大焉。管理机制建设，记住和君咨询的王义夫先生的一句话即可：别做温水之蛙，先固化、再僵化、再优化。切忌独断专行，或者朝三暮四，早令夕改，更不能不懂装懂，以成功权威取代专业。

条条大路通罗马，登上长城算好汉。学透一套管理机制，先坚守固化，再不断优化，您的企业必定会成为百年品牌，基业常青！

第二节 定标——五力检核模型

一个企业看清看懂自己，有自知之明，本来就不是件容易事。特别是一些略有成就和成功的企业，容易迷失在不断的自我陶醉与自我欣赏中，嘴上喊着居安思危，机体和思想上因为自我膨胀意识和行为，导致核心竞争优势丧失，组织能力发育迟缓，内控力逐步削弱，内部危机四伏，外部十面埋伏。

这个时候，倘若对内不知问题之所在，对外自以为找不到标杆和竞争对手。这就基本

进入了危险期。

那么如何自检？如何锁定竞争标杆？如何快速构建免疫机制，快速提升持续竞争机制？

一、五力检核定标模型+硬软实力核心差异检视表

（一）五力差异检视表——战略级工具（见表4-1）

表4-1 五力差异检视表

	核心差异	品牌力	商品力	渠道力	行销力	管理力
对标企业	核心优势					
	KPI					
自己企业	核心优势或劣势					
	KPI					
核心差异（不超3点）						
KPI差异（锁定一项）						
3大竞争策略						

必用辅助工具：鱼骨分析图。

（1）原因和KPI仅限关键三项；

（2）填完对比找出一条差异；

（3）根据差异分析原因—策略—明确竞争战略—作战计划；

（4）目标分解与计划制订必需基础工具：甘特图示例见表4-2。

表4-2 甘特图示例

事项	责任人	目标指标	检查人	考评检查标准	激励标准	实施时间进度

（二）硬软实力核心差异检视表——作战级工具（见表4-3）

表4-3 硬软实力核心差异检视表

硬实力	品牌力		商品力		资本力	
标杆优势						
自身劣势						
软实力	文化价值组织氛围	目标计划工作管理	制度、流程、权限	标准化职业化	学习培训	绩效与激励
标杆优势						
自身劣势						

鱼骨分析图（1968年）、策略导视图、甘特图（1917年）都是最基础最普及的几个管理工具图表，也是最有效最具备逻辑梳理效能的工具，最主要是要反复用、习惯用，用成常态化！

基于思维图与策略图整合创新有基本三种呈现方式：一是洋葱圈式，二是层级式，三是关系树式。洋葱圈式指从核心层层展开，紧紧围绕核心。关系树式指由主要结构因素与目标，深度脑力风暴式延伸。层级式详见第三部分第六章的战略目标分解图。

二、五力检核基本概念

（一）品牌力

1. 品牌力的概念

品牌力是知名度、美誉度和诚信度的有机统一，是指消费者对某个品牌形成的概念对其购买决策的影响程度，品牌力基本上是由品牌商品、品牌文化、品牌传播和品牌延伸这四要素在消费者心智中协同作用而成的。

一个品牌要在竞争中脱颖而出，在消费者的心中占有一席之地，就要使品牌的商品有强大的商品力，树立有助于强化品牌个性的品牌文化，实施有效的品牌传播，进行正确的品牌延伸。

品牌力更多地是一个从心理学角度提出的概念。它强调了在大众消费品市场上，对消费者需求的把握和观念的竞争（更有力、更有效的品牌概念灌输）是品牌成功的基本战略。

一个品牌的成长之路，起源于具体产品的成功。在这一阶段，品牌是依附在产品身上的。适应消费者需求的产品赢得市场，也使品牌为大众所认知。逐渐地，消费者将他们对产品功效和品质等特点的认同，简洁地集中到品牌上，形成一个品牌概念。当成功产品带出成功品牌之后，品牌的力量就显示出来了。

关于什么是品牌力，卡洛斯·格恩先生曾做过一个测试，将同样的车冠以不同的品牌拿给顾客评判，结果出现了不同的价格判断，一件同样布料、加工工艺的衣服，价格差就是品牌力。而品牌力的提升，肯定会对其收益率带来一定影响。

2. 影响品牌力的环节

（1）商品和文化是构成品牌力的主要内容与第一印象。

（2）品牌传播是核心，关系到商品和文化与大众心理的沟通。

（3）品牌延伸则是品牌力的转化与验证，是一个品牌成熟的标志。

3. 制胜的品牌力策略

（1）通过客户的持续购买和客户忠诚而得胜：了解客户提供解决方案，加深与客户的关系。

（2）通过区分客户结构、市场结构的分类分级，不断优化产品结构。

（3）通过强大、全面、系统的会员管理机制提升客户满意度、黏性。

（4）通过服务与管理的不断创新得胜。

（5）通过发展和推广具有轰动效应的产品得胜。

（6）通过专利创新、获取权威资质荣誉、成为行业标准而得胜。

（7）通过改变在价值链中的定位而得胜。

（8）通过攫取最大的市场份额或塑造大众品牌而得胜。

（9）通过广拓渠道、渗入各地市场而得胜。

（10）通过在价格和价值上的领导地位而得胜。

（11）通过绝妙的公共关系策略而获胜。

（12）通过新媒体推广传播的裂变效应获胜（自媒体、视频、热点门户等）。

（二）商品力

1. 商品力概述

商品力是品牌赢得市场竞争的基础。推动营销流运行的产品力量就是产品力。产品力是推动产品流运行的主要力量，当产品力强的时候，产品流运行流量大、流速快、增值高、衰减小、安全化程度高，反之则相反。

品牌商品力，即品牌产品的品质个性、品牌产品的数量与种类、品牌产品的功能变化、品牌产品内在的科技含量等，是企业通过产品质量、价格、设计、多样化等表现出的实力，是产品变成商品以后的交换能力，同时也是消费者所认知的该品牌商品本身对消费者的吸引力。

2. 商品力的构成

品牌商品力包括企业形象、品牌特征、品牌产品的品质、品牌产品售后状况调查、品牌产品的重大问题点和同类商品普遍性优势分析。

品牌的商品力构成可分为三个部分：一是构成商品力的基础部分：价值及价格之比；二是构成商品力的强化部分：主要通过确定产品的目标消费者、产品的定位、概念，另外，商品的品质、外型、命名甚至外包装都要体现出"概念"，让消费者感觉到产品的效用，要真正做到以消费者为中心；三是构成商品力的直观标志：价格力，价格力对于保障企业产品流流量最大化、流速最快有着重要作用，是企业产品畅通流动的重要力量。构成价格力的主要力量包括价位力量、价值比力量、商值力量、价格弹性力量。

3. 商品力的基础

构成品牌商品力的基础部分是指品牌商品的价值与价格之比。著名营销学者菲利普·科特勒教授认为价值就是指消费者对产品满足各种需要的能力的评估。要完整地考虑商品的价值，则要从商品的整体概念出发。商品整体概念包括有形的物质和一系列无形的服务，主要涵盖功效、品质和服务三个内容。

（1）功效。

①产品的功效和新产品策略。产品的功效是指产品提供给消费者的基本效用和利益，它是消费者需求的中心内容。消费者购买某种商品是为了满足某种需求。

在市场日益成熟的今天，要找到这种有全新效用的创新产品是相当困难的。也正是由于可满足消费者尚未满足的需求，这种效用对提高品牌的商品力有着异乎寻常的强大功力。

②不断提高商品力研发。价值工程的核心思想——以最低的费用向用户提供所需要的功效，在设计时就有着重要的指导意义。

依据价值工程的思想，通过对功能的分析研究，能够冲破产品结构和服务方式上的传统束缚，在满足和提高用户需要的前提下，使产品和服务产生突破性进展，大幅度地降低产品成本和提高产品价值。

在以低成本实现必要功能这一价值工程的核心内容中，低成本显然是企业所追求的目标，但必要的功能应由谁来确定呢？从商品力的角度来看，产品的功能是要由消费者的需求来确定。

（2）质量。

①质量与商品力。当前，许多企业对质量的作用均十分重视，但往往对现代质量观了解甚少。由于质量的优劣最终是要通过消费者来测试的，营销部门在确定质量时要以消费者的评判作为衡量标准。由顾客来判断产品的质量标准，这意味着质量并不意味着绝对意

义上的最好，而是指适合于某些顾客的条件。

②与质量有关的因素。与质量有关的因素包括操作特性，寿命和可靠性，安全性要求，设计制造质量的成本，现场安装、维护保养和售后服务，对使用环境及其他外来影响的要求，使用产品的费用情况等。

③商品力对质量管理提出新的要求。应突破质量管理工作只局限于诸如原材料、零件、成品等的检验这样一些技术和生产环节的现象，使质量管理工作渗透到对消费者需求的把握。要把确保质量和质量成本作为公司经营的目标，追求最适度的质量目标。

要特别注重产品的可靠性等消费者在使用中能体会到的质量指标。消费者无法像生产者一样对产品的质量有一个全面彻底的了解，其对质量的评价通常是建立在自身使用体会或别的消费者的口碑。因此，生产者要特别注重与消费者紧密接触的一些质量指标。

要力争取得一些权威公认的质量标准。在许多行业，消费者对产品质量的认知程度是非常有限的。越是这样的行业，一些公认的质量标准越是受到重视。同时，消费者也信任这些质量标准。因此，企业取得公认的质量标准的认可，对提高商品力的作用是巨大的，如 HACCP、QS、ISO9000 系列标准。

（3）服务。

①顾客满意服务革命的兴起。世界各地越来越重视以消费者为中心、以消费者满意为导向的服务革命。这场服务革命实质是企业价值观的革命，是一场企业文化的改革运动。它使人们认识到，要在 21 世纪消费者主导的市场竞争中生存，服务已成为赢得消费者、留住顾客的竞争优势。

理性的消费时代：重视品质、性能及价格，以好、坏为判断标准。

感性的消费时代：重视品牌、设计及使用性，以喜欢、不喜欢为判断标准。

感动的消费时代：重视满足感及喜悦，以满意、不满意为判断标准。

这场以顾客满意为导向的营销革命，弥补了传统营销中将企业经营焦点集中在企业内部的缺憾，将触角深入而广泛地伸入市场及整个社会。以顾客满意为导向的服务策略，必须是触及消费者心理层次、触及市场的人性面的策略，与商品力有着密切的关系。

②实施服务策略，赢得顾客忠诚。首先，了解顾客是顾客服务的前提和基础。

卓越的服务必须建立在了解消费者的基础上。一个追求服务的企业，必须不时地考虑自己的顾客的需求和期望是什么，这些需求和期望中，对他们来说最重要的是什么。因此，企业须不断询问顾客对目前服务的满意程度，给他们机会说明自己的愿望，并在此基础上制订可操作的服务策略。

其次，建立顾客至上的企业文化。像海底捞那样，要提供优质的服务，必须使顾客满意的理念扎根于基层员工的价值观中，使顾客满意成为全体员工的责任。这是由于在许多服务过程中，消费者面对的是企业基层的员工，他们是从企业基层员工身上感受到服务的魅力。从中可以看出要让一个品牌在消费者心目中有强大的商品力，一线员工的服务是非常重要的。

最后，留住忠诚员工。要赢得终生顾客，必须留住忠诚员工。唯有忠诚员工，才能为公司留住忠诚的顾客。忠诚的员工加上忠诚的顾客，将构成公司的长期优势，因为通过员工，而不是通过主管，顾客得以和企业建立起信任和期待的关系。

4. 商品力的保证——强化开发

要保证自己的商品力在消费者心中长盛不衰，一定要加大科技开发的力度，提高产品中的科技含量。一般来说，新技术的开发策略有以下几类：

（1）进攻策略。

这种策略要求较大的投入（资金和人力），在战略目标的某一领域内进行系统的、深入的科学研究和技术开发，不断有领先的技术创造发明问世，形成自己的特色。

（2）跟踪策略。

这种策略的出发点是让采用进攻策略的企业先开发出某种技术，然后在参考借鉴的基础上，开发出类似的成果。

（3）寻隙策略。

它是一种在市场中寻找空隙，组织科技力量填补空隙，并扩大市场占有率的策略。对于科技力量相对薄弱的企业，在同强大的对手竞争时，这是常用的取胜手段。

5. 商品力的强化竞争策略

消费者理解的产品与生产商理解的产品是不同的。这样的情况下，如果能给商品塑造一种能让消费者理解的概念，如这种商品是给谁使用的，这是一种怎样的商品等，那么这种概念无疑是具有促销价值的。品牌商品力的竞争策略有以下两种策略：

（1）目标市场策略。

所谓目标市场是指通过市场细分，被企业选定的、准备以相应的产品或服务去满足消费需求的某一个或几个细分市场。通过目标市场策略，容易集中企业的竞争优势，也容易集中消费者的心理概念，将自己与其他的品牌区别开来。让目标市场的消费者充分意识到这是专为他们生产的产品，是更加适合他们的产品。这样就强化了品牌的商品力。

企业必须在纷繁复杂的市场中发现何处最适合销售它的产品，了解购买者是哪些人，他们的年龄、需求、爱好及其购买特征是什么，等等。

一般来说，为确定目标市场要考虑以下一些条件：

要有适当的市场容量。如果市场规模过小，企业进入后就会得不偿失。

要有一定的购买力。确定目标市场，必须进行购买力分析。不具备购买力的市场，尽管存在潜在需求，也不宜轻易进入。

竞争者未完全控制。这指要分析掌握竞争对手在该市场上的经营状况，考察对手的经营战略。

企业有能力经营。只有企业的人力、物力、财力及其经营管理水平等条件具备时，才能将其选作目标市场。

选定了目标市场，了解了目标消费者的特征，设计生产商品时针对其特殊需要，促销对象也十分明确，这就使自己的营销力量得到了集中。

（2）产品定位策略。

产品定位，就是指企业为某一产品树立一个明确的、区别于竞争产品的、符合消费者需要的地位。要使产品有一个准确的定位，就要在产品设计时从满足消费者特殊利益的目的出发，为产品在市场上设立一个鲜明的位置，并最终将这个定位灌输到大众的头脑中去，就是通过产品占领顾客心智。

相应地，一个成功定位也有以下一些共性。

定位必须是明确的。因为定位的目的是要让企业的产品在顾客的心目中占有一个有力的竞争地位。只有一个信息明确、清晰的定位，才有利于消费者铭记。

定位必须是区别于竞争对手的。要有区别于竞争对手的定位，才能为消费者找到购买这个品牌的理由，提供给消费者判断的依据。

定位必须是对应于消费者需求的。定位的根本目的以消费者需求为根基。

6. 商品的生命——质量力

推动营销流运行的质量力量，我们称为质量力。整个营销链条上，产品流从企业到市场的整个过程中，其最终目的是争夺市场，而市场竞争的焦点是赢得顾客，而顾客关心的、能激发其购买欲望的敏感点就是以产品为中心的质量问题。要了解质量的价值，就要加深对在营销链上以推动产品流快速流动为目标的质量力的理解。

质量力的大小要以顾客满意为标准来制订。质量作为产品力的组成部分之一，同其他组成产品力的要素一样，是以顾客为基点，以顾客满意为标准来制订企业的产品质量标准，所以应该站在顾客的立场上来考虑产品质量。企业不能患上质量"自恋症"，凭借自己的主观想象制订质量标准，以为质量越好，功能越多，消费者就越喜欢，这完全是企业的一厢情愿，还有可能造成费力不讨好的局面，不仅消费者不满意，还造成了企业质量成本的上升。特色是衡量质量力的重要指标，即有特色的产品有助于征服消费者，能有效地推动产品流的流动。

质量力的大小在于它体现出来的一种特有品格和显示出的一种个性。这种个性包括两个方面：一是与其他同类产品不同的特征造成的强烈反差，让消费者在同类产品中一眼就能将其区分出来，反差越大，就更能推动产品流向消费者流动；二是产品的材料质地，采用合规合标的材料，自然增强了质量力。

质量力的形成是一个系统工程。质量力的形成是系统整合的结果，不是局部的，而是全面的、系统的。从营销链上可以看出质量力的形成是整个营销链各个环节都充分调动整合的结果，每一个部分都要为质量这个动力的整合做出贡献。

整个企业多方面要素的有机整合，比如市场调查、技术含量、研发能力、财务保证、人员保障等，这些要素有机地结合在一起，建立起一种结构，使各个要素的能量充分发挥，产生总体大于局部的效果，为产生强有力的质量作保障。

（三）渠道力

1. 什么是渠道力

渠道力是指渠道规划布局、结构分类、拓展能力、管理维护、培训服务、考核迭代，以及其精准性、渠道质量、投资回报价值与效益。渠道力是商品力、品牌力、销售力等五力之核心载体，"基因差，无回天之力"可很好地揭示因渠道力太差的销售乏力与业绩下滑根源。

渠道力的存在是由于渠道成员之间具有相互依赖的关系。因为大家都属于同一分销系统中，在产品销售、实体分销、渠道支持、产品调整、售后服务以及风险承担等方面，任何一个成员的行动都会对其他成员产生影响。成员间的经营活动会相互影响和相互依赖。

因为渠道直接面对顾客，所以，渠道力往往直接展现了商品力与品牌力。同时渠道质量与效益直接影响企业的销售力与盈利能力。渠道的规模是企业市场占有率的折射，也决定了企业竞争实力。

2. 影响渠道力形成的因素

渠道力由硬实力与软实力构成，也可以说是企业从渠道规划、拓展、到运营、服务整个经营活动价值链所产生的节点效能与管理能力。其中，硬实力是指先天性基因优劣势，而软实力是指后天可形成的服务与管理能力。

（1）硬实力因素。

①规划力。

渠道的调研、分析、定位、规划、布局、发展计划、进度、节奏，以及层级、性质、价值贡献等一系列考量与定位、实施能力，被称为规划力。

一个好的规划，可以使企业在营销上先有全面系统的定位规划，从而使得后期的发展中有相对精准的资源投入，才会取得最高效率与效益回报。

②拓展力。

拓展力指企业在渠道层级开发、规模发展的实力以及其计划性、进度把控、目标达成能力，特别是网点的统计分析、评估、选址、获取、开发能力与精准度。

（2）软实力因素。

①培训力。

渠道网点获取后，即新渠道生成、新店开张经营后，渠道的生存、经营、效益与品牌商、厂家的培训力度有最大关联，也因此受到最大影响。代理和加盟一个品牌、产品，之前往往忽略对其培训力的评审，但是现在已经成为选择的首要因素之一。构建一套标准实用简明的培训体系，对经销商、加盟商都是关键的软实力因素。

②服务力。

服务力是指零售或者渠道终端直接面对顾客，或者渠道业务流程上下游服务能力与水平、质量。也可以说是内外部客户满意度与效率。再好的渠道、再好的产品、再好的品牌，一旦失去服务力，等于一场空。

③专家力。

一个品牌商与厂家想要长期地持有对其他渠道成员拥有专家力，可以有三种策略：一是有控制地传授专业知识，使其他渠道成员始终保持对本企业的依赖；二是企业不断有新的专业知识涌现，使其他成员渴望与本企业合作；三是鼓励渠道成员对交易中需掌握的、但又不能轻易地从其他经营业务中学习到的专业知识进行投资。

④信息力。

信息力建立在真实信息资料的基础上，任何渠道成员都有可能因为及时得到了真实可靠的信息资料而具备这种力量。

3. 渠道力分析

企业的营销渠道是企业所存在的产业价值链中的重要组成部分，是一个由多种因素组成的人造系统，涵盖着多个机构与企业，它的运作和发展要受到来自渠道内、外的各种力量的制约；渠道战略不仅强调个体的核心能力和竞争优势，也同时强调个体之间的合理分工和相互影响。因此，要以动态发展的角度来进行渠道的运营和管理。

渠道力可以促使企业内外部各环节之间的传递和反馈，并伴随着各环节的有序化、合理化的设置来提高整个企业的协同发展与经济活力；反之，则在各环节之间产生衰减，阻碍渠道的良性运转，甚至造成渠道系统的崩溃。

4. 渠道力构成要素的分解

渠道是企业战略的执行平台，是一个结合了不同渠道成员以及每个渠道成员内部不同组织机构的复合产物。在渠道的构建、运转和管理过程中，由于大量的人为因素的存在而产生出各种类型的问题；具体来讲，渠道力的构成要素主要有：渠道定位力、渠道组织力、渠道合约力、渠道合作力、渠道激励力、渠道监督力、渠道调整力、渠道控制力。

渠道力的各个构成要素统一存在于渠道的运营过程中，在渠道运行的各个环节之间、在渠道发展的各个阶段之间分别发挥着各自应有的作用，保证渠道整体利益的最大化和每个渠道成员各自利益的持续、稳定的获得。

（四）营/行销力

1. 营/行销力的概念

什么是企业营/行销力呢？我们借鉴加藤邦洪先生所提出的三力概念，从广义来看，把企业营销力界定为推动企业营销流在企业营销链上运动的动力。这种动力主要表现为三种力量：产品力、销售力和形象力。狭义上看，重点研究行销推广力。我们认为行销力是完全可测量评价的，即通过行销目标达成实现。企业营销力结构图见图4.2。

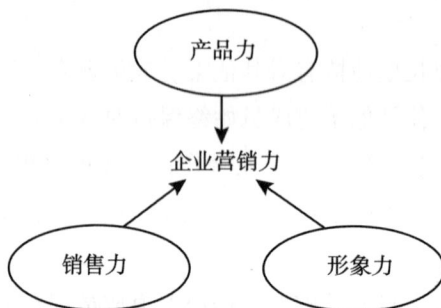

图4.2　企业营销力结构图

"酒香不怕巷子深"，这是句老话，很直观地给予我们关于营销力的思考和分析（见图4.3）：

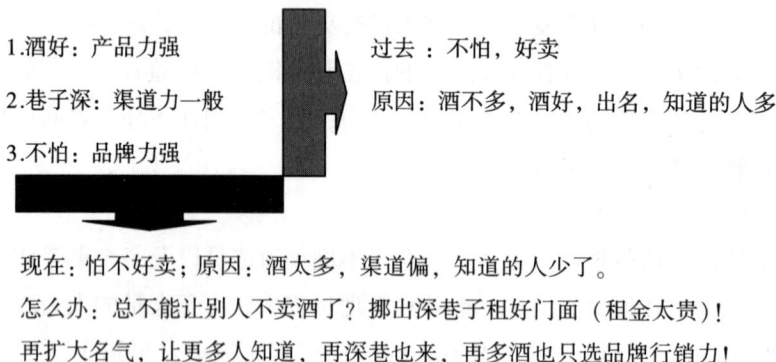

1.酒好：产品力强　　　　过去：不怕，好卖

2.巷子深：渠道力一般　　原因：酒不多，酒好，出名，知道的人多

3.不怕：品牌力强

现在：怕不好卖；原因：酒太多，渠道偏，知道的人少了。

怎么办：总不能让别人不卖酒了？挪出深巷子租好门面（租金太贵）！

再扩大名气，让更多人知道，再深巷也来，再多酒也只选品牌行销力！

图4.3　关于"酒香不怕巷子深"的营销力思考

2. 营/行销力的内涵

对于企业营销力的内涵，我们可以从以下几个方面来界定和理解：

企业营销力是一种复合力。它包括三个亚力，即产品力、销售力和形象力，这三种力量合成生成企业营销力。

企业营销力的作用对象是营销流。企业营销力直接作用于营销流，它的直接目的就是推动营销流持续地在营销链上运动。

企业营销力的基本目标是保证实现营销流的基本目标。企业营销力力量的大小具有不稳定性。

企业营销力的存在状态是内在的、可测量的。但是企业营销力的大小是可以通过计量方法来测量的，那就是增量原理，即同比增长。

3. 如何提升营/行销力

企业营销力的内容非常丰富，构成要素十分广泛。要全面了解企业营销力，就必须认真分析企业营销力的内容，才能真正清楚企业营销力推动营销流在营销链上的运行机制。

如何精准高效提升营/行销力，是目前各行业最迫切的问题，特别是零售业。

笔者认为可以从以下几个方面落实提升：

（1）构建专业的品牌行销团队与营销团队。

（2）定目标、做规划、找增长点，明确提升空间与策略。

（3）目标分解到区、店、人、天，日日检核，及时激励。

（4）固定+动态行促销机制：活动多样化，推广新颖化，传播全员化。

（5）加大质量力、效用力、服务力和价格力关联监控与同步升级。

（6）加强销售战略定位力、销售战略目标力、销售战略分析力、销售战略计划力和销售战略控制力管控与提升。

（7）加强公关、广告销售力，多元化行销推广的配套性、及时性、精准性。

（8）不断强化企业文化力和品牌力。

4. 营/行销力的合成与分解

企业营销力的内容非常丰富，在这一部分，我们将企业营销力的内容一一分解，便于我们更好地认知企业营销力。如图4.4所示。

想要增强营销力，必须坚持三个原则：了解消费者的诉求点，理解消费者的需求，不断满足和提升消费者满意度，也就是秉持顾客导向的原则。

（五）管理/服务力

管理是管理者按照一定的原则（社会的、政治的、经济的、法律的、生态的，等等），采用先进的方法和手段，通过计划、组织、领导、控制等职能，放大系统功能的行为过程。在这个行为过程中，管理的有效性取决于管理者对被管理者产生影响力的大小。这种影响力即为管理力，管理力对外部的展现就是服务力。

管理力和服务力强的企业，通常会表现出一种卓越的企业风格，这种风格会贯穿在企

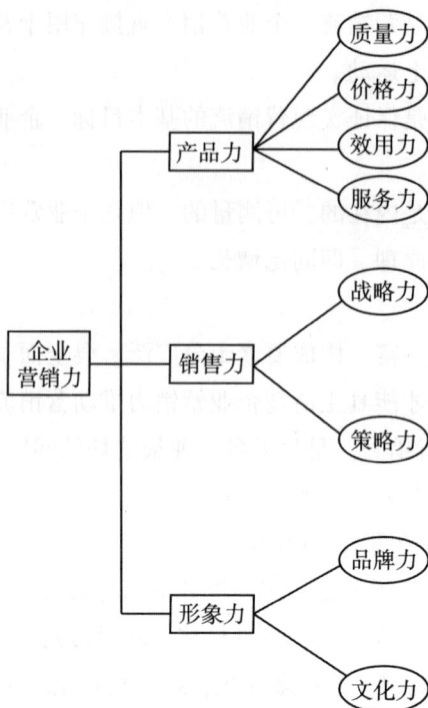

图 4.4 企业营销力结构图

业对内的组织、经营和对外的市场机会捕捉等若干领域；既能与外部进行有效的物质、能量交换，更能与外部进行有效的信息交换，并从中确定自己的市场机会和竞争定位。

我们不难看出，管理力对生产力、营运能力，甚至对品牌力、渠道力、商品力，最终对销售力等都可以起到提升的效果和加倍的作用。它是一个企业风貌、风格、水平的体现，也是确保企业具有较高的短期效率和长期效率的核心力，是企业发展的现实提升力，决定着一个企业的管理有效性和成败兴衰。

而管理力的最终外部表现就是服务力，也就是我们讲的服务水平和服务质量。它直接关系到顾客满意度，间接对产品力、品牌力等形成沉淀式影响，并且最终决定了企业的核心竞争优势和持续发展能力。

1. 如何提高管理服务力

服务力是五力的一个重要组成部分，特别是在目前竞争日益激烈的商战中，服务对于提升产品力、促进产品流向消费者方向流动起着重要的作用。消费者日益重视产品以外的服务的附加值，服务可以增强消费者的满意度。同时服务营销观念有利于企业实现和强化近几年来在市场竞争中日益受到重视的产品和服务的个性化、差异化。

强有力的服务力还包含企业对内部员工的服务。员工是企业组织核心的基本单元，是营销链的建造者和执行者。企业要从学习、生活、技术或业务培训、职业生涯设计等方面为每位员工做好服务，使营销链的每个节点上的执行者的利益与企业的发展紧密结合，充分发挥每一位员工的积极性和创造性，以期保证营销链的完整性和畅通性。

服务力的构建主要涉及以下几个方面：

（1）便利。

电商、微商、平台、手机软件、互联网上的营销商务活动都给顾客带来更大的便利。所以，面临互联网时代，你若不去拥抱，而是怨天怨地，肯定会失去商机。转型创新就是服务意识与方式的革命，无非是因为互联网的时代将之提前和疯狂裂变。很多企业还没有做好准备，就被卷进了一场新商业模式大革命4.0时代！

（2）及时。

交货是指将产品或服务送达顾客。它包括速度、准确性和文明送货，购买者通常会选择能按时交货且具备良好声誉的供应商。交货速度越快，准确性越高，消费者满意度越高，服务力越大。所有解决快递快送及最后一公里的新商业，它们都是在为中国消费者及时服务水平做出巨大贡献和意识革命的行业领袖，值得大家为之喝彩！

（3）客户培训。

客户培训是指对客户单位的雇员进行培训，以便使他们能正确有效地掌握产品与服务知识、技术。越是完善的客户培训制度，顾客的满意程度越大，服务力的力量也越大，反之，没有完善的培训制度，不能很好地指导客户，让客户不能正确或有效地使用企业提供的产品，增加了客户的抱怨度，企业的服务力也就下降了。

（4）关注客户咨询。

越是关注客户反馈，并且重视有问有答、有问必答，重视顾客的投诉，越是能够不断提升服务力。

（5）售后服务、会员管理。

维修保养、顾客调研、积分活动、会员管理、会员回访等能及时、全面构建顾客服务与会员管理体系，有助于降低消费者的抱怨度，提高消费者的满意度，达到提升服务力的目的。

（6）服务多样化、个性化。

企业可以找到许多其他方法来提供各种服务以增加价值，比如定制、VIP生日会、上门服务等，也可以提供一些积分惠顾奖励。市场的竞争越来越激烈，服务的方式也越来越多，要提高企业的服务力，应该再深度挖掘消费者的需求，提供更多样化的服务来满足消费者的需求，提高服务力。

2. 提高管理服务力的六大技巧与原理（同样可以参考转化运用在终端零售成交率提升上）

（1）好感原理：习惯赞美与欣赏。

人们喜欢那些欣赏自己的人。运用方法：发现相似之处并给予真心的赞美。若要影响他人，先要与之交朋友。怎样才能做到这一点？有关的研究已经证明了好几项可以增加好感的因素，其中有两项格外具有说服力：相似性和赞美。

如果你试图说服的人早就对你心生好感，那么你会更容易争取到他们的支持。赞美是另一个产生好感的可靠因素。它既能令人陶醉，又能消除敌意。除了用来培养有利的关系，精明的管理者还可以通过赞美来修补受损的关系。

（2）互惠原理：微笑与融洽是终端服务最大法宝。

人们会以同样的方式给予回报。运用方法：给予别人你所想要的。如果你曾经在不经意中发现自己正对着一个同事微笑，仅仅因为他或她先朝你微笑，那么你就知道这个原理是如何发挥作用的了。

如果管理者希望在办公室内培养积极的态度和融洽的人际关系，可以通过这种方式获得真正的先行者或客户满意度优势——只要管理者能率先展现出自己所期望的行为方式，就能引导同事和下属员工做出同样的行为。

（3）社会影响力原理。

人们会仿效与其相似的人的做法。运用方法：实验也证实，来自同等群体的说服会异常有效。对于在公司内推行新举措的管理者来说，这一经验十分有益。假设你正打算精简部门的工作流程，而一群老员工对此表示抵制，让一位支持该举措的老员工在团队会议上发表支持言论。这样一位老同事所做的陈述比老板的话更具说服力。简言之，影响力在水平方向上而非垂直方向上，发挥效果最好。

（4）诚信原理：永恒的老话硬道理。

人们会兑现自己明确做出的承诺。运用方法：让人们做出积极、公开和自愿的承诺。研究显示，大多数人一旦采取了公开立场或书面表明支持某一观点，他们就会更愿意坚持自己的选择，而且即使是看似微不足道的承诺也会对未来行动产生强有力的影响。敢于承诺，敢于坚守承诺；敢于量力而行给予承诺，敢于积极面对实现承诺。将会积累和升级你的服务力，使你获得更多的忠诚客户与信任。

（5）权威原理。

人们愿意听从专家的意见。运用方法：把你的专长展露出来，切勿想当然地认为那是不证自明的。面对现代生活的纷繁复杂，权威与专家的背书，国际标准、知名品牌、安全环保等系权威资质背书，可以为我们提供宝贵而高效的捷径，使我们的服务和产品毫无质疑地得到认可、信任与青睐。

（6）稀缺性原理。

东西越少，想要的人就越多。运用方法：强调稀有性与独家信息。对管理者来说，这是个绝对有用的信息。他们可以借鉴稀缺性原理，把组织中有限的时间、有限的供应以及类似的限制性资源作为论据，来说服对方。

管理者可以学习零售商的做法。零售商在推荐自己的产品时，总是一再强调如果人们不理会其提供的产品信息，将会有什么损失，而不是强调将获得什么。在推销产品时，管理者还应当记住独家信息比众所皆知的数据更有说服力。如果管理者掌握着某个鲜为人知的信息，而该信息又正好为他本人所倡导的某个点子或建议提供佐证，那么他就可以运用稀有性原则来说服大家。

三、资本力

不是每个企业都需要上市，上市只是资本力的一个表现，与资本力不是同一个概念。中国新的资本市场分级给予了各类企业不同的对接考量与规划布局空间。所以，学点资本市场知识，了解资本力的杠杆效应，应该是一个企业家应该具备的必备知识。

特别是近几年兴起的互联网平台裂变市值，其估值方式与议价方式，均发生了巨大变化，完全是互联新时代的新资本定义和特征。

有这样一个公式：100000 流量/吸粉×（3%～10%）（转化率）×1000 元/单×6 次 = 1.8 千万～6 千万

一个拥有 10 万粉丝的平台或许可以估值到 6 千万元，明白这个道理与财富逻辑吗？

（一）资本力的定义

资本力是社会资本出于盈利需要而表现出的逐利、扩充、扩张、侵占、寻权等行为的作用力。

（二）资本力的社会效应

资本力是迄今为止人类社会最为强大的社会生产力，资本力可以有效地推动社会生产发展。但资本力也有劫掠、寻权等邪恶的特性。

在市场经济体制中，应当充分地激励资本力的生产发展行为，同时也要建立起相应的约束机制防止资本力的侵占寻权行为，并以法律打击资本力的侵占劫掠行为。

（三）资本力经济的范畴

对企业来说，不论是国营企业还是民营企业，只要是以盈利为目的，都属于资本力经济。其中，国营企业的营利性生产经营活动属于国家资本力经济行为，民营企业的营利性生产经营活动属社会资本力经济行为。

中国新资本市场的结构优化及新规则，给予中国企业多方位涉足资本市场的途径。金融市场不断健全，特别构建了为中小企业、民营企业发挥资本力构想与资源整合的空间。一个企业的资本运作能力也将成为新一代企业家的资本领导能力胜任标尺。

企业资本力包括资本意识力、资本领导力、资本执行力、资本驾驭力和资本成长力。资本意识力分为理想力、识别力和决策力。领导力分为悟力、魄力和魅力（魅力分为亲和力、厚信力、敏锐力和正能力）。资本执行力分为协调力、推进力和创新力。资本驾驭力分为组织力、监督力和应变力。资本成长力分为包容力、生态力和预测力。

在全球经济和金融一体化的框架下，企业通过金融业国际化和全球市场联动将行为触角伸到美欧发达经济体，一方面是要成为维护中国金融主权的力量工具，另一方面是经由市场化操作或者隐形操作形成组合影响力，即中国版的金融资本力。

（四）提高资本力的途径与方法

1. 加大核心资本的投资力度

基本的科技含量的比例越高，核心资本的凝聚力就越大，员工就越有战斗力，整个企业的战斗力就越强。所以加大核心资本的投入是提高核心资本的首要步骤。

2. 大胆采用风险投资机制

这种机制尽管风险大，但是它有推进器作用、加速作用，是其他投资机制无法比拟的。可以说，风险投资是知识经济生存的要素之一，这种投资业本身就是知识产业之一。凭着高级的知识和技能，使创业人得到必要资金，使投资者获得资本力的增强——资本增值。

3. 与时代经济同行或超越——互联网+新资本

O2O 是"互联网+"下传统零售商业创新转型的新常态产物，线下照样是支柱，是基础，是实业的成果，但体量与溢价能力有限。叠加上线上，其想象空间顿时扩大十倍、几十倍、甚至百倍，不仅仅是财富的裂变，而是市场的转移与升级。资源不仅没损失，反而被放大，这就是新资本力。

4. 要维护好资本市场的新秩序

只有建立全新的经济秩序，才能保证无形资本的驱动作用的发挥。这种新秩序要求知识资本驾驭和驱动传统资本，使所有的自然资源、生产资源、劳动资源等都建立在以知识资本为核心的资本管理体系，形成新的资本秩序。

第五章　TRPM 落地保障法则

T：目标精准（Accurate Target）

R：结果导向，过程可控（Result-oriented Process Control）

P：及时激励（Prompt Encouragement）

M：机制保障（Mechanism Guarantee）

TRPM 可全面系统地解决企业战略目标与经营管理工作长期处于喊口号、过程打乱仗，事事不落地、人人混日子，杂乱无序、问题反复，增长无动力、持续无保障的乱相。其起点是解决目标落地问题，关键是过程可控与及时激励，核心是 PDCA 管理循环（Plan 计划，Do 实施，Check 检查，Action 处理），闭环落点是固化机制保障（承上启下链接到本书第三部分：SRMT 核心管理技术）。

一、眼花缭乱、谁主沉浮——中国民营企业管理落地难

管理理论与知识的不断成熟与创新，形成跨界跨域、多样多元化、碎片式的管理知识、管理工具、管理模式，从而造成管理机制、体系的碎片化、复杂化、多元化。普遍性与通用性的基础管理理论，裂变出的多元化理论与知识体系，需要在差异化的细分运用中，以科学严谨的态度进行梳理和定义。

经过近 20 年的职场、企业洗礼，咨询业也沉淀了很多精英和人才。但是务实、实战的教练式咨询、实操型专家缺乏。

二、为何不能落地——困扰了企业家和经理人多年的话题

谜底：碎片、碎点，无法有效串接；归根结底是缺乏闭环意识和机制保障。

（一）低级错误及原因：没目标

从我们真正明白管理之日起，我们就接触到 PDCA 的戴明循环基本理论。我们一切管理起于计划，落于不断改善。但是，做起来，总是被各种"灵丹妙药"和千奇百怪的模式反复吸引、迷惑。任何事都是要有目的和目标的，否则，其起点就已经注定没有方向和结果。

（二）初级错误及原因：目标不精准、不分解
——不可视、不量化、不精准的目标，等于没有目标

任何事、任何项目、任何工作、任何岗位、任何人，一旦没有可视、可量化、不精准的目标，还不如不要目标。我们常常发现，有时候没有结果的根本原因是：没有弄清楚一件工作的精准目标。

（三）中级错误及原因：只要结果不管过程，也叫过程失控
或者过于纠缠过程，最终丢了结果

我们常常总结这种企业和领导面临的结果：秋后算账、秋后无账、秋后混账、秋后乱账。缺乏契约精神：不懂分工不懂授权等于无管理，劳民伤财，误人误己。价值导向紊乱：捡芝麻丢西瓜，眉毛胡子一把抓，不做规划不做预算等于碰运气、看天吃饭。

（四）高级错误及原因：没有可落地机制做保障

要谈机制保障，先谈理念与做法。任何企业选择了这四种致命错误做法和两个缺乏，注定与机制无缘："放羊"，听天由命；放权，说放不放，用人永疑；"放哨"，半信半疑，小道消息；"放枪"，用人多疑，临阵斩将。缺乏全面系统性，缺乏闭环机制的落点——及时激励、大胆激励。

三、落地的关键保障——TRPM 闭环法则

在很多公司，管理者常常陷入这样一个误区：为了完成短期的业绩指标，他们需要花费大量的时间解决短期运营问题，短期问题不解决，公司就无法生存；而有限的可支配时间，他们又容易忽略对公司长期战略至关重要的事项掌控，出现公司的战略与运营脱钩，实际业绩总是与预期的目标相差一截。公司业绩低于预期往往并不是因为管理人员能力的不足或不够努力，而是 3 个致命原因：目标不落地，工作无绩效，体系无闭环。

在我们现有的企业行为中，每天忙死、累死、烦死，每天问题不断，因为工作的运行状态多数是开环的，是不受控的，目标很难高效实现。要想随时随地掌控工作的运行状态，使目标及时实现，就要使我们的所有工作行为尽可能处于闭环状态运行。

管理式闭环是实现有效管理的重要手段，如果是开环管理，很难达到预期效果，也就是说所有管理活动与行为都应该形成 PDCA 循环。我们通过对所有管理流程的勾画和分析，就可以看到我们的现有流程是否形成闭环。企业日常工作闭环管理系统见图 5.1。

开放、透明、分享、责任这八个字概括了现代企业管理所需要的四个关键特征。假如你的企业管理不具有这样的实质，你的企业一定不会走得太久。如果你不能把梦想变成现

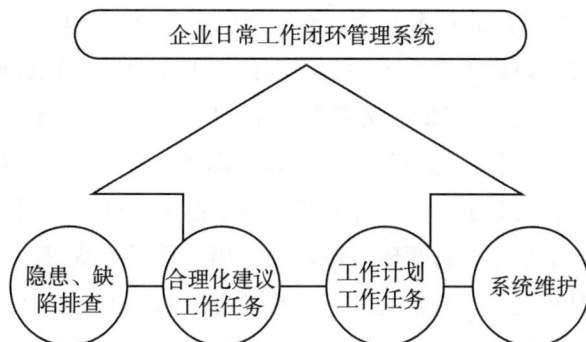

图 5.1　企业日常工作闭环管理系统

实，梦想就会变成空想、埋怨和抱怨。中国企业里有很大部分人是抱怨主义者，总是觉得社会充满了问题，而且所有问题都是别人的问题，跟自己一点关系都没有。梦想是虚的，但是你必须把它做实。

（一）目标精准：是闭环机制的龙头，也是落地前提

管理者在制订明确的战略目标后，需要根据这些目标分配资源，明确运营措施的优先顺序，迅速确定这些决策对运营和战略的影响，以及在必要时更新和完善战略目标。

战略管理是否落地，起源于目标的精准和量化度。目标越是模糊，价值越是无法衡量与落地！

（二）结果导向、过程管控的法宝：PDCA 循环

管理不但需要设计和执行，更需要监控与完善，讲求过程化管理和结果化管理的双结合。一切管理都能够通过流程化得到落实，而流程化的结果，则需要通过结果化管理实现查询、统计和最终的效益分析。

PDCA 循环属于一种循环渐进式的闭环式管理。PDCA 循环是能使任何一项活动有效进行的合乎逻辑的工作程序，改进与解决质量问题、赶超先进水平的各项工作，都要运用到科学的 PDCA 循环程序。

不论提高产品质量，还是减少不合格品，都要先提出目标，即质量提高到什么程度，不合格品率降低多少？要有个计划，这个计划不仅包括目标，而且也包括实现这个目标所需要采取的措施；计划制订之后，就要按照计划进行检查，看是否实现了预期效果，有没有达到预期的目标；通过检查找出问题和原因，最后就要进行处理，将经验和教训制订成标准、形成制度。

PDCA 循环可以使我们的思想方法和工作步骤更加条理化、系统化、图像化和科学化。PDCA 循环作为质量管理的基本方法，不仅适用于整个工程项目，也适应于整个企业和企业内的科室、工段、班组以至个人。各级部门根据企业的方针目标，都有自己的 PD-CA 循环，形成大环套小环，小环里面又套更小环的层层循环。大环是小环的母体和依据，小环是大环的分解和保证。各级部门的小环都围绕着企业的总目标朝着同一方向转动。通过循环把企业上下或工程项目的各项工作有机地联系起来，彼此协同，互相促进。

PDCA 循环是爬楼梯上升式的循环，每转动一周，质量就提高一步。PDCA 循环是综合性循环，四个阶段是相对的，它们之间不是截然分开的。推动 PDCA 循环的关键是处理阶段。

PDCA 循环管理内容的细化和 PDCA 管理循环改善图分别见图 5.2 和图 5.3。

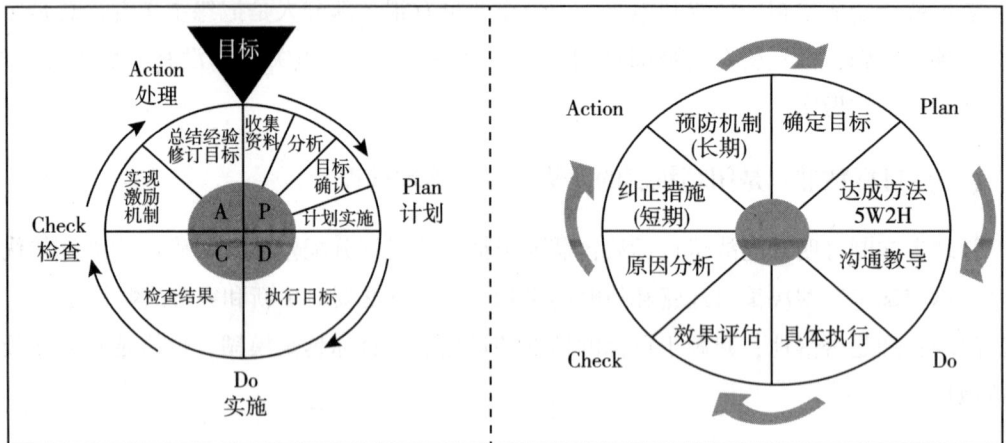

图 5.2 PDCA 循环管理内容的细化

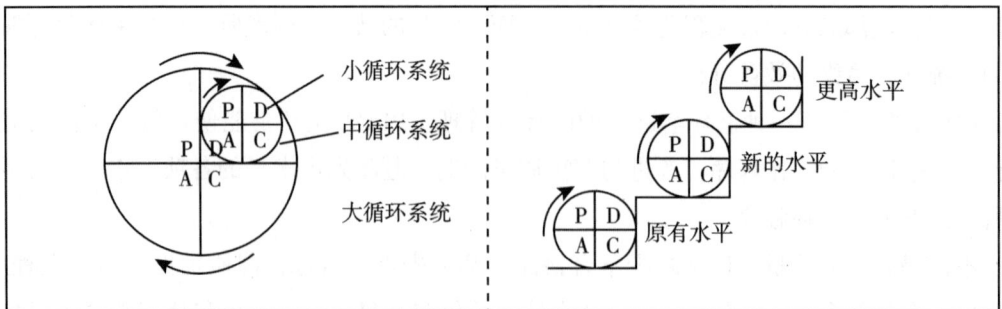

图 5.3 PDCA 管理循环改善图

（三）过程控制之法宝标准化与流程管理

流程管理的先进性和流程管理之于企业的重要性是毋庸置疑的，因此，很多企业及咨询公司都在不断研究流程方面的内容，从流程管理到流程再造，从流程重组到流程优化，通过对大量已有案例及现实状况的分析、优化流程，最后保证流程的落地执行。只有将企业的战略目标真正落实到流程上，并有效执行下去，才能做到名副其实的流程落地，才能发挥流程对企业的核心价值。

流程管理的基础是标准化，标准化的成果体现正好又落在流程管理。具体如下：

业务流程：取决于企业对各业务节点与业务工作研究的标准化程度。

权限流程：取决于企业对人在管理过程活动的责权利的考量，也可以说是对其工作与价值标准化的设计。

操作流程：取决于企业对人在工作中的行为行动标准化研究，比如：IE，SOP。

国内很多企业引进流程管理，是因为流程为中高层管理者改善和提高企业管理水平提供了完美的理论支撑。流程管理之所以短期内能够获得企业家们的高度认同，得益于其不但在逻辑上解决了管理上无序、混乱等问题的根源，而且展现了使用流程管理工具给企业带来的收益，即通过优化管理方案，重新组织企业资源之后，客户的服务水平和企业效率均得到明显的提升。

而人们常常通过实际流程运作后发现，流程工作的实际效果与其理论地位相去甚远。国内很多企业的流程管理工作不但没有取得预期的效果，有些甚至破坏了企业原有的正常经营，是流程管理不适合自己的企业实际，还是用错了流程工具？企业该如何做好流程工作才能为企业提高效益？

19 世纪末，哈默尔提出流程管理的概念，流程管理工作必须建立在对流程管理的正确认识之上，流程工作必须结合企业自身的实际情况，对流程尤其是核心业务流程要进行逐步的、有主次的梳理、优化和实施。每一家企业，业务流程都有很多，大家确实没有精力一次性地关注每一条流程，我们需要从企业的核心流程开始，以核心流程为切入点，试行成功后再推广到其他流程。

流程管理包含很多内容，比如搭建流程体系，流程优化、固化、流程执行情况的考核等，流程梳理只是这一切活动的开始。对于企业来说，搭建完整的流程体系是一项系统性工作，它包括流程框架的建立、流程相关管理制度的制订、流程思想的宣贯、流程反馈机制的成熟运用，等等。

流程梳理属于建立流程框架的内容，需要围绕企业各个层级的流程来展开。不同的企业内部有着不同的流程级别，一般将企业流程细化为五级：一级流程，反映企业价值增值过程，明确业务链价值创造，也称作价值链流程；二级流程，体现流程与流程之间逻辑联系；三级流程，反映跨部门实际业务情况；四级流程，刻画部门内部不同岗位之间工作联系；五级流程，反映岗位或者具体工作事项，也就是我们提到的标准作业指导书（SOP）贯彻执行的过程。

绝大部分企业只是停留在流程梳理的阶段。如何保证梳理出来的流程被有效地执行才是流程管理的核心。企业运用流程管理的方法，最终愿望是提升管理水平、改善工作效率、细致地规范工作的具体步骤。有了流程梳理的基础，企业内部人员对公司的业务现状特别是跨部门的工作衔接达成了初步的共识，具备了一种统一的语言（流程图）去描述实际问题，通过跨部门流程宣讲以及成立流程小组定期讨论等形式，可以在企业内部自发形成主动暴露问题、解决问题的良好习惯。如果企业员工能自觉地运用流程指导工作，一定会发现流程需要优化的点，并从点和面上做到流程优化的持续。如果发现或感觉到一些流程缺失，或者因为企业管理水平提升了，我们还需要建立新的流程应对新的管理模式。在一些流程意识已经建立、流程成熟度较高的企业，甚至会主动通过专题的方式结合流程优化来解决问题。

有了开始才会有持续的发展，对于已经做过流程梳理的企业，在考虑进一步推进企业内部流程管理的同时，更重要的是把流程梳理的成果有效地加以利用，让第一步走稳走实，从企业的自身流程体系出发，通过 IT 固化、发展和优化流程管理平台。

（四）及时评价和激励

及时评价标志着企业以设备为主线的管理体系进入了一个可以测评的阶段。企业通过评价可以客观了解自身——以设备为主线的生产管理水平，包括设备对生产的支持程度、生产现场管理状况、设备可靠性状态、维修策略是否正确、维修资源的组织和配置是否合理、维修行为是否规范、知识资产管理水平如何、维修成本是否合理、设备综合效率水平、设备投资效率水平以及设备对安全、环境、健康的支持力度等。评价结果是按照阶梯区分的，企业可以通过所处的阶梯等级，从宏观上认识自己在业界所处的地位和需要继续奋斗的目标。评价伴随着对企业管理状况的诊断，企业可以通过诊断报告清晰地认识自身所存在的主要问题以及与高阶目标的主要差距，明确今后的努力方向。

评价既要评价过程，又要评价结果，用过程引导结果，结果不好是小概率事件，过程错误而结果正确是小概率事件，过程正确结果良好才是大概率事件，做企业就是要把每一个过程细节做好，因此，我们应该重视对过程的评价，规范评价过程。同时评价体系中对三个层面问题评价分数权值的分配，特别关注做得怎么样，又有效保证能够做到闭环状态。

评价常用的工具有以下几个层面（见图 5.4）：对人：绩效考核与胜任力测评，优胜劣汰；对事：例会、述职、总结、报告、案例分析；对组织：满意度、组织绩效。

科学评价的原则：对事不对人，数据与事实，意愿与能力，结果与价值。

图 5.4 评价标准对三个层面问题的分数权值

　　企业保持长久有效的执行力，最终体现在制度、流程的执行力上，其源动力来自于：目标清晰，快速做对，检核评估，及时激励。

　　及时评价和激励标志着企业的经营管理体系进入了一个可以测评的阶段，以及管理理念与格局从被动式管理、积累上升到主动自发式增长、分享的阶段和境界。

　　其标志性特征是激励，以价值为导向的激励，以核心与关键岗位为导向的激励，以标杆典范及比超赶帮为导向的激励，以自主自发主动管理为导向的激励。

第三部分
持续发展落地必会：SRMT 核心管理技术

可持续资源管理技术 SRMT（Sustainable 可持续的，Resources 资源，Management 管理，Technology 技术），是本书作者根据近 25 年的实战经验与学习积累，基于企业的可持续发展与增长，研究创新的一套简捷实效的管理知识体系与管理技术、机制。其核心技术与实现路径是：

通过建立健全七大闭环机制+三层五级流程+三大权限表，以及创新人力资源管理 HR 的十大模块六大工程，快速构建和固化企业可持续发展资源管理机制，使得企业具备可持续发展与基业传承的固化基础与基因。

其中关键创新研究成果为 HR 的十大模块六大工程即创新人力资源管理。

基于实操性，为了便于读者拿来就用，本部分也可以说是个实操工具包，直接将笔者在实际工作过程中积累的管理制度、工具、表格等，大量编入、分享。使得读者可以直观参考借鉴、优化，也希望可以抛砖引玉，给中国企业的职业经理们搭建一个持续发展与增长落地机制的知识与成果交流、交换平台！

第六章　七大闭环机制

七大闭环机制指战略管理机制、目标管理机制、工作管理机制、信息管理机制、绩效管理机制、激励管理机制、广义审计机制。七大闭环机制示意图如图6.1所示。

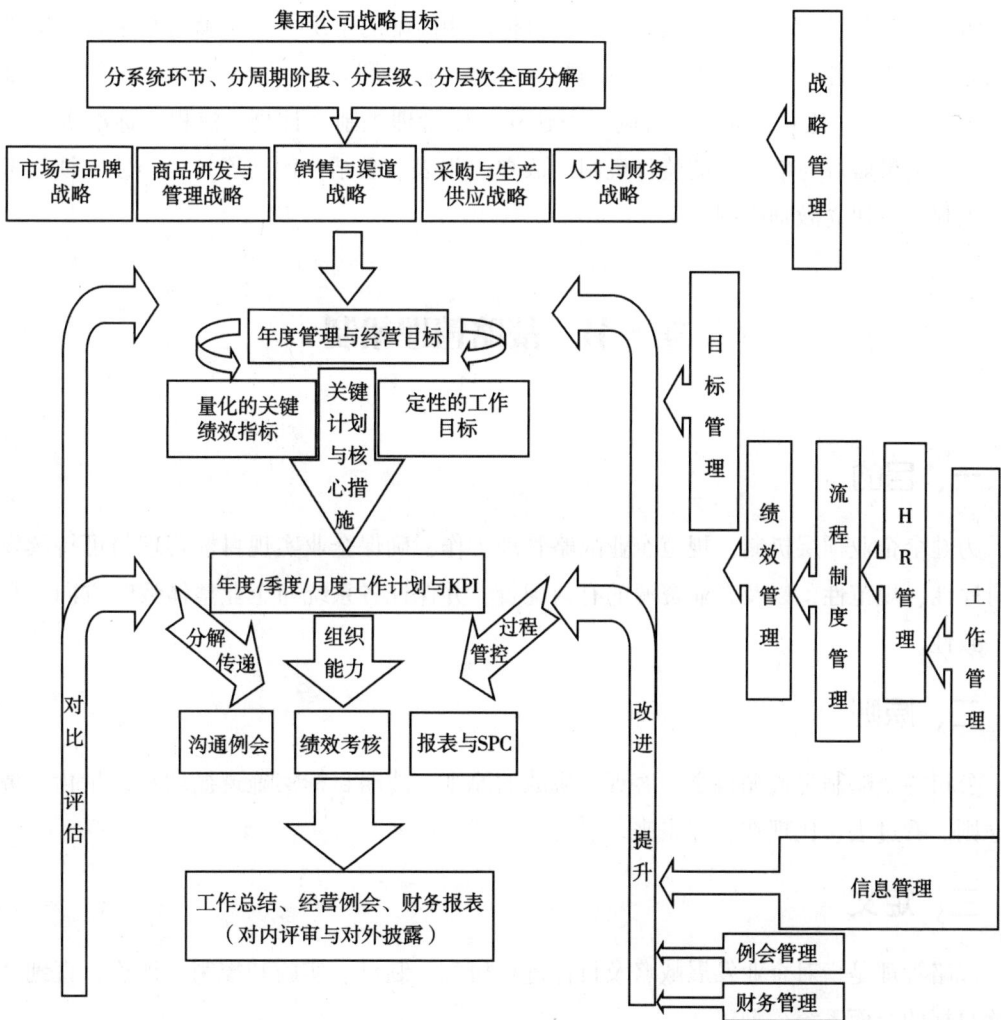

图 6.1　七大闭环机制示意图

闭环理论在其本质和内涵上已经具备了严密、严谨的管理基因与基础，从其逻辑上高度符合 PDCA 的戴明循环原理，从其价值上符合绩效管理 SMART 原则，从企业管理的全面性、系统性上，上自战略顶层设计，起于目标，中顾过程管控，下至结果运用，可以说是一个十分科学严谨的管理理论。

对民营企业而言，依照 SRMT 核心技术中的管理机制，不仅有利于进一步调动经营者长期管理的积极性，改善经营者与广大员工的关系，促进企业长期持续发展，而且是落实以人为本，坚持科学发展观，构建和谐劳动关系、和谐企业的重要举措。它全面系统地把员工、投资者、企业、社会多元维度的权责利与价值链做了一个完整关联与串接，真正形成了一个可持续增长与发展的闭环管理系统。

路径逻辑解读：

明确战略与发展目标──→建立为实现目标而相匹配的组织──→明确组织中各环节部门的职能──→明确各环节部门中各岗位的职责（责、权、利）──→建立基本的组织行为准则（规章制度）──→建立目标管理机制──→建立工作管理机制（计划、流程、标准等）──→建立工作结果监督与信息反馈监督机制（表单、报表、总结、例会等）──→建立绩效考核管理机制──→建立激励机制。

第一节　战略管理机制

一、目的

为健全企业顶层机制，规范企业战略管理工作，确保企业实现目标管理与可持续发展的有序性、规范性，以及企业资源的有效配置，并保证各系统与企业整体战略方向和目标的一致性。

二、原则

公司的战略制定遵循科学、客观、挑战的原则，战略目标实施遵循增长、量化、务实的原则。看过去、比现在、谋未来。

三、定义

战略管理是指对企业发展战略及目标进行研究、制订、实施和控制、评价，直到达到战略目标的全面系统规划。

战略管理过程主要包括三个阶段：战略评价、战略制订（见图 6.2）、战略实施。

战略制定流程		编号：	本流程共1页之第1页		生效日期：
流程协调控制部门：企业发展部		总责任人：董事长	审核：		签署：
决策委员会	企业发展部		区域/门店/总部各职能部门	责任人	备注

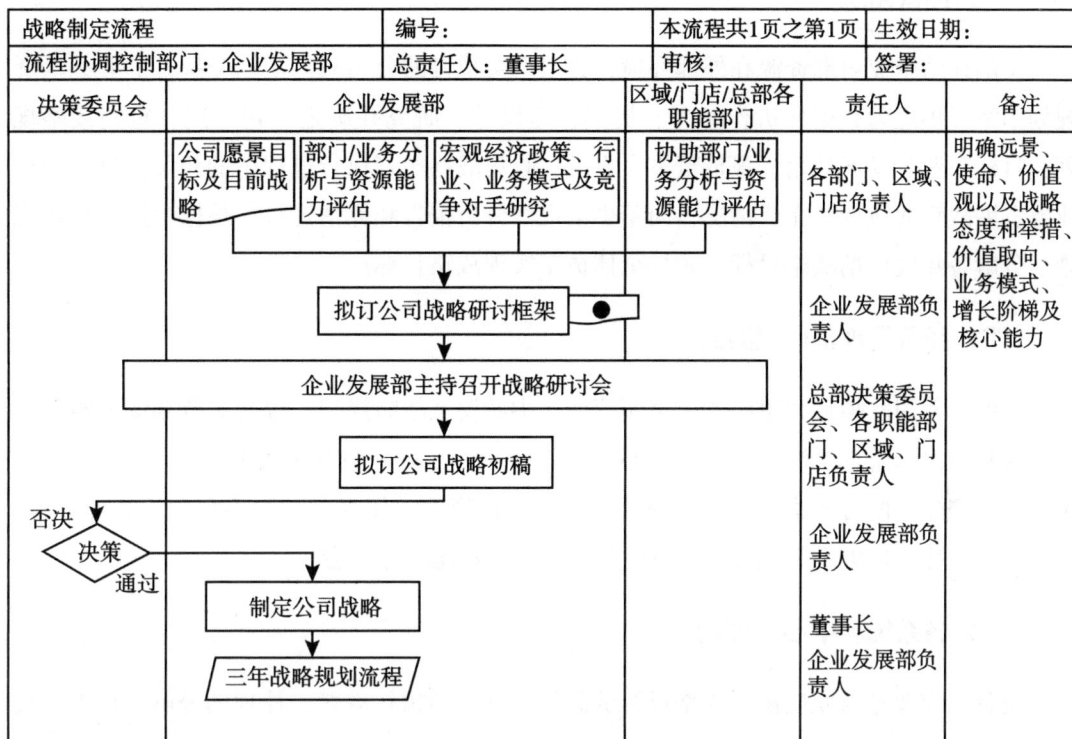

图 6.2　战略制订流程图

公司战略分为：长期战略规划（10 年），中期战略规划（3~5 年），短期战略规划（1~3 年）。制定战略一般规律：由远及近、由总到分、由整体到局部。

四、组织及职能

（一）董事会

董事会是公司的战略决策机构，负责明确提出公司的使命和愿景，确定公司中长期战略发展方向和发展目标，审批和签发公司整体战略规划。

（二）战略决策委员会

战略决策委员会由董事会成员与班子组成，可邀请专家成员列席，负责协助董事会评审确定战略规划以及重大战略决策。

（三）经营团队

正确评估企业内部资源和外部环境，为董事会拟订的公司战略规划和拟订的业务发展规划草案提供经营数据分析作参考、提案、建议等。研究并确定公司中期、短期战略规划、目标和业务发展规划，报请董事会审批；收集战略规划执行过程中的相关信息，分析业务发展战略的执行和完成情况，向董事会提供分析报告和评估建议。根据中短期战略规划，分解各年度周期战略目标。领导全体员工实现战略目标。

（四）经营管理部门/总裁办

协助经营团队拟订并组织实施集团短期、中期发展战略规划；统筹规范年度战略规划制订流程及配套管理机制。主导年度目标、计划组织工作；确保战略目标的分解及计划、重大工作安排；配合或指导绩效管理部门衔接考核管理工作（包括但不仅限于目标分解、关键重大工作、KPI 评审以及各期的经营与组织绩效述职评审会）。

（五）各系统、中心、部门

负责相应业务与职能模块战略目标的制订、分解和执行方案、计划的分解、评审、宣贯，分配到具体的岗位和相应的人员，并严格按照基本流程与周期配合绩效计划的实施和管控。

五、战略规划制定的依据与逻辑

愿景使命—长期战略规划—中短期战略规划—年度战略规划。

六、年度战略规划制订步骤

以下以短期战略规划制订为例，各类型与阶段战略规划均按此步骤执行。

步骤一：年中评估。年度战略规划/目标中期评估修订（经营年度中期的次月），便于对下期战略规划作出基础研判依据。

步骤二：年终评审。年度战略目标总结评审与复盘（经营年度末期前两个月；其中最后两个月取预测数）战略及目标实施评估复盘 4 步法：

①企业各关键岗位、班组、部门、各分支机构等直接领导组织对本系统的年度目标定期实施情况进行总结汇报、评估、评审（10 月上旬启动）。

②各事业机构、职能系统、独立子单元等分管领导对所辖职能的年度目标、KPI、主要工作总结、汇报和规划实施情况评估（10 月中旬）。

③请广义第三方机构（或经营绩效委员会）对目标考核对象的经营管理结果、绩效价值等进行评估、报告、评审（10月中旬）。

④组织企业巡视组深入基层进行实地调研，通过问卷调查、召开座谈会等形式广泛征求意见，并由此对经营班子经营管理结果实施情况评估（10月中旬）。

步骤三：战略规划与目标提案（10月中旬）。包括进行基础调查、信息搜集、课题研究以及纳入规划重大项目的论证等前期工作。收集自下而上驱动的政策制定信息，提交给董事会及经营团队集体研究、集体讨论。由经管部/总裁办根据董事会反馈重要关键战略词制订。

步骤四：形成董事会顶层战略阶段。董事会根据提案，制订新年度战略目标及顶层战略预案（10月中下旬）。

步骤五：顶层战略评审及战略目标决策。董事会制订新年度战略目标及顶层战略预案审议阶段（10月下旬）。经营团队向董事会汇报承接目标的可行性分析与资源匹配分析、风险评估等。董事会做最后决策，确定年度战略目标与管理目标书并正式下发（11月初）。

步骤六：经营团队根据董事会的顶层战略预案制订新年度战略目标与管理目标、经营计划（11月中旬）。

基于董事会审核通过的顶层战略预案，经营班子制订并召开新年度战略目标与经营计划的说明会，根据集团经营状况和发展阶段，会上确定经营计划的主要经营、管理目标、指导方针、重要原则、重点战略和主要任务。

步骤七：新年度战略目标与经营计划书承接、分解、预算评审阶段（11月下旬—12月中旬）。

基于战略规划与目标，提出的主要目标和任务分解，落实到各职能责任系统/中心、各部门、各基地；明确约束性指标的责任部门并分解到系统、部门、职能模块、岗位，将约束性指标纳入各系统、各部门胜任力考评和绩效考核，组织全集团实施。

七、战略规划目标调整

当出现以下状况时，应对战略规划进行相应的调整：集团外部环境发生重大变化时；集团的发展战略进行了重大调整时，集团对公司的战略规划或经营要求发生重大变化，公司必须改变战略目标时；公司战略实施结果与战略目标出现重大偏差时；公司内部资源和能力发生重大变化时；公司董事会对经营形势的判断需调整战略规划的其他事项。

战略规划调整时，战略规划框架内的调整由公司总裁审批，涉及规划目标和重要保障措施等重大事项的调整，由总裁报请董事会审批。

第二节 目标管理机制

一、目的

根据战略规划，明确公司及各部门目标，依照目标拟定工作计划，依照工作计划开展工作，依时间段检视目标达成情况，并持续提升公司目标达成水平。

二、范围

公司各级各岗目标与计划管理、预算管理。

三、权责

运营管理部：负责拟定、跟进、检讨并持续改进公司目标，组织拟定、指导、跟进、检讨各部门年度经营计划书及月度经营计划。

各部门：依照公司目标，拟定本部门及各员工年度经营计划书、月度工作计划及预算，并督促各项计划的落实与持续改进。

财务部：整理制作各项财务预估分析表，并主导组织实施全面预算。

四、内容

（一）年度目标的制订与检讨

每年 10 月初，由运营管理部主导拟订年度总结及经营目标专项工作计划，并根据计划组织推进各项总结工作。每年 10 月上旬开始各职能系统部门根据年度总结及经营目标专项工作计划对上半年目标达成情况进行总结、检讨（后两个月用预测数据），并由各系统分管领导向总经理汇报目标完成情况，为总经理年度目标书作参考依据。总经理依照年度年度总结及经营目标专项计划，结合公司内部目标达成情况及外部经营环境分析，根据董事会的要求，经过董事会与经营决策层讨论评审后制定集团/公司年度经营目标书，经董事长与总经理沟通后双方签字确定，下发到各子公司、职能系统中心。各系统依照审核批准的集团年度经营目标书制订系统中心年度目标书，形成系统/中心年度目标书，上下级双方沟通、签字后，依此目标启动年度工作计划制订，包括年度绩效计划等。

（二）年度目标分解及工作计划书的制订

各系统负责人汇总、整理下属的部门年度工作计划书拟订本系统的系统年度工作计划书，需包括以下十大内容：年度总结/检讨；环境分析（人力资源分析、物力资源分析、资讯力分析、外部环境分析）；部门年度总目标与管理目标，形成的表格为部门年度经营管理目标；目标、重大工作、计划的分解，形成各类、各层、各月、及专项分解计划；组织配制，即组织规划与人员编制，需与人力资源部确认；教育训练，形成的表格为年度培训计划表；绩效计划；形成各部、各层、各岗 KPI（与人力资源部确认并完成配套考核激励）；所需资源，即完成本部门年度目标需要资源及其他部门的支援事项；年度预算，形成经营管理费用预算工作底稿、专案专项费用预算工作底稿等，汇总整理成费用预算汇总表，并做基本同比分析说明；执行年度计划执行总表。

系统/部门年度管理计划及各项预算经总经理审核通过，需对所辖全员做宣贯、说明，作为来年部门工作开展的重要依据与指引。

（三）部门月度工作计划书的制订、执行与检讨

各部门根据本部门年度计划执行总表分解制订年度计划分月执行表作为月度工作的重要依据与指引，各部门应严格依照本表中的计划开展相关工作。销售计划与生产物料计划是企业的核心计划。需要按时间、区域维度做详尽、精准的分解。

公司月度经营会议是计划、检讨部门目标达成情况的重要会议，会议前一天，各部门负责人必须准备：依照部门制订的年度计划执行总表制订当月年度计划分月执行表；检讨上月年度计划分月执行表执行情况并形成年度计划分月检讨表；对未达成的目标附上分析报告及纠正与预防措施，限期整改指令表。

年度计划分月执行表中承接公司目标将转化成绩效考核表中 KPI 指标之一，作为部门目标管理的一项重要工作，以确保目标达成，具体参见绩效管理办法。

目标统计：绩效人员根据各部门提交的绩效考核表的数据，每月 10 号前整理绩效达成数据，汇总填写入每月目标计划与检讨汇总表中。

1. 预算编制

各部门整理出本部门行政费用预算工作底稿、专案费用预算工作底稿、资本支出费用预算工作底稿、费用预算分月汇总表后，交由财务部汇总审核。

财务部需根据以上资料整理出每月营收预算汇总表、费用预算汇总表、资本支出预算汇总表及成本预算汇总表。

财务部再根据以上汇总表，通过预估分析出公司损益情况，并形成预估损益表、预估资产负债表及预估资金运用表（资金计划）。

2. 预算控制

公司及各部门预算控制依照财务部编制的预算管理制度执行。

3. 管理责任

年度经营计划或分月计划表、检讨表必须依照该制度指定约定的时间递交。严禁不按照本制度所提供的标准表格或范本进行作业；严禁年度经营计划书及相关附件中出现明显不可操作、不可量化的形容词或副词，如努力改善、加强培训等。必须保障年度经营计划书及相关附件中的数据真实、准确，必须保障执行年度经营计划及相关附件过程中各关联部门协调沟通。

五、集团经管目标分解示意图 （见图6.3）

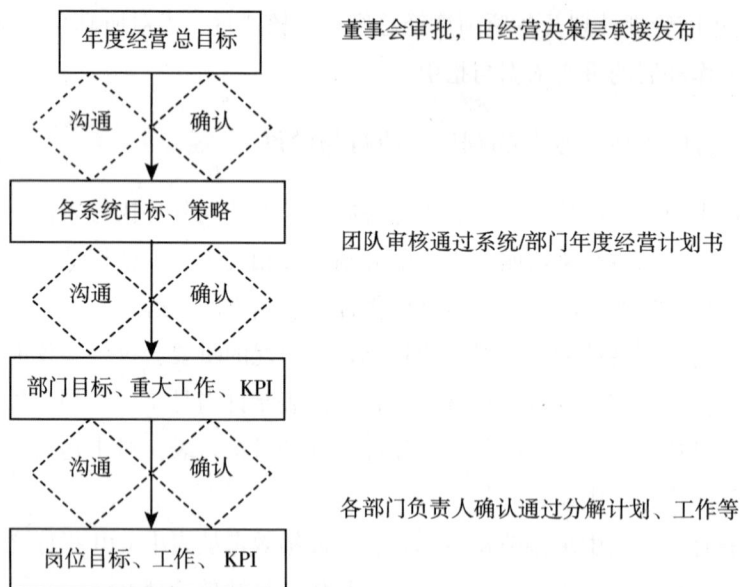

图6.3 承接集团战略规划及目标

六、年度目标管理专项说明

年度经营目标管理是企业最关键的一项管理工作，该工作起于公司年度目标，经过双向互动，确定部门目标，分解岗位目标。同时根据目标确定的重大工作以及工作计划、计划分解，并结合提炼的KPI、全面预算以及其他配套资源与需求，配套作战计划及各类专项计划，形成年度目标与绩效计划书。

该目标计划书，需经过充分、客观、严谨的评估、修正、评审，这个过程叫兵棋推演（如图6.4、图6.5所示），也叫评审。一般经过三上三下，也可合并执行，主要是抓住宗旨：看前期找基础，看现在定基准，看未来找挑战，定目标找增长；目标要分解，分解有依据；专项要专讲，月月有计划；层层分解有关联，人人头上挂指标。

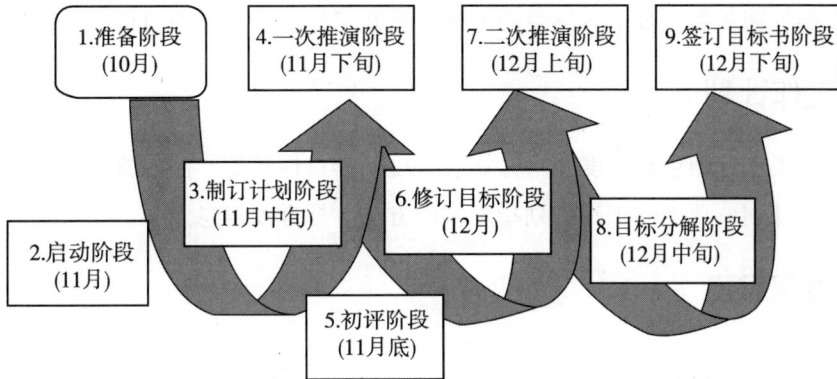

图 6.4 兵棋推演之三上三下示意图

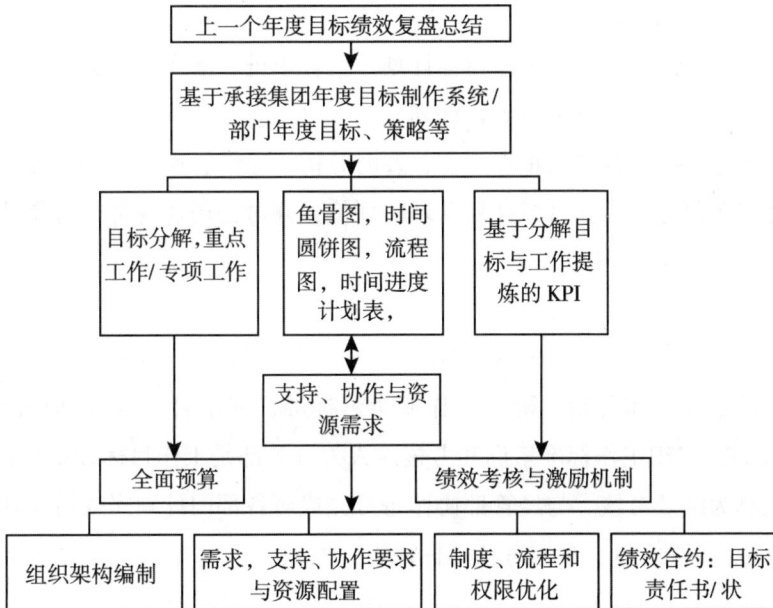

图 6.5 兵棋推演步骤（目标书结构）

第三节 工作管理机制

一、目的

提高工作管理标准化程度与绩效价值，确保公司各项工作的开展及经营活动可控、可视，有序实施，通过工作方法、工作标准、工作计划、工作信息、工作检核、工作结果构建闭环式全面管理，提高各部各岗位的工作效率及工作质量，实现目标与绩效增长。

二、工作计划

广义所指工作计划包括年度经营计划、月度工作目标计划、阶段性专项工作目标计划和周工作目标计划。狭义的工作计划指工作的方法、标准及信息。

三、管理职责

（一）总经办或经管部

总经办或经管部是工作目标计划的控制部门，负责各部门工作目标计划的协调、控制和管理。

负责组织编制、跟进和落实工作目标计划；负责跟进、落实办公会议确定的工作执行单之任务，并指引各单位编制部门工作计划。

负责督促实施、跟进各部门重点工作，及时分析、总结、反馈各项管理信息。

协助人力资源部完成工作目标计划管理的评价，并对公司及各部门计划执行情况进行总结、分析和评价。

（二）人力资源部

人力资源部主导工作分析、确定工作职责、标准，并结合 IE 工作研究，运用结果；并健全 SOP 体系，组织工作标准培训和考核。人力资源部是工作目标计划执行结果的评价主导部门，工具为绩效考核。与经管部协作每月完成对各部门计划完成情况评价（对个人的考核在条件成熟时推行），参与考核指标评审、稽核。

（三）其他部门职责

部门负责人是本部门工作目标计划的第一责任人，对本部门工作目标计划的编制、跟进、落实、评价等负有管理责任。如果多个部门均由一位分管领导管理，则分管领导为第一责任人，下属各部门的计划必须通过其审核。

各部门负责组织编制本部门工作目标计划，并按时间和个人进行分解，必要时形成个人工作计划。

各部门与公司保持工作计划衔接关系，并接受公司总经办关于目标计划管理的业务指导和监督。

各部门负责建立、维护本部门工作目标计划管理，并对本部门工作目标计划实施情况进行总结、分析和评价。

负责部门工作目标计划的上报与计划执行情况的总结。

四、如何编制工作计划

（一）年度经营计划的编制及要求

每年 10 月开始，由总经办及相关部门根据公司的经营战略和发展规划（一级计划）编制下一年度经营计划（二级计划），各部门及关键岗据此制订本部门下一年度工作计划（三级计划）。12 月上旬评审审批，最迟中旬下发、宣贯、实施。

各系统、部门年度工作目标计划由总裁批准，公司总经办备案。

具体各科室、关键岗位分解工作目标计划由系统部门批准，经管部门备案。

专项与重点工作，必须编制专项计划及预算（备注：界定办法为全国性、全员性以及预算结构单项占比 10% 以上独立项目及工作必须拟定专案计划）。

（二）月度工作目标计划的编制及要求

各部门根据本部门的实际情况及各种会议中的决议等，制订本部门的月度工作目标计划，经部门负责人或分管领导审核后于每月 25 日前报送至总经办。

总经办每月 28 日前汇编并报董事长审核后下发公司月度工作目标计划至各部门。

各部门月度工作目标计划中要明确重点工作目标、工作任务、计划完成进度、责任主体、完成质量等，并注明需其他部门协助的事项等，具体的计划申报方法由人力把资源部安排培训。

工作任务按照公司及部门内的经营管理要求，内容以本部门非日常性的重点工作为主，尽可能明确化、数量化和具体化。

完成日期指预计完成该项工作任务的日期，跨月度工作尽可能分月报送并注明"全月"，但必须注明该项工作各阶段的计划完成日期，并设定本月底需达成的目标。

工作计划中应明确各项工作的责任主体（部门或人），并尽可能明确到小组或个人。如跨部门的工作，则需注明负责组织协调的责任主体。

各部门重点工作计划必须设定目标与 KPI，跨月度的工作应设定本月底要达成的目标，并在当月工作总结中对目标达成情况进行自我评价。

与年度工作计划挂钩，各部门年度工作计划中的重点工作应在月度工作计划体现，避免造成工作偏差。

各部门在编制月度工作计划时，必须对上月的工作计划完成情况作简要总结，正在进行中的项目要说明工作进展的程度，未能按期完成的项目须说明未完成的原因及预计完成时间。

各部门在保持计划工作的严肃性的同时，可根据实际情况保证调整计划的灵活性，两者应高度统一。衡量的标准是是否对公司经营状况造成影响。调整计划应在每月 10 日以前报给总经办。

（三）阶段性/项目专项工作计划

阶段性工作计划一般指专项工作计划及临时性工作计划。公司在专项工作实施前一周内，编制下发阶段性工作计划的具体指引和要求。

（四）周工作目标计划的编制要求

各部门负责人组织并指导部门成员根据部门月度工作计划要求将工作分解到周，编制周工作计划。每周五下午五点前将下周工作计划报部门负责人，暂不将周工作计划完成情况纳入月度绩效考核中，仅作为工作事件的控制。总经办部门工作对接人员有权对周工作计划进行检查，相关人员必须全力配合。

（五）日工作计划的管理

最务实高效做法：早会、夕会，也就是"15 分钟会"。

第四节　信息管理机制

一、内涵

信息管理是数据思维与数据化管理的核心特征，也是一个企业脱离原始初级的小道消息、经验与模糊管理，走向规范科学沟通与过程管控的标志与要求。同时，既是目标、工作管理的过程管控焦点，又是绩效与激励管理的依据，起着承上启下的重大作用。

二、信息管理机制范围

1. 订单、计划、统计表、报表、纪要、备忘、总结、报告
2. 例会、绩效评审会、发布会、披露、通报

3. 评价与统计分析方式、模式及运用

4. 数据软件系统：OA、ERP、SAP、大数据分析运用等

5. 流程权限、需求协作链接、管理沟通、宣贯

三、信息管理的核心与本质

信息管理的核心是及时、准确、运用，它是业务流程与经营活动的过程记录与控制，为了提升管理效率，除了记录和反映所有信息由始至终的过程之外，还应该设置节点目标和提示，以督促和管理过程超时未处理、问题的及时暴露、警示以及解决功能，保证对流程和经营过程中具体问题的及时处理。

四、信息化管理标志企业管理的现代化水平

信息化管理是基于企业信息管理意识与数据管理基础之上的升级机制，可以使企业的效率大大提升，让管理水平跨入一个全新的台阶。通过信息化手段，在信息化平台上运行流程，包括数据信息流、管理流程和业务流程，这样才能真正实现项目的法治而非人治，因此，流程梳理的成果最终还需要通过流程固化和 E 化落地。流程运行的系统是最真实的，从流程效率来看，流程的每个节点花费了多少时间，是否在流程节点设计的合理时效范围之内，系统都会自动记录下来。

五、信息管理与信息化管理的实施、落地路径

根据业务与流程确定数据信息管控节点—基础数据统计规划—报表及成果结构规划—数据信息价值模型分析—数据信息流资源分配规划—基础信息流（数据、报表、例会等常规体系）和信息化管理规划（OA、MRP、ERP、SAP、大数据等）。

【示例1：看看我们怎么做】

销售信息管理规定

1. 目的

明确销售信息传递流程与各节点职责，明确各类报表、表单的填制要求与传递流程，使店铺销售、商品等信息及时准确传递，形成科学规范的店铺信息管理机制。

2. 表单类别、定义与填写传递要求

（1）店销售日报表。

本表的主要目的是促进店经理作为店铺全面管理负责人有效履行时刻清楚目标，时刻

关注业绩，全面了解信息，全面提升管理的职责的信息管理工具。把多品牌卖场的综合管理通过业绩、分组商品管理两大模块的分工与结合实现。

本表要求店经理于每日上午 12：00 前填制并上传给区域经理。

（2）商品销售统计分析周/月分析报表。

店经理于每周一上午 12：00 和每月 5 日前将上表统计制订，上传给区域经理；并于区域经理审核后（周三前与 10 日前）在店铺文化园地张贴公告，公告栏同时张贴照片。每周、每月定时更换。

本报表分别由店长、店经理负责填制，填制时，以"√"勾选周或月。用于周、月例会及其他评优工作的依据评审。

（3）区域周分析改进报表。

本表区域经理于每周三下午 4：00 根据上周各店铺日报表及周销售/商品排名分析表等信息汇总分析后拟定，交营业总监审核批示后，用于每周四下午 2：00 在深圳公司召开周例会时，作为汇报依据使用。

3. 销售信息管理流程及说明

各店经理必须每天下班前做好销售日报表，其中全场业绩总额由店经理以手机信息形式当天发送给区域经理、营业总监、总经理（不再由会计发信息）。

店长应该保持以每小时为单位时间初步统计汇总业绩情况，并随时回复店经理与区域经理的查询，解释相关业绩、人员、商品等信息问题。

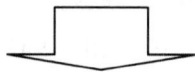

店经理于每天上午 10：00 准时将前一日详细的店销售日报表发送到区域经理指定接收信箱。

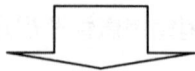

店经理于每周一下午 3：00 将上周费用汇总统计报表与下周费用预算表传真或者电邮或者通过系统上传给区域经理（后期逐步实施）。

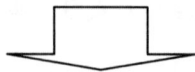

区域经理必须在每天收到销售信息或者报表 1 小时内，将未达标的店铺业绩额转发给分管销售的领导，并对异常情况做详细汇报；遇到总经理抽查也必须详细回复分析。

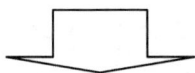

店经理必须根据销售统计信息每周、每月定期定时编制商品销售统计分析周/月分析报表按要求上交报表，交区域经理审核；并以此为根据组织考核与会议，确定周/月文化园地的排行榜填制公布等工作，形成改善措施（周报表与费用表于周一上午12：00上交；月报表于每月5日交）。

区域经理根据日报表，每周三下午4：00前拟订好所管辖区域的区域周分析改进分析报表（用于周会议分析报告），上交营业总监审核批示；每周四下午2：00在深圳开会汇报本区域各店周汇总分析改进管理工作措施及采购计划等，并视需求于本周内组织店经理与店长参与会议。

对应月度会议（暂定于每月10日左右开上月月度总结会议，按照周四为参考时间安排，具体制度后续出台）。

【商品信息管理流程（铺/要/补/退换/调货）】（逐步加强推行的管理机制）

店长与店经理均必须每日上午11：00前根据销售情况与各采购主管初步预测要货/补货数量、类别等，能简单备注在销售日报表上的简单备注；若需要补货，同时由店长填写补货申请，交店经理审核后传真或者电邮或者通过系统上传给区域经理，店铺保留原件，并电话追踪是否收到。若有调换货现象，就填写调/换货申请，经审核后，签字上传区域经理。所有关于商品的流通信息，必须逐步形成科学机制：店长分析预测—提出书面申请—交店经理审批—交区域经理—由区域经理与采购核对整合—拟定规范采购计划—交总监、总经理审批—执行采购、物流。

4. 其他相关信息

除以上关于报表类的信息管理机制外，文化园地的填写与管理要求已经发文到各店，从本规定发布之日起同时开始执行。例会管理严格按照流程中规定，从发文之日起开始执行。金针数据信息由财务系统统一同步建立。金针信息必须每日查对的主要岗位有：采购、区域、营业中心、财务。

5. 附件：相关表单

【示例：例会一览表】

类型	执行部门	出席人员	主持人	主题及议程	执行时间	地点	备注
早会/晚会（可与晚会合并）	店铺整个卖场及各组别	全体员工	店经理、各组店长	1. 明确当日店、组、人均销售目标(卖场) 2. 明确当日主要工作计划与分配(职能部门) 3. 检讨前日目标达成率及主要问题(卖场) 4. 重点纪律、人员强调与工作要点说明(卖场、职能部门) 5. 宣导制度、评定人员表现(卖场与职能部门)	1. 每日上午上班前5~20分钟(店铺) 2. 或工作任务多、问题较多阶段(职能部门)	各部门工作区域	是终端卖场必须严格执行的目标与团队管理机制；是团队领导能力的锻炼与体现，必须逐步推广
日销售进度追踪会（可与晚会合并）	店铺	店经理与各组店长	店经理	1. 发布并检讨前天销售计划的执行达成情况以及存在的问题，需要协调的事项，需要追踪的要点(货品、人员、方法，服务技巧等) 2. 重点研究货品问题及货品补货预测等 3. 夜场销售高峰期应该重点改善与注意问题	1. 建议按统一时间每天下午 2:00～2:30 2. 或者按各店自己商定时间(需报区域经理)	销售现场办公区或货仓等空置区	是终端卖场必须建立的日常工作正规沟通渠道和方式，希望区域经理亲自监督落实执行并随机参与
区域销售管理周例会	区域经理与各店铺经理及部分经过分会议参加的店长(参加会议问题或者有合理在管理建议需要统一协调确认的)		区域经理	1. 检讨前周销售达成状况(分析主要原因，货品原因) 2. 明确下周需求和预测需求，计划以及差异与问题的原因与改善方案(含计划调整，协调沟通等决议) 3. 分析失误失损与损失及其处理决议，下周预防措施 4. 明确各店排名，各组排名，排行榜等落实工作	1. 建议按统一规定时间每周四下午：1:00～3:00 2. 或者按区域、店铺自己商定时间(需报总监)	深圳公司会议室	区域经理准备好区域分析报表、区域周分析改进报告及上周销售报表

续表

类型	执行部门	出席人员	主持人	主题及议程	执行时间	地点	备注
购销协调追踪周例会		区域经理与采购经理主导；可以指派部分采购主管或店铺经理参加（参加会议的店铺是存在管理问题或者有合理建议的）（前期与旺季需要统一协调确认的）	区域经理与采购经理轮流列席（由营业总监指定），营业总监列席	1. 检讨前周购销达成状况（销售目标与达成率，分析主要原因，货品影响原因等） 2. 明确下周需求和预测需求，销售计划，采购计划以及差异与问题的原因与改善方案（合计总采购计划调整，协调沟通等决议） 3. 分析失误与损失及其处理决议，下周预防措施 4. 重点清列所有店组库存与滞销商品明细，共同研究处理意见与方案	1. 建议按统一规定时间每周周四下午3:30～5:30（若放在佛山开，可以在晚上时间8:00～10:00） 2. 或者按区域，采购自己商定时间（需报营业总监） 3. 经总监批准，可以与销售周例会合并	深圳公司会议室（若放在佛山开，应提前说明）	区域经理准备好周分析表，区域周分析改进报告及上周销售报表，采购准备好上周采购汇总表，库存报表等与下周采购计划
管理层工作评审周例会		信息经理，采购经理，总监，总助，秘书，副总，总经理及总经理临时指定的人员	总经理	1. 汇报上周工作总结与达成情况 2. 汇报下周工作计划与主要工作事项 3. 听取总经理工作指示，需重点关注与落实执行工作，需上传下达工作，相关工作与项目决议等	1. 建议每周六下午2:00～5:00 2. 总经理临时指定时间	深圳会议室	必须于会议召开前一天书面提交上周工作总结与下周工作计划表（交到人事处）
总经理月办公例会		总经理，财务，行政，营销，采购等部门经理及临时指定人员	总经理	1. 上月主要工作业绩，问题，工作目标的达成与执行情况等 2. 各部门协调问题，预防与改善建议和措施 3. 销售，采购管理工作的达成，当月部门人员表现评述等 4. 下月工作计划，指标，决议与决策 5. 其他重要指示与决策	1. 每月5～10日间的某周六，周日的下午2:00～6:00 2. 或由总经理提前3天通知 3. 可以与临近的旬例会合并	深圳会议室或按通知地点	各部门，系统领导按提交的工作总结与计划陈述的主题汇报，总经理评定总结，给予指示与规定；其中销售，采购专题需提供报表数据说明

续表

类型	执行部门	出席人员	主持人	主题及议程	执行时间	地点	备注
季度经营管理会议	各部门经理，指定的店铺经理代表，区域经理，总监，总经理助理，秘书，副总经理，信息副，正经理，人事行政主管，办公室主任（任何人不得缺席）	总经理	1. 各店铺上季度销售业绩，目标达成状况（主要是业绩，利润等达成度），财务汇报，区域与营业说明，店铺解释答问，采购参与，其他补充方式 2. 各店铺，部门上季度主要工作问题，未完成事项及原因（部门/区域汇报，店铺说明，采购参与，其他补充） 3. 各店铺下季度业绩指标，工作计划，管理改善等（区域营业提出，店铺采购参与并说明） 4. 商品品牌定位与采购计划采购专题（达成，计划，目标，决策等）（营业建议，采购汇报说明，其他补充，总经理决议） 5. 销售与市场拓展专题（目标，达成，规划，实施等） 6. 需要公司相关部门间了解与研究的沟通协调阻碍分析，建议（各部门） 7. 公司对目标责任制，预决算，绩效管理，经营过程与结果审计评估（财务发布，总经理审决议） 8. 前期管理评审综述，表彰与批评，相关决议；下个季度其他重大工作，目标规划与战略调整等（总经理）	1. 每年5月，8月，11月，1月15~20日某周六，周日的下午2:00~7:00 2. 或由总经理提前5天通知	深圳会议室或按通知地点	1. 与会人员必须提前准备好相关有价值的可量化指标，数据做汇报，一切数据以财务管理分析数据为基础 2. 与会人员必须做好书面的上季度工作总结与下季年度工作计划

续表

类型	执行部门	出席人员	主持人	主题及议程	执行时间	地点	备注
半年度经营管理会议		各部门经理,指定的店铺经理代表,区域经理,总监,总经理助理,秘书,副总经理,信息副/正经理,人事行政主管,办公室主任(任何人不得缺席)	总经理	1. 各店铺半年度销售业绩、目标达成状况(主要是业绩、利润等达成度)、财务汇报,区域解释管问,店铺解释说明与其他补充方式 2. 各店铺、部门半年主要工作问题,未完成事项及原因(部门/区域汇报,店铺汇报,采购参与,其他补充) 3. 各店铺下半年业绩指标,工作计划,管理改善等(区域营业提出,店铺采购参与并说明) 4. 商品品牌定位与采购计划专题(达成、计划,目标,决策等)(营业建议,采购汇报说明,其他补充,总经理决议) 5. 销售与市场拓展专题(目标、达成、规划、实施等) 6. 需要公司相关部门间了解与研究的沟通协调问题分析,建议(各部门) 7. 公司对目标责任制、预决算、绩效管理、经营过程与结果审计评估(财务发布,总经理评述,总经理决议) 8. 前期管理评审综述,表彰与批评,相关决议;下半年其他重大工作,目标规划与战略调整等(总经理)	1. 每年7月或8月15~20日某周六、周日下午2:00~7:00(可以与同期的季度会议合并) 2. 或由董事长/总裁提前5天通知	深圳会议室或按通知地点	1. 与会人员必须提前准备好相关有价值的可量化指标,数据做汇报,一切以财务管理分析数据为基础 2. 与会人员必须做好书面的半年度工作总结与下半年度工作计划

续表

类型	执行部门	出席人员	主持人	主题及议程	执行时间	地点	备注
年度经营管理会议		各部门经理,指定的店铺经理代表,区域经理,总经理助理,总经理,副总经理,信息副/正经理,人事行政主管,办公室主任(任何人不得缺席)	总经理	1. 各店铺年度销售业绩,目标达成状况(主要是业绩,利润等达成度;财务汇报,区域与营业解释咨问,采购参与,其他补充方式) 2. 各店铺,部门本年主要工作问题,未完成事项及原因(部门/区域汇报,店铺说明,采购参与,其他补充) 3. 各店铺本年度业绩指标,工作计划,管理改善等(区域营业提出,店铺采购参与并说明) 4. 商品品牌定位与采购计划专题(达成,计划,目标,决策等),营业建议,采购汇报说明,其他补充,总经理决策 5. 销售与市场拓展专题(目标,达成,规划,实施等) 6. 需要公司相关部门间了解与研究的沟通协调阻得分析,建议(各部门) 7. 公司对目标责任制,预/决算,绩效管理,总经营过程与结果审计评估(财务发布,总经理审计审决议) 8. 年度管理评审综述,表彰批评,相关决议(总经理) 9. 来年其他重大工作,目标规划与战略目标,工作调整等(总经理)	1. 每年1月15日~20日或春节放假前一个月的某天全天脱产进行(可以与同期的半年度会议合并) 2. 或由总经理提前5天通知	深圳会议室或按通知地点	1. 与会人员必须提前准备好相关有价值的可量化指标,数据做汇报,一切数据以财务管理分析数据为基础 2. 与会人员必须做好书面的本年度工作总结与下年度工作计划

续表

类型	执行部门	出席人员	主持人	主题及议程	执行时间	地点	备注
公司全体人员大会（年终联欢晚会）	全体员工（不能脱岗环节可以指派代表）	由发起人指定	总经理或者其指定人员	1. 粗况通报上阶段各部门工作业绩（目标达成状况） 2. 粗况通报上阶段各部门主要问题和需改善项目 3. 粗况通报下阶段企业发展战略目标、工作目标和相关指示 4. 优秀员工事迹与表彰；优秀员工代表发言 5. 工作、生活、安全问题，以及员工福利、企业文化建设问题等	1. 每年全体开工前3天一次 2. 每年年终办公室放假前3~5天	视人数租赁场地（HR行政中心组织通知）	1. 逐步推广 2. 至少每年开工和春节放假前组织全员大会
临时紧急会议	由发起人指定	由发起人指定	发起人	由发起人直接通知	会议不得超过半小时	由发起人指定	1. 发起人必须提前阐述目的 2. 参加人必须确定脱岗时职务代理人
各部门内部临时会议	部门主管级别发起或部分必要时要求的项目主管发起	发起人指定	发起人	由发起人提前至少2小时通知准备	会议不得超过1小时	发起人指定	
新店与新项目管理专题会	1. 新店筹备 2. 旧店改造 3. 新项目启动 4. 大型促销活动	项目组组长	项目组组长	1. 确定项目组成员 2. 确定项目的各阶段工作内容、时间、责任人等 3. 确定其他关键事项，主要是要求多部门合作的内容 4. 确定总体时间进度计划表	根据实际情况	发起人指定	所有新项目均成立项目组，任命组长，按项目管理形式实施

【示例 2：看看我们怎么做】

例会管理制度

1. 目的

（1）为落实目标管理机制，落实信息与各类决策的上传下达考核评审机制，将各系统零散的例会与沟通渠道进行统一、规范管理，形成科学有效的例会管理机制，从而加强公司内部经营管理规划、过程、结果的沟通，建立科学信息反馈管理机制。

（2）为了让各系统主管高效利用例会管理手段加强工作监督与评估，加强内部管理有效、规范沟通协调机制建设，从而形成规范的信息沟通与工作汇集评定机制，解决执行力度与各项工作的落实监督。

（3）确定科学、高效的例会管理模式与规范，使例会真正落实为一种有效与关键的管理工具，提升管理水平与技巧。

2. 范围

适用于公司各部门。

3. 例会管理规范与相关要点

（1）科学成功例会九要素（九必须）：

● 必须有及时全面的会议通知；

● 必须确定主题；

● 必须确定主持人与组织人（包括分工负责内容与会务安排等）、会议记录人；

● 必须确定参加会议人员；

● 必须确定时间与地点；

● 必须确定会议议程与各项议程的时间计划、发言程序（按计划控制方向、节奏与深度）；

● 必须准备好会议需参考的相关资料与发言稿等信息资源支持；

● 必须形成意向决议和落实责任、时间以及追踪考核办法；

● 必须配套全面的会议管理工具（通知单、签到表、纪要表、决议表等）。

（2）例会纪律与相关组织要点。

请各参会人员一定不要在例会上接听手机，手机必须关机或调成震动模式，违者罚款10 元/次；参会人员应该在例会召开前准备好相关可供参考的数据、资料，不得凭空乱发言、乱报、乱下结论，或敷衍了事。迟到早退者一律按以下标准处理（由会议记录人员当场予以处罚或记录后从工资中扣除）：主管、店长（含）以下级别：每分钟 5 元；经理（含）以上级别：每分钟 10 元；总监总助（含）以上级别：每分钟 30 元。

会议交流要求原则是发言者对事不对人，勇于开展批评与自我批评，不得讲人身攻击性质语言；听者心态要端正，勿对点出问题人报以私怨，可以事后解释，不要打断发言人。

会议应由主持人点名或按原定的议程秩序发言，发言人要严格按主题进行，并注意发言时间，以保证精简有效。

在别人发言时，其他人不要从中打断，有异议可记录，待发言人讲完再解释。

在会议出现严重分歧时，主持人应及时总结点评，其他任何人不得强行打乱局面。

会议过程应按会议记录精简记录，由主持人指令的记录人做好记录，于会议结束后2天内提交行政管理部门和相关领导备案和审阅。同时将相关决议在决议记录中专栏批注说明。有限时工作项，应另行列表明确。

主持人应严格控制会议时间，不得任其延长，行政管理部门有权抽查和出席所有例会。

违纪和不符者按公司奖惩管理规定执行。

（3）特殊例会管理说明。

类似早会与临时紧急会议等形式例会可以根据具体情况，为减少形式主义的影响，可以省略或者变更相关组织形式和准备要素。但时间与主题、决议等要素应该作为会议的核心保留。

关于日后的新店拓展专题会议——开店预报、计划、分工协调、开业准备、开业大典专题例会管理，应作为专项管理制度另行拟定制度管理。

（4）例会时间特殊说明。

对于例会组织管理未按统一规定时间执行，或者根据具体情况另行安排的会议时间，请第一时间制表提交总部人力资源行政中心。

第五节　绩效管理机制

杰克·韦尔奇说：企业管理就是绩效管理。

一个管理者不懂目标与绩效管理，完全属于不懂管理。其他能力可以叫缺失项，目标与绩效管理属于一票否决项，也叫归零项。

企业绩效管理机制就是企业结合自身实际情况，在管理者与员工之间就目标与如何实现目标达成共识的基础上，通过激励去激发员工的工作热情，提高员工的能力和素质，帮助员工取得优异绩效从而实现组织目标，并引导员工自觉自发地向企业整体战略目标靠拢，且在积极主动的工作过程中实现自我价值的过程。

绩效管理是指各级管理者和员工为了达到组织目标共同参与的绩效计划制订、绩效辅导沟通、绩效考核评价、绩效结果应用、绩效目标提升的持续循环过程，绩效管理的目的是持续提升个人、部门和组织的绩效。绩效管理是人员聘用、人员职务升降、人员培训、确定劳动报酬的依据，是人员激励的手段，是实现企业和员工共同成长的重要方法。

一、企业绩效管理机制现状及存在的问题

（一）绩效管理只是简单地停留在绩效考评阶段

在企业实践中，这是常犯的错误，绩效考评是绩效管理不可或缺的一部分，但不是绩效管理的全部。企业在绩效管理过程中，很多时候只是以员工的业绩说话，这种简单把绩效考评当做绩效管理的手段的做法，并没有以人为本的企业绩效文化作支撑。员工的主动性没有发挥出来，工作热情和参与度也不会很高，容易引发员工的抵触情绪。

（二）绩效管理范围错位，忽略客户需求与满意度

企业设计的绩效指标只着眼于满足内部的需要，管理者满足于命令-控制模式，对每一项作业和工作日的每一分钟进行跟踪，绩效指标的设计也仅限于某些内部职能部门：财务、人事等。这种绩效衡量方法忽略了客户的需求，将绩效管理局限在内部静止的环境中，忽视了外部环境对绩效管理结果的影响，将最终导致绩效管理活动偏离企业的总体发展战略目标和实际的生产经营活动。

（三）绩效管理缺乏一套全面闭环的考核评估体系

企业对于绩效评估缺乏一套系统、客观的评估标准，在具体评估过程中只考虑员工的绩效，而不注意影响绩效的各方面因素，比如员工的工作环境、机会的偶然性等。评估结束后，不把评估结果与员工的培训和发展结合起来，甚至评估者对被评估人带有偏见，或者仅以员工短期工作行为作为长期工作表现的评估依据等，都容易引发员工的抵触情绪，损害员工的工作积极性和主动性，不利于企业以人为本的绩效文化的建设。

（四）绩效管理没有和员工的职业生涯规划结合起来

企业在绩效管理过程中没有将个人目标和组织目标很好地结合起来，没有在员工进入企业之后对其进行相关的职业生涯规划指导，导致员工往往只过分关注考核期内个人的业绩成果，却忽视了结合个人职业生涯规划而制订的应该达到的素质和能力，不利于员工未来的职业发展。

二、如何构建创新型绩效管理机制

（一）注重绩效辅导和绩效沟通，充分运用绩效考核结果

有效的绩效管理应该是从建立以人为本的企业绩效文化开始，结合员工的个人发展意

愿以及企业的发展总体目标确定个人工作计划、目标；然后才是绩效考评，绩效考评结果应作为人员开发、人员晋升、员工职业生涯发展规划等人力资源管理活动的依据，而不仅仅是处罚或奖励员工的手段，更不是绩效管理的最终目的。

绩效辅导和绩效沟通作为绩效管理的重要核心，是管理人员帮助下属改善绩效的有效手段，是管理者与下属真诚沟通、探讨问题、开阔思路、找出对策、互相认同的过程，也是激励下属、整合资源、提高团队凝聚力和士气的过程。在绩效辅导和绩效沟通过程中，管理者应给予下属充分的表达机会，为其提供必要的帮助，同时要注意区别对待不同下属。

良好的沟通与意见反馈能够及时排除障碍，最大限度地提高绩效执行效果。沟通与反馈应该贯穿于考核的整个过程。上级在开始制订绩效考核计划时就应该与下级进行充分的协商，并在整个考核过程中始终保持与下级的联系，下级要及时反馈考核执行的效果，汇报遇到的问题和提出改进的建议，沟通可以采取书面报告、面谈会的方式，也可以采用非正式的交流方式。有效的沟通与反馈不仅能使上级及时掌握绩效考核的效果，更能通过下级反馈的意见进一步完善绩效考核制度，使考核制度更趋合理。

（二）绩效管理范围应内外并包，进行综合考虑

当今社会，企业所处的外部环境不断变化，绩效管理很难再停留在只着眼于内部绩效活动的时代，任何先进的、高品质的服务提供者都需要从外部对客户进行考量。这就要求企业首先明确对客户来说什么是最重要的，接着考虑如何向客户提供产品和服务，然后落实到具体的产品生产和服务提供的人员身上，对经理人员和相应职能部门的绩效衡量指标也应该从这个"客户—服务者—生产者"链条背后的驱动因素为出发点进行设计，确保绩效考核综合考虑了内外环境各自的影响因素。

（三）建立全面闭环的绩效考核评估体系

第一，企业的领导者首先应该明确绩效评估与企业的正常运转和发展的重要关系以及绩效评估对员工个人的重要性，制订出切实可行的评估标准，并且标准一经确定，就要严格执行。

第二，绩效评估人员在评估前应对整个评估过程有统一的认识，要客观、公正地对待员工；评估时要善于听取员工的意见，也可以在评估标准制订时期吸收员工代表参与制订过程。

第三，在绩效评估结果出来以后，上级主管应与员工一起根据评估结果指出员工在工作中的优点和不足之处，帮助员工找出其工作方法和能力上的不足，并帮助其设计如何通过培训与职业发展来弥补不足；同时在沟通的过程中，可以发现评估方法中存在的不足，

完善评估制度及评估标准。

第四，大胆及时激励，运用正负向激励可以将绩效落于闭环。

（四）将绩效管理与员工职业生涯发展规划有效结合起来

员工的个人职业生涯发展规划在促使员工超越单纯的薪酬激励、实现更高层次的自我价值中发挥着重要作用，同时也形成了企业的特殊的凝聚力和文化，为社会积累大量高素质的人力资源。

绩效管理是一种目标式量化管理方法，结合了目标管理和量化考核的思想，将每个岗位即每个员工的工作目标的实现程度进行评价。二者有效结合的过程如下：

第一，制订绩效计划，设定绩效的内容和目标及没完成目标的处罚和达到目标的奖励。

第二，实施绩效计划，跟踪员工绩效周期内的绩效进展情况，及时调整不适合计划的客观和人为因素。

第三，员工绩效考核，帮助员工清楚地量化自己的工作情况，与员工沟通，并根据对绩效计划的执行结果进行评估，根据考核结果对绩效进行管理，并制订下一步发展计划。

第四，通过绩效考评跟踪员工职业目标的进度，进行考评结果与职业目标的比较，寻找考评结果在职业生涯规划实施过程中所处的具体位置，同时也可以找出差距，进行再计划。

第五，通过绩效考评调整和完善未来的职业生涯发展规划，根据合理量化的考评结果，针对差距和不足开展学习和培训，完成职业知识和经验的积累，促进员工职业规划的稳步实现。通过绩效考核促使员工提升职业能力，促进员工成长，同时调动员工的工作积极性和主动性，实现企业的发展规划。

综上所述，推动企业管理创新的关键是建立和健全科学规范的绩效管理体系，完善与绩效管理体系相配套的一系列人力资源管理体系。

（五）绩效管理问题是企业管理中的热点问题，同时也是难点问题，它的完善与否、系统性与一致性是影响企业管理效率和员工工作积极性的关键

不能简单地将企业的绩效管理工作看成一件独立、重复性的工作，它本身就融合了企业的文化及战略目标，其能否有效运用还需与企业管理的其他策略和政策结合起来，取得时间上、空间上和员工内部的一致性，才能有的放矢，发挥积极的作用。

（六）绩效管理是一把手工程

绩效管理不仅仅是整个人力资源管理工作中的一个环节，想要绩效管理系统真正发挥

作用，还需要其他各系统的共同配合，特别是老板亲自主持。一个合格的管理者，首先要懂绩效管理。只有管理人员同时具备绩效管理的能力和动力，企业人力资源管理的绩效管理系统才能真正达到预期的效果。

第六节　激励管理机制

一、激励机制理论

升级马斯洛的需要层次理论，可以最大限度调动员工的创新精神和工作积极性，就必须满足其不同层次的需要，这些需求主要包括生理需要、安全需要、社交需要、尊重需要、自我成就需要五个层次。当这些需求因素恶化到人们认为可以接受的水平以下时，就会产生对工作的不满意、负能量。

人力资源管理的目的是激发人的潜能，满足人们的需求，最大限度地发挥人的主观能动性和创造力，促进组织目标和个人目标的实现，推动业绩持续增长和企业稳固发展。而开发、利用好人才资源，就必须坚持以人为本，建立良好的人才激励机制。

二、激励机制的特点

激励是人类活动的一种内心状态，具有加强和激发动机，推动并引导行为向预定目标发展的作用。人的动机起源于人的需求欲望，一种没有得到满足的需求是激发动机的起点，也是引起行为的关键因素，以得到满足的需求而告终。

激励可以产生自发性与自动力，其价值与意义，远远超过推动力。从而让消极的"要我做"转化为积极的"我要做"。

三、激励机制的主要措施

（一）报酬激励

报酬激励是企业激励机制的核心，可以吸引、保留、激励企业所需的人力资源。一个完整的激励报酬体系，要充分考虑报酬的内部公平性和外部竞争性。对调动员工的积极性有着极其重要的作用。

深得人心的福利，远比高薪更能有效地激励员工。为了最大程度地满足不同员工的差异性福利需要，可推行弹性的员工自助性福利计划，即允许员工在一定的范围和要求内，不同等级的员工以及不同工作绩效表现的员工可以选择不同等级的福利计划，这样不仅可以加强员工对自己福利计划的参与，使员工产生有权利和有价值的感觉。

（二）情感激励

情感具有极大的激励作用，是人的行为最直接的一种激励因素，领导者的情感感染力能够控制和影响下属的情感，形成激励，领导者要善于运用自己的情感去打动和征服下属的感情。

同时，管理者应表现对员工的诚挚关心和热情，多从员工的角度来想问题，理解员工的需要。基层管理者更要注意感情的投资，对员工要有深厚的感情，真心实意关心和爱护自己的员工，增强员工对企业的凝聚力和向心力。

（三）员工参与激励

如果一个单位的领导者能够充分发扬民主，给广大下属参与决策和管理的机会，那么这个单位的生产、工作和群众情绪、内部团结都能处于最佳状态。广大员工参与的程度越高，越有利于调动工作积极性。员工参与能使下级员工与企业的高层管理者处于平等的地位研究和讨论组织的重大问题，可以感受到上级主管的信任，从而体验出自己的利益与组织发展密切相关而产生强烈的责任感。

（四）荣誉激励

荣誉是贡献的象征，每一个员工都有一种强烈的荣誉感。满足员工的荣誉感，可以激发强大的能量。许多企业从员工这种特殊需求出发，通过给予员工各种荣誉，收到了调动员工积极性的最佳激励效果。人的一切行动都是由某种动机引起的，动机是一种精神状态，它对人的行动起激发、推动、加强的作用。员工被评为先进生产者、劳动模范，发奖金、奖状，上光荣榜，可以满足员工的精神需要，从这一动机出发从而可以激发出更大的工作热情。

（五）学习成长与职业培训激励

培训是企业获得高质量人力资源的重要手段，也是帮助员工职业生涯发展的重要措施。对于员工来说，职业发展是人生大事，如果企业能够给予帮助和指导，并且帮助员工实现自己的理想。那么员工就会为企业尽自己最大的努力，用忠诚和业绩来回报企业。

四、传统人力资源管理中的激励机制存在的问题

（一）缺乏有效的个体激励机制——管理回归人性

每个人都希望能得到上级的赏识和重用，受到他人的认可和尊重，有学习和发展的机

会，获得情感上的释放或满足。但在很多企业里，普遍存在两方面的问题：一方面，大多数企业过于依赖组织中的管理制度和管理程序来约束员工完成任务，为此甚至延长劳动时间而不计加班报酬，或者剥夺员工公休假的权利，造成员工内动力不足，积极性不高。另一方面，在激励手段的运用上，通常只采用加薪的方法，认为只要员工的薪酬提高了就可以最大限度地发挥其潜能，而没有考虑员工的精神等高层次需求。

（二）过多依赖传统式管理，缺乏大胆创新的引人、留人机制

以前企业对人才的招聘、选拔、任用，几乎由企业所有者决定，人治的成分居多。在发展初期很多企业中高层管理人员有大约40%的职位由业主的家族成员或亲朋好友担任。随着企业的发展，如果过分依赖传统式人力资源管理模式就会引发人才持续性增加的需求与家族式单一的供给之间的矛盾，从而形成人力资源的内耗和浪费。这样的企业就很容易陷入人才流失加速、无法吸引外来人才的恶性循环，直至危及企业的长远发展。

有些企业的工资制度一定3~5年不变，宁愿天天喊着开除招聘人员，也不去动动稀缺岗位的工资。有的连结构都不准动，认为人力资源动了，就违背了规矩。

（三）缺少绩效考核机制和快速的反馈渠道

绩效考核的原则中有一条反馈性原则，即考核主管应在考核结果出来后对每一个考核对象进行反馈面谈，不但指出被考核者的优点与不足并达成一致，更重要的是把改进计划落实到书面，以杜绝不良绩效的再次发生。但很多企业的主管人员一方面缺乏沟通技巧，使得反馈质量难以保证；另一方面主管人员不能持之以恒，反馈工作不能长久进行。

（四）怀疑下级的能力而不授权

有些领导担心下属干不好，便不断干预下属的工作。下属被看作"经纪人"，没有自主权，都是被动地在工作。久而久之，就会养成依赖心理，因为没有被授予自主权，下属也不愿意承担相应的责任，导致工作效率低下，这对企业来说恐怕是最大的浪费。

（五）对人力资本的投入和开发不够

企业需要的人才一般可以通过三种途径获得：培训、留用、引进。但目前企业员工培训状况并不乐观，存在诸如投入不足、专业人才匮乏、培训理念落后等问题。企业中进行系统化培训的还很少，而且受行业和企业管理人才素质等因素的影响，差别较大。

五、激励机制创新优化措施

（一）以人为本，建立公平合理的激励机制

激励制度首先体现公平的原则，要建立一套行之有效的管理制度执行并长期坚持；其次要和考核制度结合起来，这样能激发员工的主观能动性增强竞争意识，充分发挥人的潜能。

企业必须进行系统的分析、搜集与激励有关的信息，全面了解员工的需求和工作质量的好坏，不断地根据情况的改变制订出相应的政策。建立一套公开透明的人才聘用机制，让员工在开放平等的环境下展示自己的才能，最大限度地激发员工的积极性。只有员工的个人利益在规范的制度下得到保障，才能有助于员工之间建立彼此的信任关系，不仅能留住人才，更能督促员工不断学习业务知识，加强对企业的管理，更好地为企业服务。

（二）充分授权，权责相符

给予下属充分的权力，不干预下属的具体做法，下属才能大展拳脚，不会因空间狭窄而觉得束手束脚。授权不单单是给予权力，更重要的是通过授权上级可以指导、监督、锻炼下级，使下级尽快地成长。同时上级也有时间和精力去处理更为重要的事务。

（三）完善绩效考核机制，建立快速的反馈渠道

在建立激励机制之后，必须完善绩效考核机制与之相配套，才能使二者相得益彰。绩效考核可分两步进行：一是建立日常工作记录，就是根据不同的工作性质确立基本的工作定额，根据员工目标任务的完成情况，给出相应等级的评定，并为每位员工建立绩效记录，作为晋升、奖惩等方面的依据。二是建立特殊贡献记录，在企业的运营过程中，经常会遇到各种需要特殊方法解决的问题。建立特殊贡献记录既是对优秀员工个人能力的认可，又是企业选择和提拔人才的依据，同时也可以建立应急信息的备案。

（四）充分考虑员工的个体差异，实行差别激励的原则

影响工作积极性的主要因素有：工作性质、领导行为、个人发展、人际关系、报酬福利和工作环境等，而且这些因素对于不同企业所产生影响的排序也是不同的，企业要根据不同的类型和特点制订激励制度，而且一定要考虑到个体的差异。

例如在年龄方面的差异：一般 20~30 岁的员工自主意识比较强，对工作条件等各方面要求也比较高，因此"跳槽"现象较为严重；而 31~45 岁的员工则由于家庭等原因比较安于现状，相对而言比较稳定；有较高学历的人一般更注重自我价值的实现，既包括物质

利益方面，但他们更看重的是精神方面的满足，例如工作环境、工作兴趣、工作条件等因素。因此企业在制订激励机制时一定要考虑到企业的特点和员工的个体差异，这样才能收到最大的激励效果。

（五）加强对人力资本的投入和开发

从马斯洛的需求层次理论我们知道，当劳动者的收入水平达到一定程度时，需要的层次会随之提高。在物质利益基本满足的今天，一些人更愿意选择以培训的形式作为应得的奖励，提高自身的含金量，以求在未来的竞争中占有一席之地。因此，一方面将培训本身作为现代企业中激励职工积极向上的一种必要手段。另一方面，要根据培训的效果对参加培训的人员进行物质、精神或晋升激励。企业如果能为他们提供施展才能的条件和环境，使他们能发挥所长，则是对他们最大的激励。

第七节　广义审计机制

一、广义审计的定义、范围

广义审计，顾名思义，不仅仅是狭义的审计学或财务审计。广义审计是企业是否标准化、规范化的自信度量表，特别是企业是否高效与管理现代化的格局与实力表现，也是企业目标与绩效管理是否成功的最佳验证。想把企业做大做强，很大程度看企业广义审计的机制是否健全有效。

广义审计的范围包括但不仅限于经营审计、管理审计、财务审计、文化审计、尽职审计、体系审计、标准化规范化审计，一句话界定：从顶层设计，到具体经营活动过程以及结果，整个价值链上所有节点均属于广义审计范畴。

二、广义审计机制宗旨与原则

1. 结果导向，过程可控
2. 高效先行，事后稽核
3. 有始有终，因果可溯
4. 数据标准，有理有据
5. 奖惩分明，改进为本
6. 处事有度，以人为本

三、广义审计人员的职责与要求

审计人员应当具备与其从事的审计工作相适应的专业知识和业务能力；审计人员办理审计事项与被审计单位或者审计事项有利害关系的应回避。审计人员办理审计事项，应当客观公正，实事求是，廉洁奉公，保守秘密。审计人员对其在执行职务中知悉的企业秘密和个人隐私，负有保密的义务。

四、广义审计的范畴和权限

依照企业相关行为准则、规章制度、规范标准、任职资格、目标职责、工作绩效计划，根据上级领导指示或者企业内部班子、系统分管领导书面委托，对委托审计对象或事件进行审计监督，并出具审计报告。审计机构有权要求被审计对象按照审计的有关要求，优先提供以下各类配合与支持：询问、谈话、笔录、录音、书面资料信息；涉及工作冲突时，可直接与当事人上级领导协调；涉及保密，可独立实施。审计监察人员不得以工作为由变相干涉、影响正常经营管理活动，变相谋私利、接受贿赂、行使一切非企业明文规定的权限权力。否则，应立即暂停所有审计监察活动。

五、广义审计的工作规划与目标管理

围绕企业战略目标与核心环节目标、重大工作事项、KPI，拟定审计工作目标与规划、KPI；制订年度、季度、月度分类审计计划；专项审计计划。明确责任人、时间、方式、预算等。参加各期经营管理例会，根据经营结果或者需求，提炼关键点、问题点、缺陷点，形成临时与专项审计规划。根据问题性质与业务归属与经营班子以及董事会确认审计计划，然后按审计监察管理制度与规程实施审计。审计完成，提交审计监察报告。

六、广义审计监察机制的构建

组建审计监察组织、明确职责、权限、分工等，制订广义审计监察管理制度与规程，像做经营一样，制订目标和全面审计监察计划。

第七章　三层五级流程与三大权限

一、三层五级流程

（一）目的

为了明确公司经营活动中流程的作用范围，更好地进行公司的运营管理，各部门目标能够依照相关流程拟订工作计划并开展工作，持续条理清晰地改进提升公司管理水平。

（二）范围

公司战略管理、经营活动及保障工作流程。

（三）流程分类

1. 按照组织层级与职能分三层

（1）企业顶级流程

企业顶级流程指与企业的战略、目标、投资、资本运作、重大经营决策、经营结果评审、重大人事与财务管理管控等相关的流程。包括战略分析制订流程、目标分解实施流程、投资评估评审流程、尽职与风险调查流程、重大经营决策流程、内/外部财报信息披露流程、企业与组织重组流程、班子与顶层机构人事考核任免流程等。

（2）核心业务流程

核心业务流程指基于核心业务链的各环节节点链接流程，即与企业主营业务相关的流程以及财务管理类流程，包括生产制造工艺流程、生产与物料计划管控流程、采购流程、营销流程包（招商、开/关店、新品上市、订单流程、商品配置流程、销售流程、促销流程、补/退货流程）、财务管理流程（资金管理、报表管理、披露及信息管理）等。

（3）协作保障流程

协作保障流程包括人事、行政管理（招聘、面试、定调薪、转正考评、竞聘、离职等）、后勤保障类流程，如：维修、派车，其他如差旅流程、核销流程等。

2. 按照职责分工与标准五级

一级流程：企业的整体价值链，描述企业创造价值的全过程，横纵贯穿各职能与业务矩阵节点构成。

二级流程：每个业务模块或职能矩阵的运营内容，也即三级流程的逻辑关系。

三级流程：跨部门、岗位间的工作流程联动，由工作事项组成。

四级流程：部门内、岗位间的工作流程，仍由工作事项组成，但局限于部门内。

五级流程：某个岗位具体工作步骤、标准的指导流程，即某岗位某工作的标准作业程序（SOP）。

二、三大权限

权限管理是组织秩序与高效的法杖，所谓责权利对等明确揭示了缺失或模糊权限的职责、利益都是无法保障和兑现的。中国民营企业大多数无法做到权责利三位一体，特别是传统观念与管理理念落后的企业谈权色变，总是自寻烦恼。放权，怕出事；不放，又嫌累，嫌下属不够主动，不够大胆。

授权与集权矛盾有三大核心原因：第一，闭环管理机制不健全，授权怕乱，不授嫌慢，怎么授权都有风险；第二，缺乏广义审计监察机制，过于沉迷和纠缠过程干预；把以结果为导向做成以过程干预为主导；最后大家长文化，一言堂，追求十全十美，不敢试错，缺乏信任、欣赏、鼓励文化。

权限管理需抓好三大权限表：人事权限表、财务权限表和业务与经营活动权限表。

权限管理实效有三大原则：第一，闭环原则，把流程、制度、权限结合起来；第二，80/20原则，80% OA固化提速高效，20%盲区或焦点签呈签批；第三，烫炉原则，广义审计，敏感节点加重审计，一次违规会遭到重罚、回收、监管。

【示例：看看我们怎么做】

××××（集团）总部人力资源管理责权表

集团组织与职位层级设置管理管控原则	
集团组织与职位层级设置	集团总部指：总裁办、营销中心（不含终端）、产品中心、市场中心、人力行政中心、财务中心、信息中心、企划中心、董秘办、审计委员会；其他按照财务处理惯例归属总部的部分范畴
	集团下属子单元及矩阵包括：并购及下属品牌公司、事业部、生产中心、贸易公司及其他子公司和事业矩阵
	集团区域终端包括：品牌终端及其他区域终端，分公司等

公司的组织层级说明：

（1）集团三层组织结构：集团层面，子品牌或事业矩阵，终端大区/区域

（2）组织设置切割层级：集团，公司（子品牌或事业矩阵），中心，部门，科室，岗位

（3）组织职位设置层级：集团副总裁，分管副总裁，公司总经理，部门总监，中心总监，部门经理，科室主管，专/文员（销售终端视大区的管理幅度和业绩规模综合确定职位层级与中心总监平级）

类别	事项	状况	权责划分								备注
			主管	部门经理/中心总监	总经理/副总裁	人力资源部	人力资源总监	总裁	薪酬委员会	董事会	
1	组织机构设计	中心级以上			提报	拟定	审核	审批			1. 新增经理级需人力资源总监审批 2. 新定编制，主管含总监级以上级别扩编需人力资源部审批
		部门级		提报	审批	拟定	审核				
		科室及以下	拟定	审核	审批	备案					
		年度人力需求计划		提报	审核	拟定	审核	审批		备案	
2	人力需求/编制管理	主管及以下基层人员	拟定	审核	审批	审核					经理级别不在董事会备案，总监/总经理级别总裁直接审批另需董事会备案
		经理级以上人员			提报	拟定	审核	审批			
		总监/总经理级人员			提报		拟定	审批		备案	

续表

类别	事项	状况	权责划分								备注
			主管	部门经理/中心总监	总经理/副总裁	人力资源部	人力资源总监	总裁	薪酬委员会	董事会	
3	员工招聘、录用、任命	基层人员	复试	审批		初试					
		主管级（含）以上人员		复试	审批	初试					
		经理级人员			复试	初试	复试	备案/审批			
		总监/总经理级人员			复试		初试	审批		备案	大区经理需总裁审批，其他备案即可
4	职务分析	经理级以下人员		拟定	审批	审核		审批			
		经理级人员			拟定	拟定/审核	审核	审批			
		总监/总经理级人员			审核	拟定/审核	拟定	审批		备案	
5	员工目标绩效与绩效管理	基层人员	拟定	审批	备案	审核					1. 市场、销售、产品中心；资金计划；人力（培训、薪酬、激励、企业文化计划）需总裁审批
		主管级（含）以上人员		拟定	审批	审核	审核	审批			
		经理级人员		拟定	拟定	审核	审核	审批			2. 经理级绩效需总裁审批
		总监/总经理级人员			拟定		审核	审批		备案	

续表

类别	事项	状况	主管	部门经理/中心总监	经理/副总裁	人力资源部	人力资源总监	总裁	薪酬委员会	董事会	备注
6	出差管理	经理级以下人员 3天内（含3天）	拟定	审批		备案					
		经理级以下人员 3天以上		拟定	审批	备案					
		经理级人员 3天以上		拟定	审批	备案					
		总监/总经理级人员 3天以上			拟定	备案		审批			3天以下由分管总经理/副总裁审批
7	请假管理	经理级以下人员 2天假内（事假）		审批		备案					两天假直接上级审批，两天以上假期需隔级审批。隔级领导不在，向人力资源经理告假
		经理级以下人员 2天假以上（其他）		审核		备案					
		经理级及总监/总经理级人员 2天假内（事件）			审核/审批	审核		审批			
		经理级及总监/总经理级人员 2天假以上（其他）			审核/审批	审核		审批			
8	岗位人事调整	部分内部调整 晋升/降职		拟定	审核	审核					
		部分内部调整 平调（职责增删或岗位调整）		审批		备案					
		跨部门经理级以下人员调整 晋升、平调、降职		提报	审批	拟定					

续表

类别	事项	状况		权责划分								备注
				主管	部门经理/中心总监	总经理/副总裁	人力资源部	人力资源总监	总裁	薪酬委员会	董事会	
8	岗位人事调整	跨单位(品牌矩阵之间)经理级以下人员调整	晋升,平调,降职			审核/审批	拟定	备案				主管含以上级别需总监备案
		经理级人员	平调,降职		提报		拟定	审核	审批			
			主管晋升经理		提报		审核	审核	审批			
		总监/总经理级人员	经理晋升,总监/总经理平调			拟定		拟定	审批		备案	
9	离职管理	辞职	经理级以下人员		审核	审批	审核	备案(主管)				主管级别需总监备案
			经理级以上人员(含经理)			审核	审核	审核	审批			
		辞退(含解除、终止合同)	基层人员	提报	拟定		审核					
			主管		拟定	审批	审核	审核				
			经理级人员			提报	拟定	审核	审批			
			总监、总经理级人员				拟定	拟定/审核	审批		备案	

续表

类别	事项	状况		权责划分								备注
				主管	部门经理/中心总监	总经理/副总裁	人力资源部	人力资源总监	总裁	薪酬委员会	董事会	
10	激励管理	公司激励制度的建设					拟定	审核	审批	备案		
		各利润中心激励制度的建设				拟定/审核	审核	审核	审批	备案		
		部门/区域激励方案			拟定	批准	审核	备案				
		员工日常行为奖惩管理	主管（含）以下人员 5000元以内的奖惩		拟定	审批	拟定/审核	审批				
			5000元以上的奖惩		拟定	审核	拟定/审核		审批			
			经理级人员			拟定	拟定/审核	审核	审批			
			总监/总经理级人员				拟定	审核	审批			

续表

类别	事项	状况		权责划分								备注
				主管	部门经理/中心总监	总经理/副总裁	人力资源部	人力资源总监	总裁	薪酬委员会	董事会	
11	薪酬福利管理	高管薪酬福利体系制定和维护							提议	拟定	审批	
		总部薪酬福利体系制定和维护（高管除外）				审核	拟定	审核	审批		备案	
		终端区域及集团派出人员薪酬福利体系制定和维护			提报	审核	拟定	审核	备案/审批			大区经理级别及集团派出财务主管（含）以上需报总裁审批，其他由分管领导审批
		岗位价值评估/岗位薪资级别确定	主管及以下人员		拟定	审批	审核					
			经理级人员		拟定	拟定	审核	审核	审批			
			总监/总经理级人员					提案	审批	审核	备案	
		节日福利补贴					拟定	审核	审批			

续表

类别	事项	状况		权责划分								备注
				主管	部门经理/中心总监	总经理/副总裁	人力资源部	人力资源总监	总裁	薪酬委员会	董事会	
11	薪酬福利管理	岗位薪酬确定和调整	新岗定薪 主管及以下人员		拟定	审批	审核					
			新岗定薪 经理级人员			审核/审批	拟定	审核	审批			超原有标准30%以上需报总裁核准
			新岗定薪 总监/总经理级人员					提案	审核	审核		
			调岗调薪、新人职薪资 主管及以下人员			审批	拟定					
			调岗调薪、新人职薪资 经理级人员			审核	拟定	审核	审批			主管（含）以上级别：年度预算外且单次超过30%以上幅度，以及年度2次以上调薪，必须报集团人力资源总监会审
			调岗调薪、新人职薪资 总监/总经理级人员					提案	审批	审核	备案	

续表

类别	事 项	状 况		权责划分								备注
				主管	部门经理/中心总监	总经理/副总裁	人力资源部	人力资源总监	总裁	薪酬委员会	董事会	
12	年度培训计划及调整				拟定	提报	拟定	审核	审批			
	外训安排及大型培训项目	计划内	2万元以内		拟定	审批	审核	审批				
			2万~5万元（含）			审核/审批	审核	审核	审批			
		计划外及5万元以上			提报	审核	拟定	审核	审批			
13	HR体系人事管理（垂直异地、集团管控）	经理级						审核	审批			1. 必须严格遵循"双重审批、双重考核"原则 2. 考核权与职能领导按照直线业务领导与职能领导7：3处理；重大分歧交由总裁最终裁决
		主管级（含）以上人员	录用、考核、晋升晋级、离职					审核				
		其他级别人员					审批					
		人工占比目标及年度普调幅度	标准及幅度确定			审核	拟定/审核	审批	备案/审批			
		人力规划、培训计划、薪酬计划、预算及年度计划	年度目标、计划与方案和标准等			审核	审核	审批/备案	备案			

××××集团经营活动（含财务）管理权限表

类别	工作项目	"●"终审 "○"审核 "□"会审 "★"确认			
		董事长	副董事长	执行总裁	备注
经营管理	集团战略	●	□	★	
	资本运营与上市筹备	●	□	□	
	企业文化建设	○	□	★	
	项目或经营合同审批	●	□	□	
	集团中长期经营目标制订	●	□	★	
财务管理	年度、季度、月度公司级预算审批	●	□	□	
	预算外支出	●		○	
	预算内工程项目类支出（合同内）			●	
	预算内非工程项目类支出（单笔≤2万元）			●	
	预算内非工程项目类支出（单笔>2万元）			●	
	预算内工资、福利支出			●	
	预算内出差、接待等费用报销（单笔≤2万元）			●	
	预算内出差、接待等费用报销（单笔>2万元）			●	
	员工年终奖金	●		○	
	员工奖惩			●	
	捐赠等其他支出	●		○	
投资管理	投资方向决策	●	★	□	
	市场调研报告审核	●	★		
	投资项目谈判	●	★		
	投资项目合同签订	●	★		

续表

类别	工作项目	"●"终审 董事长	"○"审核 副董事长	"□"会审 执行总裁	"★"确认 备注
工程管理	工程合同审批	●		○	
	工程方案及计划审批			●	
	工程成本预算审批	●		○	
	工程进度款审核			●	
	工程质量、进度、成本、风险管理			●	
	工程验收结算审核	●		○	
人力资源管理	人力资源战略规划	●		○	
	组织机构调整与设置	●		○	
	集团部门总经理（含）以上、子公司副总经理（含）以上、财务系统有管理职务人员的人事任免、薪酬、绩效考核	●		○	
	集团部门总经理以下、子公司副总经理以下、财务系统无管理职务人员的人事任免、薪酬、绩效考核			●	
	培训规划及实施			●	
	各项福利津贴发放			●	
综合管理	行政后勤事务管理			●	
	工作目标的执行监督			●	
	工作会议主持			●	
	工作环境调整			●	
	公司内部对外公关事务			●	
	与集团相关的对外公关事务			●	
	中小型办公、行政用品的购买、维修、报废			●	
	其他日常综合管理活动			●	
外联工作	对外关系的拓展与维护	●	□	□	

第八章　中国人力资源管理现状与创新

一、人力资源管理四个层面的价值

（一）第一、二阶段：合规阶段、和谐阶段

我们把人力资源管理聚焦为两个阶段的时候，第一个阶段解决的是合规性价值，也就是建立基础模块、模型、制度、规范的建设阶段；第二个阶段解决的是和谐性价值，就是从制度化向人性化转型的模糊萌芽阶段，也是真正理解和考量马斯洛需求理论的人力资本升级阶段。

（二）第三阶段：体系化阶段

十几年前，人力资源做的全部是模块化的，优化一下薪酬、优化一下绩效、优化一下招聘等这样一些内容。近十年之间，几乎所有的公司都会提出一个要求——构建人力资源完整的体系。同时很多公司会发现，体系对企业发展的贡献并没有达到预期。

严格意义上讲，人力资源总监在一个公司里应该是任职时间较长的，因为他在秉承着公司的文化，在设计和调整着公司的游戏规则。可是现在呢，人力资源总监的跳槽率非常高，干一两年或两三年就辞职了，为什么？因为现在大家都开始会构建体系了。但是忽略了一件事情，体系是为了什么？

体系依然是工具和手段，不是为了构建人力资源体系而构建体系，构建体系是为公司的经营发展提供服务的，但现在几乎所有的 HR 从业人员，都把体系视为 HR 的一个工作的主要目标。所以，人力资源总监到一家公司之后，不管这家公司经营什么，不管这家公司干什么事情，也不管这家公司的战略是什么，一去就讲职位体系不够清晰，岗位设置不够合理，任职资格体系缺失，绩效体系不够明确，等等。

（三）第四阶段：人才发展与效能管理阶段

现在，越来越多的企业开始围绕着人才发展和效能提升来重新构建人力资源的体系。传统的人力资源体系，实际上是干什么呢？是围绕着一个员工的生命周期在开展活

动。每一个步骤都有方法、有工具、有步调、有标准，这是很多公司追求的一个目标，传统的人力资源体系，其实就在解决这个问题。但是解决不了人力资源管理的有效性问题。其核心区别是对公司产生的业绩支持到底是什么呢？这个问题解决不了。

传统 HR 自娱自乐，沉迷于自封权威、权力，自制游戏规则，自圆其说，形成了一个自我循环的封闭系统，这就是很多企业现在面临的问题。创新 HR 要求我们：具备多元化知识与技术，活学活用；懂战略、定目标、抓标准、讲价值（绩效增长）；具备服务意识，做足政委工作，做好客户服务；从管人理事转型为成人成事；把权力转变为服务；把权威、奖惩、辩论转变为标准、教练与监督。

二、关于创新

【关于创新】之一：

创新绝不是领导、专家、大师的专利；

创新和智商、地位、学历没有必然的关联；

创新是主人翁意识与责任；

创新是职业追求与操守；

创新是主动、积极、热情的心态；

创新是尽职责任的享受和奉献。

我们要鼓励和欣赏一切敢于创新的人和事，因为他们内心和骨子里是可贵和伟大的。

创新，真的没那么复杂，仅仅需要两个原则：三敢和三容：敢想、敢为、敢先；容试、容错、包容。

【关于创新】之二：

（举个晋级晋升/职业生涯的例子，看看传统 HR 与创新 HR 的区别）：

＊传统 HR 以时间、印象为主轴和依据，以权力为中心

1. 熬：半年、一年……多少时间是前提

2. 点：领导看中点兵点将

3. 突：自我突破显现（被动）

4. 好：好人论，大家都说是好人

5. 离：偏离市场与人性需求，偏离绩效价值取向

＊创新 HR 以绩效与需求为主线、导向，客户满意度更高

1. 绩效：绩效价值导向（数据价值说话，公正）

2. 标杆：典范标杆导向

3. 关键：关键梯队，七成八就，破格提拔

4. 前倾：主动出击，组织发育

5. 需求：回归市场与马斯洛导向

【关于创新】之三：

居安思危，创新增长；始于目标，起于绩效；

传统增长思维与摸式：资产扩张（产量、渠道、销售）；

创新增长模式与思维：资本与资源扩张（并购、互联、蓝海、顾客）。

【关于创新】之四：

创新 HR 的新理念、新思维、新技术（持续增长的奥秘）：

1. 精兵简政，精简流程；去中心化，去权威集权，让最先听到"炮火"的人做决策；去官僚，去内耗，去大企业病

2. 人人创利，事事创利，天天创利，无利无价值

3. 无目标＝无责任＝无绩效＝无价值＝无用

4. 数据思维，数字为据；绩效为王，增长为王

5. 效能增长有 3 个办法

①提高目标、标准、考核、激励；

②互相激励；

③换人，谁敢谁能谁狠谁上。

6. 集团化管控和高效管理 4 个原则

①目标责任明确，责权利一体；

②全面预算，分级管控；

③数据思维，绩效为王，及时激励；

④结果导向，过程可控，广义审计。

当企业全面系统规划好，才发现绩效增长 30% 原来就是这样来的。

在中国，人力资源、行政的门槛很低，很多人确实不是因为爱好与专业而走上这个岗位和领域。笔者当年才到沿海，也是因为企业不敢用外地人做财务，而半路出家去做了 HR，并在不断的马斯洛需求升级中，读了些书，考了些证，甚至借钱读了最早最贵的 MBA，才会越走胆越大、心越大，后来才明白其实是兴趣与痴迷度越来越大。

由于兴趣、心得、痴迷，特别是内心总是不断安慰和鼓励自己：一个实操专家型 HR，其知识结构的丰富性，以及管理经验的积累，特别是管理价值，有时或许超过一个 CEO，这种价值观一直鞭策和鼓励着我坚持走 HR 之路。哪怕我明明知道，一样的副总裁、高管，一样的管理人才，在很多传统企业的老板眼里，业务线销售线、技术线制造线与 HR，孰重孰轻，生意不好时，谁挨骂受训多，政策待遇有所不同，笔者还是痛并快乐地坚持着自己的选择与价值。

中国 HR 的职场角色，一方面与 HR 工作者自身的专业能力与价值观有关，另一方面，

与企业人才价值观、惯性思维，以及传统的组织氛围和职场环境确实有很大关系。说实话，无论做了多久 HR，到今天真的是该静下心来思考下、总结下，中国 HR 到底做了些什么？到底该怎么面对创新，如何创新？

中国著名 HR 专家彭剑锋教授对中国人力资源管理的发展总结很有见地，值得学习和深思。

结合以上，实际上笔者认为现代 HR 的管理创新和价值创新核心应该是：如何建立以经营为核心的战略伙伴关系与价值链，加强前倾的人才发展与效能管理，以及以目标和增长为核心的绩效提升管理。

人力资源管理这个起源于 19 世纪 30 年代，至今不到 200 年历史的管理科学，20 世纪80 年代传入中国，在中国也仅仅有 30 多年边学边用的实践经验。当其遇到东方文化差异和多元化民营企业需求时，又正逢知识爆炸时代的迭代、延伸、细分，如选人识人的九宫格模型、胜任力模型、HR 三支柱（SSC \ BP \ COE）、战略 HR 等创新知识与概念。填补了传统 HR 管理的很多盲区与不足，同时也暴露出泊来知识与理论的很多短板与缺陷、漏洞以及适用差异。

所谓的六大模块在知识结构和实践检验中，确实存在很多盲点和缺失，特别是传统 HR 理念、战略缺乏、技术盲区，比如人才梯队建设、工作标准化的管理，以及绩效管理之源头的目标管理，这些，都让 HR 扮演着操盘或主导的角色。但是，传统的职能模块中甚至知识与职能界定中都明显出现严重缺失、模糊、盲区，甚至误区。

比如，组织行为学的归属性问题。既然人与组织存在不可割裂性，那么人在组织中的行为规范与标准，是否足以影响其人才资源价值与效率，对整体组织绩效与资源效率效益的影响度也是显而易见的。同时大家都知道企业大部分的组织行为规范，如规章制度、流程，特别是人事权限等，都是基于 HR 工作者的研究、制定或者汇总汇编，并且通过组织与培训渠道贯标和实施，甚至一定要担任监督执行角色与职能（如奖惩发布令与人事通告通知）。但是在传统的人力资源管理模块中，以及 HR 管理学知识领域，都没有做过客观坚定的定义、定论、定标，甚至没有确定其存在的职能，而是跨界延伸，游离在其他细分学科之间。

笔者认为这些都必须予以正视、修正、升级、优化，至少可以允许我们基于对专业的痴迷，谈谈创新人力资源管理。认为创新人力资源管理还是较为适合现阶段中国企业的，也是十分迫切和刚需的。基于科学、客观和实事求是的原则，基于务实、实战、实操的研究开发原则，期望有更多的有志之士和敢于创新的实战实操型 HR 积极参与创新和升级。

第九章　人力资源管理的十大模块

第一节　人力资源战略管理

一、何为人力资源战略管理

人力资源战略管理是指根据企业总体战略的要求，为实现企业战略目标提供有力的人力资源支撑平台与匹配，对企业人力资源各模块与核心价值、主要工作，所进行的前倾性、长远性的规划和策略布局，以及后续的对应措施、计划。人力资源战略的 3 大核心价值：①是实现企业战略目标，获得企业最大绩效的关键；②是提升企业自身的竞争力，达到人力资本储存和扩张的有效途径；③人力资源战略与企业战略，二者只有达到相互一致、相互匹配，才能促进企业全面、协调、可持续发展。

二、人力资源战略在企业管理中的作用

（一）人力资源战略是企业的核心战略

人人都讲，人才是企业的核心资源，人力资源战略处于企业战略的核心地位。企业的发展取决于企业战略决策的制订，企业的战略决策基于企业的发展目标和行动方案的制订，而最终起决定作用的还是企业对适用、匹配人才的拥有量。

高效、有效地利用与企业发展战略相适应的管理和专业技术人才，最大限度地发掘他们的才能、效能，才可以推动企业战略的实施，促进企业的飞跃发展。

（二）人力资源战略可提高企业的绩效

员工的工作绩效是企业效益的基本保障，企业绩效的实现是通过向顾客有效地提供企业的产品和服务体现出来的。而人力资源战略的重要目标之一就是实施对提高企业绩效有益的活动，并通过这些活动来发挥其对企业成功所作出的贡献。

过去，人力资源管理是以活动为宗旨，主要考虑做什么，而不考虑成本和人力的需求；现在，经济发展正在从资源型经济向知识型经济过渡，企业人力资源管理也就必须实行战略性的转化。

现代人力资源管理者必须把他们活动所产生的结果作为企业的成果，特别是作为人力资源投资的回报，使企业获得更多的利润。

从企业战略上讲，人力资源管理作为一个战略杠杆能有效地影响公司的经营绩效。人力资源战略与企业经营战略结合，能有效推进企业的调整和优化，促进企业战略的成功实施。

（三）利于企业扩展人力资本，形成持续的竞争优势

随着企业间竞争的日益白热化和国际经济的全球一体化，很难有哪个企业可以拥有长久不变的竞争优势。往往是企业创造出某种竞争优势后，经过不长的时间被竞争对手所模仿，从而失去优势。而优秀的人力资源所形成的竞争优势很难被其他企业所模仿。所以，正确的人力资源战略对企业保持持续的竞争优势具有重要意义。

人力资源战略的目标就是不断增强企业的人力资本总合。扩展人力资本，不断吸引外部的优秀人才，持续保障前倾的关键梯队人才培育，是企业战略得以持续的最大竞争优势。人力资源工作就是要保证各个工作岗位所需人员的供给，保证这些人员具有其岗位所需的技能，即通过培训和开发来缩短及消除企业各职位所要求的技能和员工所具有的能力之间的差距。当然，还包括设计与企业的战略目标相一致的薪酬系统、福利计划，提供更多的培训、为员工设计职业生涯计划等来增强企业人力资本的竞争力，扩展人力资本，形成持续的竞争优势。

（四）对企业管理工作具有指导作用

人力资源战略可以帮助企业根据市场环境变化与人力资源管理自身的发展，建立适合本企业特点的人力资源管理方法，如根据市场变化确定人力资源的长远供需计划；根据员工期望，建立与企业实际相适应的激励制度；用更科学、先进、合理的方法降低人力成本；根据科学技术的发展趋势，有针对性地对员工进行培训与开发，提高员工的适应能力，以适应未来科学技术发展的要求等。

一个适合企业自身发展的人力资源战略可以提升企业人力资源管理水平，提高人力资源质量；可以指导企业的人才建设和人力资源配置，从而使人才效益最大化，将人力资源由社会性资源转变成企业性资源，最终转化为企业的现实劳动力。

三、人力资源战略 4 大导向

既然人力资源战略是为实现企业总体战略服务的，因此，必须以企业战略目标为中

心，来确定人力资源战略的目标。这些目标必须具备以下导向：

1. 目标与绩效导向

以目标和绩效为导向指以经营目标为核心，确定人力资源的绩效价值与匹配目标、指标，完成服务与支撑使命。

2. 需求与时效导向

以需求与时效为导向指根据企业中长期发展的要求，以及具体经营过程的时段节点需求，保证其对人力资源总量和时效的需要。

3. 结构与质量导向

以结构与质量为导向指优化人力资源结构与质量，布局前倾的关键岗位梯队机制，以满足企业各层次、各阶段、各专业对人才的需要。

4. 效能导向

效能导向指提高每个劳动者的素质与效能，使之与其岗位工作的要求相适应，提高职工队伍的整体素质，发挥人力资源的整体效能。

四、人力资源战略的制订的六步法与工具

（一）六步法

1. 以经营目标为核心——分解 KPI 与关键保障
2. 以客户需求与满意度为关键——盘点需求与差异
3. 以绩效为焦点——清列缺失和不足
4. 抓住关键职能与模块

在人力资源战略制订过程中，首先要把握好人力需求，特别是确定关键岗位需要什么样的人才，以及各个岗位所需要的专业技能与职业素质。其次要确定人工成本与人均效能，特别是关键岗位的人才发展。最重要的一个目标必须是保证整个企业的绩效增长来促进企业的发展。

5. 形成规划纲要，配套落地计划
6. 听证、评审、宣贯

（二）工具

在制订人力资源战略时，可以利用以下三个工具：鱼骨图（如图 9.1 所示），矩阵分析图（如图 9.2 所示），关系树状图（如图 9.3 所示）。再综合分析，形成成果，编写年度人力资源战略书。

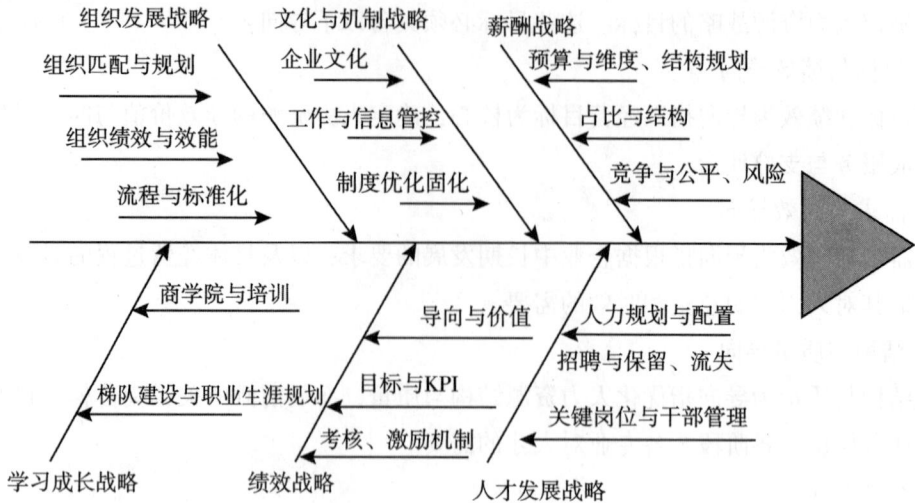

图 9.1 鱼骨分析图示意（战略结构分解）

时效：	质量：
1. 累计影响 5 次 20 天，招聘及时率 80% 2. 关键岗缺岗率 30%，梯队覆盖率 50% 3. 培训不及时，覆盖率 80%	1. 招聘合格率 85% 2. 培训合格率（入职 90%，在职 80%，技能项目 70%） 3. 食堂宿舍满意度 75%
文化/态度/氛围：	标准/规范：
1. 大投诉 8 次，小投诉 12 次 2. 部门之间协作满意度 70% 　拖延与限时事件（上会曝光）大 18 次小 28 次 3. 流失率（新人 30%，老员工 10%） 4. 造谣、小道消息严重；不敢讲真话（不记名 60%覆盖率抽样调查结果）	1. 制度缺失 8 次；流程缺失错漏 15 次；权限不清 2. 制度、流程普及宣贯学习覆盖 2 次；考核合格率 70% 3. 工作标准规范/职责普及和员工熟知度（抽查一线 80 份，主管 70 分，经理 85 分）

图 9.2 满意度矩阵分析图（各维度的投诉、负能现象、满意度）

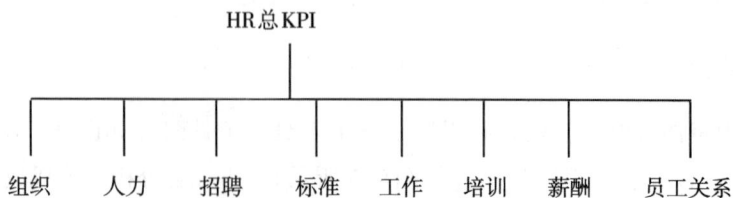

图 9.3 绩效关系树图（HR 示例）

第二节　组织规划与设计

拿支笔，给张纸，谁都可以画出个组织架构图，这是事实。甚至有些美化 PPT 以及 VISIO 高手，可以画出各式精美的组织架构图。做组织架构是 HR 的基本功。面对千奇百态，各行各业，各种规模与形式的组织架构，应该怎么判断其组织设计的对错、优劣呢？

这么多年，笔者始终记得一位民间 HR 高手的话：一个高手规划设计的组织架构具备以下特征（笔者理解为对组织架构设计的评判标准）：可体现商业模式与业务特征，可体现行业类型、规模与特征，可体现横纵向的主要流程、信息链和价值链，可体现各层级与各部各岗的基本职能、分工，协作关联，可基本呈现或推演出企业经营活动的场景逻辑。

一、组织设计的九大原则

（一）战略目标原则

组织设计要为企业的战略任务、经营目标服务，以能否促进企业目标的实现作为组织设计的标准。

（二）精干高效原则

组织设计要以机构最精、人员最少、管理效率为高为准则。

（三）专业分工和协作原则

分工要合理，不能太细。分工太细会引起办事程序和管理的复杂化。

（四）指挥统一原则

首脑负责部门间的协调，正职领导副职，指挥点要清晰。直线职能制组织统一指挥性最强。

（五）有效管理幅度/负荷原则

管理幅度小，则层次多；管理幅度大，则层次少。要在保证有效管理幅度的前提下，尽量减少管理层次。具体运用要参考员工素质结构和行业标准化程度再行细分，还要结合流失率与梯队建设策略等。可参考以下前后台幅度 5 档标准：

强：1：80~100

高：1：60~80；

中：1：40~60；

普：1：20~40；

低：1：6~20

（六）集权与分权相结合原则

集权与分权实际上是上下级的分工关系，现代企业更强调分权。

（七）稳定性与适应性相结合原则

直线结构稳定性强，而矩阵结构适应性强。企业要根据自身情况，在稳定性与适应性相结合原则指导下选择和设计最合适的组织结构。

（八）执行与监督分设原则

直线结构稳定性强，而矩阵结构适应性强。企业要根据自身情况，在稳定性与适应性相结合原则指导下选择和设计最合适的组织结构。

（九）管理跨距（控制界限）：受单位主管直接有效地指挥、监督部属的能力限制

最适当的管理跨距设计并无一定的法则，一般是 3~15 人。高阶层管理跨距 3~6 人，中阶层管理跨距 5~9 人，低阶层管理跨距 7~15 人。

设定管理跨距的要素有七个：①人员素质：主管或部属能力强、学历高、经验丰富者，可以加大控制。②沟通渠道：公司目标、决策制度、命令可迅速而有效的传达者，主管可加大控制。③职务内容：工作性质单纯、标准化者，可加大控制层面。④幕僚运用：利用幕僚机构作为沟通协调者，可扩大控制层面。⑤追踪控制：设有良好、彻底、客观追踪执行工具、机构或人员者，则可扩大控制层。⑥组织文化：具有追根究底风气与良好的制度文化背景的公司可下沉管控，反之，加严升级管控。⑦所辖地域：地域近可多管，地域远则少管（区域半径：1 小时最佳，3 小时次之）。

二、组织结构的主要类型，优缺点及适用性

（一）直线结构

优点：决策迅速、命令统一；．责任、权限归属明确；容易维持组织秩序；灵活；管理

费用低。

缺点：没有横向联系；权力集中，易失误。

适用：小型组织；简单环境。

（二）职能结构

优点：发挥职能机构专业管理作用；减轻了直线主管的负担；管理者有分工，易培养选拔。

缺点：多头领导，不易划分权限，争权推责。

适合：医院、高校、图书馆、事务所、大型项目等。

（三）直线——职能混合结构

优点：命令统一且能发挥参谋人员作用；分工细、职责清、效率高；稳定性高。

缺点：部门可交流少；直线部门、参谋部门矛盾多；系统刚性大，适应性差。

适合：集权性大型集团；国企央企。

（四）事业部结构

特征：有独立的产品和市场；实行独立核算；有足够的权力，能自主经营。

优点：最高管理部门、事业部各得其所；对事业部经理锻炼大；可展开内部竞争；扩大了有效控制辐度。

缺点：管理人员需要量大、要求高；业权、分权关系敏感；易产生本位主义；总体与共享资源利用效率较低。

适用：多元化业务组合企业，新型业务或博弈阶段。

（五）模拟分权结构

特点：分权单位模拟核算、互相关联。

优点：解决了企业规模过大、不易管理的问题。

缺点：分权不彻底会导致沟通效率较低；对干部素质要求高。

适用：大规模、无法分解成事业部的企业；并购控股集团。

（六）矩阵结构

优点：部门间配合好；灵活，适应力强；可加速工作进度；人员利用率高。

缺点：双重甚至多重领导；对项目负责人要求高；临时性，人心不稳。

适用：大型协作项目；因技术发展迅速、产品品种多而创新性强、管理复杂的企业；多元化集团。

（七）扁平结构

优点：层级少，快速到点；指挥效果直观可控；执行力强，协作高效。

缺点：对管理者要求高；组织与梯队发育慢，员工管理能力一般，职业生涯机会少。

适合：小型企业、矩阵内部的细分组织、小项目管理等。

三、组织设计的重点

组织的目标性：使组织内各部分于公司整体经营目标下能充分发挥能力而达成各自目标。

组织的成长性：考虑公司的业绩经营与持续成长。

组织的稳定性：随着公司成长而逐步调整组织是必要的，但经常的组织、权责、程序变更将使员工信心动摇。

组织的简单性：组织的简单将有助于内部协调与人力分配。

组织的弹性：保持基本形态，又能配合各种环境条件的变化。

组织的均衡性：各部门业务量的均衡，将有助于内部的平衡与分工。

指挥的统一性：一人同时接受两位以上主管管理，将使其产生无所适从的感觉。

权责明确化：权责或职责不清将使工作发生重复或遗漏、推诿现象，易使员工产生挫折感。

作业制度化：明确的制度与标准作业可减少摸索时间，增加作业效率。

四、组织设计程序与方法

设计程序	工作内容
设计原则的确定	根据企业的目标和特点，确定组织设计的方针、原则和主要参数
职能分析和设计	确定管理职能及其结构，层层分解到各项管理业务和工作中，进行管理业务的总体设计
结构框架的设计	设计各个管理层次、部门、岗位及其责任、权力。具体表现为确定企业的组织系统图
关联协作方式设计	进行控制、信息交流、综合、协调等方式和制度的设计

续表

设计程序	工作内容
管理规范的设计	主要设计管理工作程序、管理工作标准和管理工作方法，作为管理人员的行为规范
人员配备和训练	根据结构设计，定质、定量地配备各级各类管理人员
运行制度的设计	设计管理部门和人员绩效考核制度，设计精神鼓励和工资奖励制度，设计管理人员培训制度
反馈和修正	将运行过程中的信息反馈，定期或不定期地对上述各项设计进行必要的修正

五、现代扁平组织创新变革技巧与原则

总部到一线"保二限三"原则：即最多三级最好两级，减少中间层级（特别是传统零售业的营销组织更要变革）。

系统到岗位：二级垂直优先，三级垂直限制。

部门切割与岗位设置：少分多并，多职多能，少单一职能，多综合职能；即：多能工、多能岗、多职能。

六、组织设计的总体流程框架

组织设计是一个系统工程，对于咨询人员或组织设计人员，进行企业组织设计时，要在总体上进行把控，进行系统缜密的全过程分析。

这个过程主要包括：组织设计前期、设计中期、设计后期、实施措施与步骤等（如图9.4所示）。

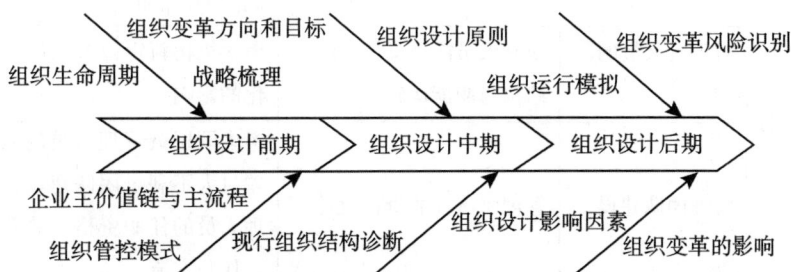

图9.4　组织设计的总体流程框架图

七、组织设计后的考量维度（见表9.1）

表9.1 组织设计后考量表

考量维度与次序	主要考量内容	主要考量结果	备注/示例
组织变革风险识别	变革风险识别	利益群体分析、人员风险、业务风险、组织能力与人员能力风险等	根据识别出来的风险点，制订相应的风险规避措施
组织运行模拟	部门与职能设置	如：部门独立性；部门内各个二级机构的职能相近性/紧密性；部门内部资源或信息需求与应用方向；主要职能的工作周期、饱和度等	组织设计方案进行实施前的运行模拟分析，考虑结构、职能变动带来的流程是否顺畅，内部关系是否复杂等。勿封闭设计，导致实施后出现很多问题，甚至使组织设计方案出现较大变动，造成组织设计的短板
	内部运作流程	新机构的主要运作流程	
	内部沟通关系	部门纵向多重隶属关系或横向关联部门关系	
	资源支持与调配	场地、资产、人力等资源的拆分、统筹与调配	组织结构调整意味着资源调配。因此，不应只看到静态的组织结构的平面图，还要看到对相应的资源调配的影响，如场地资源：办公场所，物流配送场地与路程；机构拆分对设备集中使用的效率的影响；关键的人力资源拆分等
组织变革的影响	新旧组织接轨	新旧组织接口	考察新机构变化对现组织的影响，如职能增加是否与原机构的某项职能重叠。如财务部门增加稽核职能与审计部门的职能的分工
	对现有人员的影响	现有人员能否支持新组织结构与职能运转	考察机构新定位对人员任职资格的变化的影响
	管理团队建设	管理团队任职资格设计	考虑同层级管理人员的素质相当，相差过大不利于团队建设；需要设计管理人员的任职资格，并有助于团队的合作与交流
	管理方式能否支持	管理模式与风格考量	原有的管理模式是否适应新职能的要求

八、岗位设置管理流程（见图 9.5）

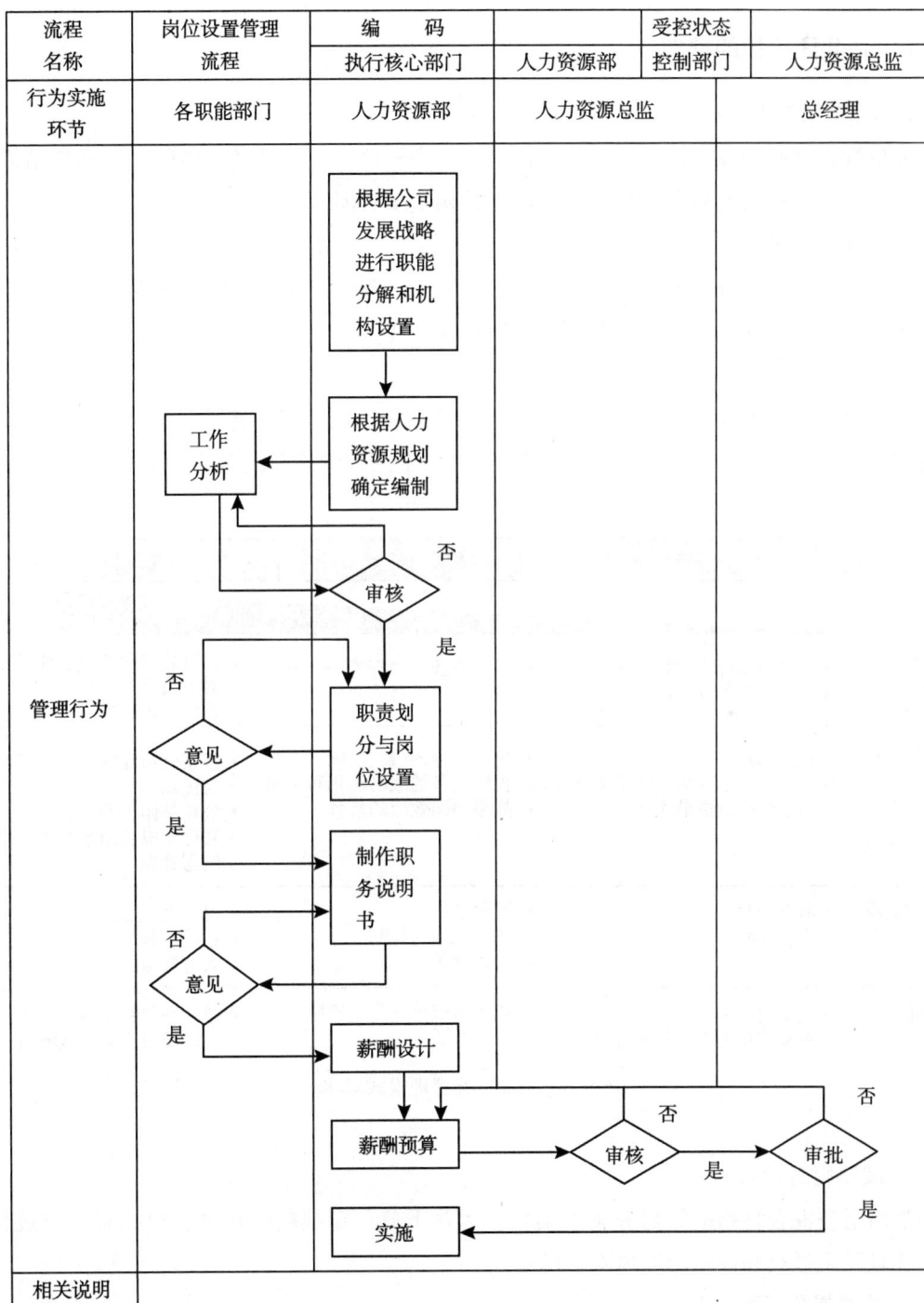

流程 名称	岗位设置管理 流程	编　码		受控状态	
		执行核心部门	人力资源部	控制部门	人力资源总监
行为实施 环节	各职能部门	人力资源部	人力资源总监		总经理
管理行为					
相关说明					

根据公司发展战略进行职能分解和机构设置

工作分析

根据人力资源规划确定编制

审核　否　是

职责划分与岗位设置

意见　否　是

制作职务说明书

意见　否　是

薪酬设计

薪酬预算

审核　否　是

审批　否　是

实施

图 9.5　岗位设置管理流程

九、集团管控组织专项交流

（一）集团管控的类型

1. 战略管控型

战略管控型属于高度授权型，管理核心为资产管理，对象是经营团队，目标是结果和投资回报率。一般为大型多元化控股集团，并购重组集团。

2. 财务管控型

财务管控型属于分权授权型，管理核心为财务、资金，对象是财务状况与权限。一般为中小型集团与多事业集团，以及垂直异地矩阵企业。

3. 运营管控型

运营管控型属于高度集权型，管理核心与对象是日常运营、统筹、计划、调配。一般为紧密关联的大型集团或产业链集中的企业。（以上三种管理模式对比见图9.6）

	财务管控型	战略管控型	运营管控型
	集权程度		
公司与下属单位的关系	• 以财务指标进行管理和考核 • 总部无业务管理部门	• 以战略规划进行管理和考核 • 总部一般无具体业务部门	• 通过总部业务管理部门对下属企业的日常经营运作进行管理
发展目标	• 投资回报 • 通过投资业务组合的结构优化，追求公司价值最大化	• 公司组合的协调发展 • 投资业务的战略优化和协同 • 战略协同效应的培育	• 各子公司经营行为的统一与优化 • 公司整体协调成长 • 对行业成功因素的集中控制与管理
管理手段	• 财务控制 • 企业并购	• 财务控制 • 战略规划与控制 • 人力资源	• 财务/控制战略 • 运营控制 • 人力资源
适用方式	• 大集团 • 多种不相关产业的投资运作	• 相关型或单一产业领域内的发展	• 单一产业领域内的运作，一般局限于某一地域内

图 9.6　总部三种管理模式对比

4. 战略财务混合型

战略财务混合型指战略财务集中集权，运营下放；定战略抓资金，要结果，放过程。算是比较民主授权和谨慎的低风险管理管控。

5. 战略操作/运营混合型

战略操作/运营混合型指战略运营集中集权，财务下放；定战略定战术，要结果，抓过程。属于高度集权集中，大家长型管理管控。重视计划、预算，员工自主能动性与能力极差。大部分是家族企业和较为强势的企业所为。

（二）集团化组织建设流程

1. 定性定型

弄清企业领导期望的管控类型，以及利弊，明确阶段定型。

2. 设计管理管控原则、逻辑与路径

3. 明确管控原则与核心结构（集分权界定）

4. 设计组织形式

5. 制订核心界定机制：流程、权限

6. 核心路径推演：人、财、业务活动三条主线的路径推演

7. 确定组织及职能、职权、职责等

8. 宣贯、培训、下发机制

9. 监督、审计、优化

（三）集团化管控的核心特征与原则

1. 战略文化统一，集权分权设置

2. 目标责任制，全面预算

3. 垂直异地，分级管控

4. 结果导向，过程可控，广义审计

第三节　人力规划与配置

一、企业的人力资源管理规划应主要包括以下项目

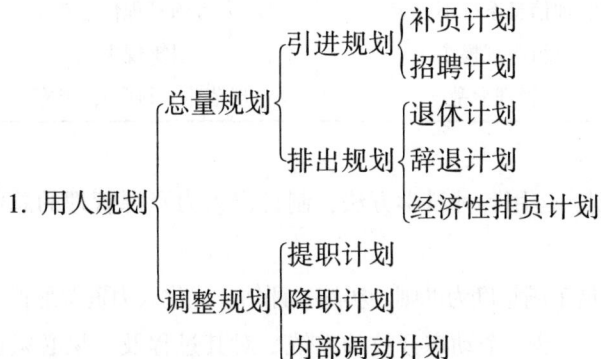

1. 用人规划
- 总量规划
  - 引进规划
    - 补员计划
    - 招聘计划
  - 排出规划
    - 退休计划
    - 辞退计划
    - 经济性排员计划
- 调整规划
  - 提职计划
  - 降职计划
  - 内部调动计划

2. 效率效能规划

3. 培训开发规划

4. 关键岗位梯队规划

5. 职业生涯与发展规划

6. 薪酬、保险与福利规划

二、人力规划的步骤

第一步：信息的收集、整理。

需要收集的信息有：①企业自身整体状况及发展规划：如产品结构、市场占有率、技术设备、资金情况、经营战略目标等。②人力资源管理的外部环境：政策环境：国家和地方的劳动保障法规政策。企业人力资源规划如与国家政策相抵触，则无效；劳动力市场环境：如各职种的工资市场价位，供求情况等。企业现有人力资源状况：各部门人数情况，人员空缺或超编，岗位与人员之间的配置是否合理，各部门员工的教育程度、经验程度、培训情况等。

第二步：决定规划期限。

根据收集企业经营管理状况和外部市场环境，确定人力资源管理规划的期限，如表9.2所示：

表9.2　　　　　　　　如何确定人力资源管理规划

规划期限	短期规划	长期规划
性质	不确定/不稳定	确定/稳定
企业面临的状况	组织面对诸多竞争者 飞速变化的社会、经济环境 不稳定的产品/劳动需求 政治法律环境经常变化 管理信息系统不完善 组织规模小 管理混乱	组织居于强有力的市场竞争地位 渐进的社会、经济环境 稳定的产品/劳动需求 政治法律环境较稳定 完善的管理信息系统 组织规模大 规范化、科学化的管理

第三步：根据企业整体发展规划，运用各种科学方法，制订出人力资源管理的总体规划的各项目标和计划。

第四步：以经营目标为核心，以员工满意度为准则，实施、评估、优化人力资源配置。

人力资源规划不是一成不变的，它是一个动态开放的系统。对其过程及结果必须进行监控、评估，重视信息反馈，不断调整企业人力资源管理的整体规划和各项计划，使其更切合实际，更好地促进企业目标的实现。

三、人力资源的配置

（一）人员配置的原理

1. 要素有用原理
2. 能力与岗位对应原理
3. 互补增值原理
4. 动态适应原理
5. 弹性冗余原理

（二）人员配置的方法

1. 以工作为标准进行配置
2. 以岗位为标准进行配置
3. 以定额为标准进行配置（定编依据与人均效能依据均可采用）
4. 人员编制管理流程（如图9.7所示）

四、人力资源的时间配置

（一）作息时间、出勤纪律、考勤制度

（二）休假管理制度

休假管理制度包括但不仅限于请假、销假、休假、调休、补休、放假等，以及各种类型假期的规定与标准等。

（三）连班、加班的管理制度与规定

（四）班制与标准

班制与标准包括几班制及其排班、工作时间、计划、工作分配、交接班等安排和规范、标准。

（五）探亲

探亲还包括关键岗位、高管、特聘、外籍人员的休假专项规定。

流程名称	人员编制管理流程	编 码		受控状态	
		执行核心部门	人力资源部	控制部门	人力资源总监
行为实施环节	各用人部门	人力资源部	总经理办公会议	总经理	
管理行为					
相关说明					

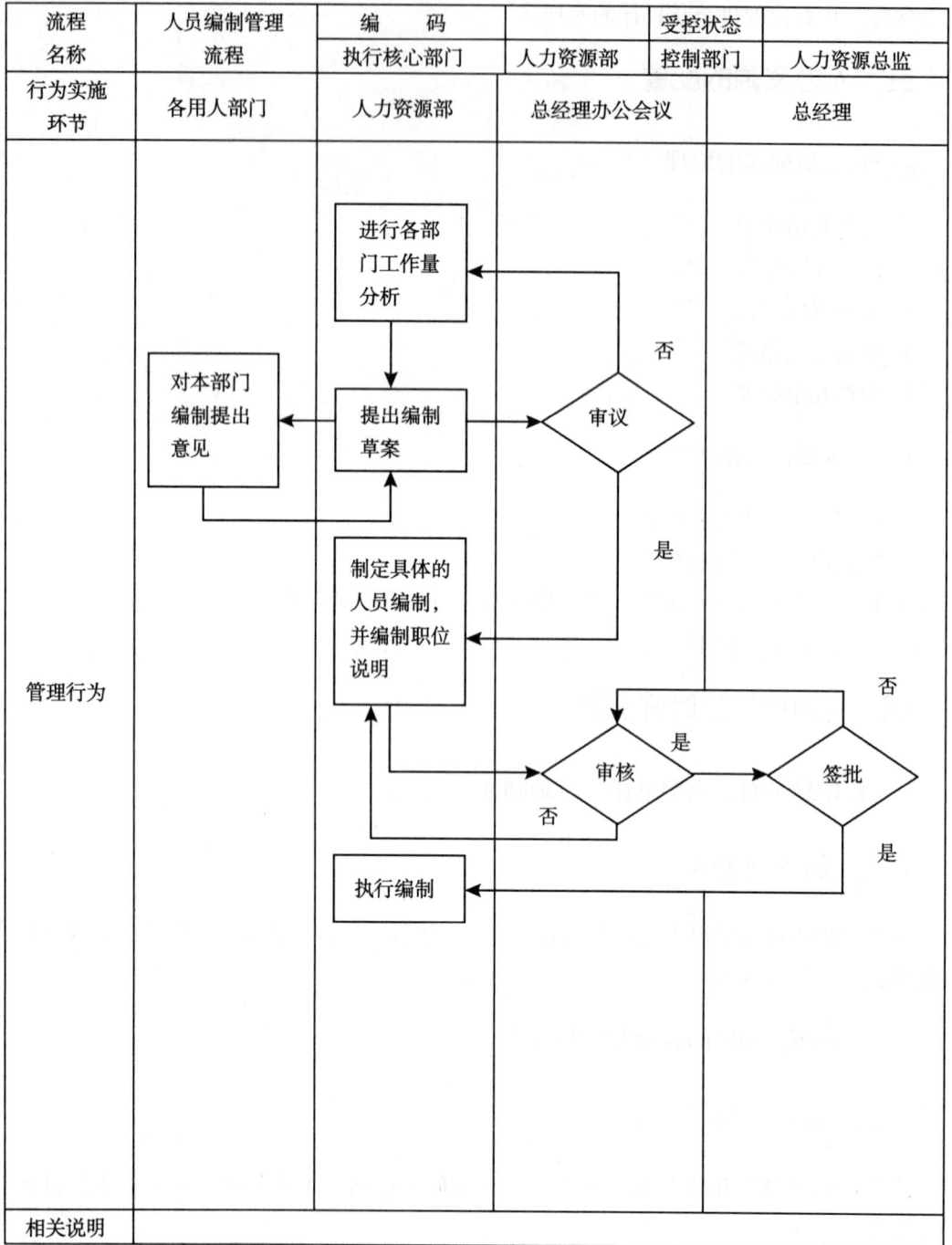

进行各部门工作量分析

对本部门编制提出意见 ← 提出编制草案 → 审议 （否/是）

制定具体的人员编制，并编制职位说明

审核 （是/否） → 签批 （否/是）

执行编制

图 9.7 人员编制管理流程

第四节　招聘管理：选对人决定企业命运

在这一部分，我们不过多重复传统的同质化理论，重点讲如何快速找对人。招聘管理简单说就是为实现经营目标与内部客户需求，按时、保质保量找到合适的、合格的人。

这里谈到的创新招聘管理与传统的人力资源有四点不同，主要是两个意识、一种能力、一种资源，具体如下：

①闭环意识：招到不算完成，能招到还要能用上，才算闭环，才算完成。

②交期与质量意识：定计划，定时间，按时交付；明确标准，保质保量。

③标准与风险管控能力：通过构建面试标准+任职资格标准+风险预测评估体系，达到人才招聘即选人的精准度及客户满意度。

④多元化渠道与资源：熟知和掌握线上线下各类渠道、特征、匹配，每一类人才都有与之匹配的招聘渠道分析与设计，并将新媒体招聘逐步作为主流渠道与方式，如微信招聘、视频招聘、网络平台招聘等。一个现代招聘专家必须是一个拥有广泛人脉资源与渠道的资源整合专家。

一、闭环意识与落地

招聘工作者首先要自己具备这个意识，即自己招到的人，自己要关注他的发展。并就此推动与其他模块的整合效能与价值提升，最终会更好地达到客户满意。

招聘工作者还要把这种意识在人力资源内部和外部组织做沟通、交流，并逐步取得认同和支持。

在适当阶段与状况下，可以把新人流失率指标与自己一起，同时挂给高流失率的部门、挂给 HR 其他紧密关联模块，促进人的进步与发展，一起改变其组织氛围与环境，一起改变其意识与行为准则。还应该组织每一个试用不合格的分析交流，总结改善原因，备忘书面化改进目标。

二、内部客户满意度：交期质量

（一）制订详细的时间计划、渠道计划、分工计划（甘特图表法）

（二）确定客户需求与标准，确定任职资格与标准，交付内部客户评审

（三）用数据说话，用指标评审

定期固化通报：招聘计划达成率、招聘及时率、空/缺岗延误天数、招聘到岗率、在编率。

新人流失率、招聘合格率（试用转正）、招聘人才客户满意度（绩效、配合、成长）。

（四）限时招聘：对长期滞后延误或者紧急岗位，进入限时招聘机制

三、面试程序及技巧

面试只有一个目的和目标：选对人，减少风险；换句话说，就是以最佳方式获取风险最小、最匹配的人，不需要太复杂。

（一）面试程序

1. 简历筛选，面试计划

2. 初试与测评

3. 复试（深度面试）

4. 背景调查

5. 意向与录用条件确认

6. 入职通知与试用计划

（二）面试的几种方法和技巧

1. 单一面试

单一面试指同一时间只有一个应聘者的面试。面试的环境是在会议室等较安静的场所，关闭手机，避免干扰。座位摆放图如图 9.8 所示。

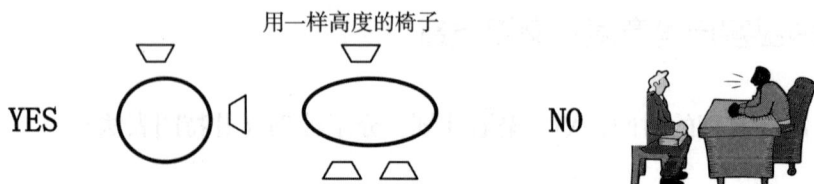

图 9.8　面试时座位的摆放图

开场：建立融洽的氛围

（1）目的：初步相识，让应聘者感到自然、友好与礼貌，同时为公司建立良好的形象。

（2）内容：

①欢迎应聘者，并核对是不是约见的人；

②询问应聘者较轻松的问题，如来公司的路途是否顺利等；

③自我介绍与介绍其他面试者，并简单介绍面试程序。

（3）时间：2~3分钟。

核心：提问与考核

（1）目的：按照准备好的面试程序，考核应聘者与工作相关的经验与能力。

（2）内容：分两部分。

①了解/核实背景；学历，户口；工作经历，职位发展及具体时间；与工作相关的组织结构图；具体职责；离职原因；应聘动机与期望薪水。

时间：大约为整个面试时间的30%。

②考核个性品质、能力与资质：询问以个性品质、能力为基础的问题；用过去的工作事例预测将来的工作方式、业绩；根据STAR原则（Situation情境，Task任务，Action行动，Result结果），询问完整行为事例；总结具有的资质并分类分级。

时间：大约为整个面试时间的50%。

（3）注意事项。

①保持目光接触并仔细聆听。

②多听少讲：把70%的时间留给应聘者发言，因为如果面试者讲得越多，得到的信息就越少。

③恰当使用各种询问技巧。

④用STAR原则，跟进问题。

⑤做记录。

⑥避免对应聘者的回答发表个人意见。

⑦当应聘者滔滔不绝时，适当打断，控制回答的方向。

⑧观察应聘者的身体语言。

⑨时间控制。

收尾：介绍公司与回答应聘者的问题

（1）内容。

①公司与职位简介，如时间有限，提供公司简介给应聘者。

②让应聘者提问。

③检查是否有疏漏的问题。

④向应聘者说明下一步面试时间或结果通知。

⑤再次感谢应聘者的时间与对公司的兴趣。

如："今天为第一次面试，在综合评估后，我们会于一周内通知复试者，由于本次应聘人员较多，对未能通过初试的人选，恕我们就不再一一通知了。再次感谢您的时间与对本公司的兴趣。"

（2）时间：5~10分钟。

面试后：及时评估

（1）目的：比较应聘者的综合素质，选择2~3位应聘者复试。

（2）内容：完成面试记录，填写面试评估表。

2. 集体面试

集体面试指多个应聘者同时参与的面试。

（1）优势。

①快捷，可迅速淘汰不合适人选。

②比较性强。

③公平，即兴问题可减少因事先的准备带来的差异。

④新颖，恰当的集体面试可使应聘者对公司留下较深的印象。

（2）适用职位。

①对应聘者个人素质要求高于对其学历与经历要求的职位，如：销售人员。

②初级职位，如：前台，培训生。

③应聘者很多的职位：如：招聘应届大学生。

（3）面试方法及过程。

人力资源招聘负责人与用人部门直线经理共同进行（至少2个人），以保证初选的准确性。集体面试以5~6人一组为宜，在电话预约时，必须向应聘者说明公司将采取集体面试方式，经应聘者同意后方可确定面试时间。集体面试应在会议室中进行，配备白板及水笔，并为每人准备纸笔以便记录。桌子摆成长方形或椭圆形为宜，应在每人桌上摆放公司简介。一组面试以1小时左右为宜。座位摆放如图9.9所示。面试过程见表9.3。

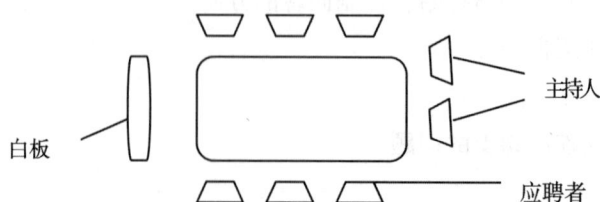

图9.9 座位摆放图

表 9.3 　　　　　　　　　　　　面 试 过 程

顺序	内容与形式	执行者	时间
1	欢迎应聘者	人力资源负责人	3 分钟
2	简单介绍公司，面试者及招聘职位的工作职责		
3	介绍集体面试的步骤与时间，包括： 自我展示（自我简介、演讲） 信息交流（自由发言与辩论等形式）		
4	自我展示：让应聘者站到前面白板前进行演讲 题目设计： • 事先准备问题库，让应聘者抽取题目回答 • 统一出一个题目，让应聘者准备好后回答 注意事项： • 当一位应聘者演讲时，鼓励其他人可随时提问，共同探讨以观察各位应聘者的挑战性 • 解释讨论或辩论题目，说明本讨论题本无正确答案，希望大家发表独特见解 • 鼓励应聘者使用道具：白板、纸、笔等	应聘者	每人 5 分钟
5	信息交流：应聘者自由讨论或辩论 目的：观察应聘者的主动性、自信度、逻辑分析能力、沟通能力、说服力等。 题目设计：设计与应聘工作较相关的题目，让大家讨论或分正反方辩论	应聘者	15 分钟
6	回答应聘者的问题	人力资源负责人	10 分钟
7	感谢应聘者各抒己见	人力资源负责人	
8	说明下次面试的通知时间，并解释大家表现得都很出色，是一次难得的交流机会。未通知复试者，并非说明条件次之，只是公司只选择最适合者	人力资源负责人	5 分钟
9	再次感谢应聘者对公司感兴趣并利用宝贵时间参加面试，并让感兴趣的应聘者带走公司简介及产品介绍，面试结束时，面试者应起身相送，再次感谢应试者应试	人力资源负责人	

3. 情境/场景模拟

情景面试应用于人才选拔是基于心理学家勒温的著名公式：B＝f（P×E）。这个公式的意思是：一个人的行为（behavior）是其人格或个性（personality）与其当时所处情景或环境（environment）的函数。换句话说，候选者面试时的表现是由他们自身的能力和当时面对的情景共同决定的。如果考官能够恰当地选择情景并保证情景对不同候选者的一致性，那么，不仅可以诱发候选者的相应行为，而且能够说明候选者行为的不同是其能力不同所致。

（1）面试设计的步骤。

①对某一职位进行有系统的工作分析，寻找出工作重点及导致成功的核心能力；

②根据工作重点设计假设情境；

③以开放式的问题让目前从事该职位的优秀员工回答，作为评价的标准参考；

④让应聘者在规定时间内回答假设情境问题，并根据评价标准评估；

⑤应聘者回答情境问题时，由至少2人参与评价。

（2）种类及举例。

①角色演练：面试销售人员时，面试者可扮演一刁难的客户，让应聘者推销产品。

②编写工作或项目计划：将一典型项目背景介绍清楚，让应聘者做项目计划。根据公司背景与部门任务，制订3个月内工作计划并说明原因。

③案例分析：事先准备一篇文章或一段录像，让应聘者看后做案例分析。

例如：有人说管理有两个黄金法则：

a. 人类的行为总是向受鼓励的方向发展；

b. 人类的行为总是在自己尊重的人面前表现得更为完美。

请问：您同意这两个法则吗？请结合自己过去的实际谈谈如何把这两个法则用在您的工作中。

时间：10分钟。

④无领导小组讨论。

即在没有主持人的情况下，通过让几个应聘者共同完成一项与职位相关的具有一定难度的任务，来考察应聘者在团队活动中的角色与能力。一般适用于面试管理人员，可以考察管理者的影响力、决策力、分析能力、应变能力等。为了保护应聘者，小组成员可以由公司员工扮演。

四、面试官应特别注意避免的面试错误

面试是面试者和应试者双方进行沟通互动的过程，在这一过程中面试者应努力避免以下常见的面试错误影响对应试者进行客观公正的评价：

（一）首因效应

个体在信息加工的过程中，首次获得的信息对印象的形成起很大的作用。这就是首因效应。先入为主留下的印象是深刻的，但往往也是片面的和表面的。主试者通常在面试开始前的几分钟就对候选人做出判断。随后的面试通常并不能增加改变这一决定的信息。

（二）晕轮效应

也称光圈效果。晕轮效应是一种影响个人无意偏见的心理因素。个体对他人的认知判断主要是根据个人好恶得出的，然后再从这个判断推论出认知对象其他的品质。如果认知对象被个体表明是好的，就会被一种好的光圈笼罩着，并被赋予一切好的品质，反之亦然。晕轮效应以点概全，是一种十分普遍的无意认知偏见。通常，主试者受不利信息的影响要大于有利信息的影响。

（三）刻板印象

刻板印象是指社会上对于某一类事物产生一种比较固定的看法，也是一种概括而笼统的看法。比如人们常说的"物以类聚，人以群分"。在日常生活中有些刻板印象与职业、地区、性别、年龄等方面有关。社会刻板印象普遍存在于人们的意识中，人们不仅对曾经接触过的人会形成刻板印象，即使是从未见过面的人，也会根据间接的资料和信息产生刻板印象。

（四）雇佣压力

当主试在需要雇佣较多求职者的压力下时，进行的面试可能就会很糟糕。

（五）非言语行为

作为一名主试者，可能还会受到求职者的非言语行为的无意识的影响。有研究表明，表现出更大量眼接触、头移动、微笑以及其他非言语行为的求职者得到的评价更高。

五、基于胜任力的面试提问

（一）战略与竞争意识

（1）请您举例说明您当前/之前所服务的公司战略和您所领导的团队完成的工作目标之间是如何影响的。

（2）请您举例说明您如何判断自己的日常工作是否做得出色。

（3）请您举例说明您是如何在您领导的团队内制订重大的业务决策的。

（4）请您举例说明您在制订团队目标的时候综合考虑了哪些因素。

（5）您对您服务的公司所处的市场现状和发展趋势有什么看法？基于这些看法，您在工作中已经和将要进行怎样的应对行为？请举例说明。

（6）您了解到目前您公司的竞争者正在采取哪些措施来与您所在的公司展开竞争？

（二）管理与执行力

（1）请举例说明您是如何给下属分派任务的。

（2）请举例说明您在日常工作中最常碰到的阻力或障碍，您是如何面对的。

（3）请举例说明您当前所服务的公司或部门里遇到的最大困难或任务，您是如何面对的。

（4）您最近一次为自己的团队制订了一些怎样的工作目标？您是如何衡量这些工作目标的实现情况的？

（5）您所接手的最具挑战的工作是什么？您将如何评价这项工作的完成情况？

（6）请举例说明您在无法完成原定目标或按原定标准完成工作的情况时的想法和具体做法。

（三）团队与沟通配合

（1）您所在的部门目前面临哪些主要的业务问题？为什么这些问题还没有被解决？

（2）请举例说明当您的个人意见和公司或上级决定不一致时，您是如何处理的。

（3）请举例说明在团队外部因素影响您的团队整体工作绩效情况时，您是如何处理的。

（4）您在公司外的主要合作者主要是哪些？请具体描述一下您是如何处理和他们之间的关系的。

（5）您和您的同事在工作上的沟通方式有哪些，他们给您提的最多的意见是什么？

（6）请谈谈您是如何了解竞争对手及相关领域的情况的？

（7）外界成功的业务经验和模式对您改进自己工作的有多大的影响？请举例说明。

（四）问题意识与创新变革

（1）您觉得自己当前服务的公司或团队中最需要改变的是什么方面？您对此做过些什么？

（2）与您的前任比较，您和您的团队现在的工作方式与从前有什么变化？这些变化是怎样发生的？

（3）请举例说明您在工作中最擅长的领域和曾取得的业绩。您认为您取得成功的关键因素是什么？

（4）请举例说明您在压力下是如何工作的，影响您工作的因素有哪些。

（5）请举例说明是否因为您的工作而影响了您周围的人对您所从事工作的态度。

（五）责任心与品德

请介绍家庭成员情况，父母生日，家用与主要困难、矛盾；长辈的身体与养老问题、观点与实况等。

六、面试的"十大必考题"

面试时，有几个问题是公司面试人员常常会提出的，针对这些问题好好准备，在面试时也就不会哑口无言、无言以对了，下面就面试十大必考题做出分析：

（1）为什么想进本公司？

（2）喜欢这份工作的哪一点？

（3）自己的优缺点为何？

（4）对公司的了解有多少？

（5）对工作的期望与目标何在？

（6）为什么要离职？

（7）选择这份工作的原因为何？

（8）你认为相关产业的发展为何？

（9）你希望的待遇为多少？

（10）在工作中学习到了些什么？

七、分享一些面试工具

附件一："人才招聘时的性格测评"试题与答案

在公司里，不同岗位的人，需要不同性格的人，比如，营销、公关岗位的人，应该选择外向型人才，而科研开发则应该选择偏内向型的人才。

本测试正是为这种人才选择提供依据的。

测试题目

以下是 60 个测试题目，每题都有"是"、"不能确定"、"不是"三种答案。

A 卷题，答"是"计为 0 分，"不能确定"计 1 分，"不是"计 2 分；

B 卷题，答"是"计为 2 分，"不能确定"计 1 分，"不是"计 0 分；

请你以最快速度回答完毕，并统计 A、B 卷合计总分。

测评结论

A、B 卷合计得分 90 分以上，是典型的外向性格；

A、B 卷合计得分 71~90 分，是稍外向性格；

A、B 卷合计得分 51~70 分，是外、内混合型性格；

A、B 卷合计得分 31~50 分，是稍内向性格；

A、B 卷合计得分 30 分以下，是典型的内向性格。

性格测评试题 A 卷

时间：考试时间为 15 分钟

规则：答案直接写在试卷上

应聘职位：＿＿＿＿＿＿＿＿　　应聘人姓名：＿＿＿＿＿＿＿＿

应聘部门：＿＿＿＿＿＿＿＿　　答题日期：＿＿＿＿＿＿＿＿＿

（1）当你站在大庭广众面前时，你会感到不好意思。

（2）你愿意一个人独处。

（3）与陌生人打交道，你感到不容易。

（4）当你遇到不快乐的事情时，你能抑制感情，不露声色。

（5）你不喜欢社交活动。

（6）你不会把自己的想法轻易告诉别人。

（7）对问题，你喜欢刨根问底。

（8）你凡事很有主见。

（9）会议休息时，你宁肯一个人独坐也不愿同别人聊天。

（10）当你遇到难题时，你非弄懂不可。

（11）你不善于和人辩论。

（12）你时常因为自己的无能而沮丧。

（13）你常常对自己面临的选择犹豫不决。

（14）你喜欢把自己拿去和别人比较。

（15）你容易羡慕别人的成绩。

（16）你很在意别人对你的看法。

（17）在发现异常现象时，你容易产生丰富的联想。

（18）你总是把家里收拾得干干净净。

（19）你做事很细心。

（20）你十分注意维护自己的信用形象。

（21）你信奉"不干则已，干则必成"这一格言。

（22）拿到一本书，你可以反反复复看几遍。

（23）你做事情大多有计划。

（24）你在学习时，不容易受外界干扰。

（25）读书时，你的作业大多整洁、干净。

（26）一旦对人形成一种看法，你就不会轻易改变这一看法。

（27）你不喜欢体育活动。

（28）在买东西前，你总要比较估量一番。

（29）遇到不愉快的事情，你会生气很长时间。

（30）你常常担心自己会遭遇失败。

性格测评试题 B 卷

时间：考试时间为 15 分钟

规则：答案直接写在试卷上

应聘职位：_____　　应聘人姓名：_____

应聘部门：_____　　答题日期：_____

（1）你总是对人一见如故。

（2）你喜欢表现自己。

（3）开会时，你喜欢坐在显眼的地方，以便更容易被人注意到。

（4）你在众人面前总是能爽快地回答问题。

（5）你愿意经常和朋友在一起。

（6）逛商店时，你只要认为是好东西立即就会买下来。

（7）对别人的意见，你很容易接受。

（8）你喜欢高谈阔论。

（9）决定问题时，你是一个爽快的人。

（10）常常不等别人把话讲完，你就觉得自己已经懂得了。

（11）当遇到挫折时，你不轻易丧气。

（12）碰到高兴事时，你极容易喜形于色。

（13）对别人的事情，你不太注意。

（14）你喜欢憧憬未来。

（15）你相信自己不比别人差。

（16）你不太注意外表。

（17）即使做了亏心事，你也会很快遗忘。

（18）你自己放的东西，却常常不知在哪里。

（19）对于别人的请求，你总是乐于帮助。

（20）你总是热情来得快，消退得也快。

（21）你做事情更注意速度而不是质量。

（22）你不习惯于长时间看书。

（23）你的兴趣广泛，但经常变换。

（24）在开会时，你喜欢同人交头接耳。

（25）答应别人的事情经常会忘记。

（26）你容易和人交朋友。

（27）对电视中的球赛节目，你非常感兴趣。

（28）你不看重经验，不惧怕从来没做过的事情。

（29）当你做错了事，你很容易承认和改正。

（30）你容易原谅他人。

附件二：××××股份有限公司

面试测评表

HR-103

填表日期：

应聘者姓名		应聘职位 1			可选职位 2	
测评项目 （由 HR 与用人部门测评给分；最小可以 0.5 为单位）		评 定 等 级				
		A-优 9-10	B-良 7-8	C-好 5-6	D-一般 3-4	E-差 0-2
仪表、仪态，行为规范（10）						
专业知识技能的掌握（10）						
工作经验与应聘职位的关联程度（10）						
沟通表达、分析判断、应变能力（10）						
增值贡献潜力与可塑性（10）						
适应职位环境程度	求职动机、兴趣（10）					
	对工作环境的适应（10）					
	对待遇福利的期望（10）					
性格与岗位的相适度（10）						
成功案例或指定课题准确相符性（10）						
初评左侧，复评右侧；合计分数，AE 频次		初评	A E	复评	A E	

综合评价	HR 中心	评价（着重性格、经验、求职驱动、综合素质、风险、价值等测评结果）		
	面试官		面试决策	□建议录用　□重点推荐复试 □储备　□不予考虑
	用人部门	评价（着重专业技能、知识、适配度、贡献与增值度等）		
	面试官		面试决策	□予以录用　□加强复试 □储备　□不予考虑
	公司高层领导	评价（最终裁定，包括预定薪酬）		
	面试官		面试决策	□予以录用　□储备　□不予考虑 通知：　年　月　日报到

备注：1. 本表为"应聘/入职资料表"附件，主管（含）以上级别须附此表，面试时必须提供给面试官记录，为录用是否提供较为科学直接参考依据，随后一并存入档案备审。2. 相对参考标准：60 分以下一律不予录用，60~70 间重点追踪引导试用，70 以上正常录用，90 分以上可破格录用，特情特批，异议以最高职位裁决为准。3. 每次面谈薪资意向需备注，便于最终定薪参考。4. 月薪 1 万元以下可备注，月薪 1 万元以上另行记录说明。

第五节　员工关系管理

一、现代员工关系管理的主要目的

（一）全员参与：文化+激励驱动

通过强大完整的文化价值体系建设和多元化多样化及时性的激励机制，驱动员工的参与和投入度，是企业制胜的保证，而现代员工关系管理的主要目的就是使企业在竞争中赢取胜利，良好的员工关系管理能够极大增强企业的竞争优势。

（二）组织氛围：包容、欣赏、多元

"90 后"的特征与关键词是：个性、时尚、多元；"10 后"可能还要加上自我、自

由，很多企业在文化与员工关系管理上，还是过多和重点强调统一性和单一性，或许存在一定时代风险。并不是说军事化和严格不对，而是说没有自发的严格律己，强压与填压式的文化价值可能会越来越具有两面性和不容乐观的收效。

反复分析了很多案例发现，其实最影响员工关系管理的并非制度、文化，而是组织氛围的性格导向。例如，一个企业一直处于高压状态，可想而知导致和造成员工不敢讲真话、不敢讲实话；两面与假和谐的员工，员工关系一定是复杂、内耗、不团结的。新人不能存活，老员工缺乏斗志，管理者拉帮结派，高管斗智斗勇，凝聚力、向心力、主人翁精神丧失，团队、组织绩效、正能量等一定是缺乏的。

谈何竞争？谈何创新？谈何增长？谈何持续？

我们提倡一句话，让企业重新定位自己的组织氛围血统调：人品为钻，价值匹配，同心同德，战略同行；绩效为钢，适配为才；多元文化，包容欣赏，求同存异，目标同行；大浪淘沙，志同道合。

（三）适配价值最大化：不是管人，而是把员工放在价值最大化的岗位

根据员工的能力素质评估与职业发展规划，然后将其放在合适的岗位上，用一个高效的管理者对其实施引导，如果这种管理进行得很成功，就会直接促成员工对工作的投入和敬业，就能引发员工的工作热情；凭着这种热情，员工会用良好的工作态度为公司争取更多的忠诚客户，忠诚顾客的不断增长会直接带来企业利润真正的增长，最终会实现企业的持续发展。

（四）构建企业金字塔，留住关键核心人才

员工管理的有效执行能够保证一系列良好的连锁反应，主要的是能够培养出真正敬业的员工，在以人为本的现代社会，员工的工作态度无疑是企业在激烈的市竞争中脱颖而出的一个制胜关键。

所谓"企业金字塔"包含政策策略、系统流程和人才团队三部分内容，意指企业是由这三大内容搭建而成的。

位于塔尖的政策策略是搭建一家企业的基础，它是指清晰明确的企业发展战略，它可以为企业指明发展的方向；位于塔中的系统流程包含企业是否具有健全的企业组织管理体系、是否具有特别适合企业和国情的管理机制以及是否具有健全、优秀、有效的企业文化；位于搭底的人才团队是最重要的，它指的是企业有没有系统的人才吸引和稳定的计划，吸引到人才后有没有针对部门和个体的发展计划，有没有独特的有效的激励措施可以把核心员工留下来。

二、员工关系管理的内容和技巧

（一）现代的、积极的员工关系管理主要包含内容

劳动关系管理、法律问题及投诉、员工的活动和协调、心理咨询服务、员工的冲突管理、员工的内部沟通管理、工作丰富化、晋升、员工的信息管理、员工的奖惩管理、员工的纪律管理、辞退、裁员及临时解聘、合并及收购、工作扩大化、岗位轮换。

其中的心理咨询服务是现在企业中最时髦、最流行的一种福利，这项福利的产生来源于日益强烈的竞争压力；我们形象地称其为"HR 的政委职能"，这一点上真的可以多多学习借鉴阿里巴巴以及部队。

（二）员工关系管理主要工作内容描述

员工关系管理主要工作有：员工关系管理，员工组织的活动和协调，建立和推广企业文化和民主管理，加强和保证内外部沟通渠道的畅通无阻，及时接待、处理员工申诉，为员工提供有关福利、法律和心理方面的咨询服务，及时处理各种意外事件，员工激励、奖励和惩罚，员工离职面谈及手续办理，员工关系培训和热点问题调研，各项公司内部及活动后的调查、员工满意度活动的组织，员工关系诊断和企业管理审计。

（三）HR 在员工关系管理中的 4 大职能：

1. 做公司的战略伙伴
2. 做公司优化变革先锋
3. 进行专业的基础管理（绩效为核心，激励为闭环）
4. 不断提升员工满意度和雇主满意度

综合观之，四个模块中最难做好的就是不断提升员工和雇主满意度，因为作为人力资源部的员工，面对其他部门的员工时要永远说真话，不能欺骗他们；同时还要维护公司的利益，用自己的感情、用自身的亲和力去打动员工，这些工作对人力资源的员工来说要求可谓很高，工作可谓很有难度。

（四）员工关系管理者的关键技能及训练方法

员工关系管理经理的主要技能：熟知公司文化及价值观，沟通，熟知人性特点，矛盾管理及自我管理能力，了解组织行为学理论及实践（激励理论、组织发展手段、辅导及咨询等）。

训练方法：培训、自学、参加 HR 协会、参与相关项目。

三、员工关系管理的基本管理：劳动关系管理

（一）劳动关系

劳动关系是指劳动者与所在单位之间在劳动过程中发生的关系。所谓关系是指企业所有者、经营者、普通职工及其工会组织之间在企业的生产经营活动中形成的各种责、权、利关系，主要包括所有者与全体职工（包括经营管理人员）的关系；经营管理者与普通职工的关系；经营管理者与工会组织的关系；工会与职工的关系。

劳动关系主要包含主体、客体和内容三个要素：主体是指劳动法律关系的参与者，包括劳动者、劳动者的组织（工会、职代会）和用人单位。客体是指主体的劳动权利和劳动义务共同指向的事物，如劳动时间、劳动报酬、安全卫生、劳动纪律、福利保险、教育培训、劳动环境等。内容是指主体双方依法享有的权利和承担的义务。

（二）我国劳动关系现状

劳动关系基本趋向：当今劳动关系的基本趋向是心理契约与法律契约共存，劳动争议的特点如下。

1. 劳动争议案件数高速增长

2. 国有企业的劳动争议少，合资企业、家族企业、民营企业的劳动争议非常多，且呈几何级的速度递增

3. 劳动者的申诉率高、胜诉率高

4. 沿海和南方经济发达地区劳动争议案件明显多于经济相对落后地区

5. 在劳动争议案件处理中，依法裁决的比重逐渐加大了，按关系裁决慢慢萎缩

（三）解决劳动争议的基本原则

遵循调节和及时处理、合法、公正这三个主要原则。在这三个原则中，最重要的是及时处理原则，也就是热炉原则，即一定要趁着事情正在发生的时候赶紧解决争议，因为劳动争议是拖不得的。

（四）如何提升员工劳动关系管理能力

1. 法律问题研究和支持

公司内负责员工关系管理的人员必须通过学习来进行法律问题的研究，以自身对相关法律问题的掌握为员工以及自己的实际工作提供有力的支持。对法律问题的研究和支持主要包括：加强劳动法、工会法等法律的研究和学习；熟悉法律（如环境保护、社会保险、

民事诉讼法等）；组织专题研究（如何支持兄弟企业、分公司等）；员工个人问题的处理。员工的个人问题会直接影响到生产力，所以一定要帮助员工处理好个人问题，诸如离婚、家庭暴力等；员工违法问题处理；意外事故处理（交通安全、食物中毒、意外伤害）；协助公安机关调查；为员工提供各项法律文件（结婚、申请职称、购房、开介绍信、公证等）。

2. 员工投诉程序

第一种投诉程序是从职员到直接主管到部门经理再到部门总监和公司领导；此程序是直上直下的，从自己的直接领导一层层向上投递，这种程序往往很差，因为以这一路线投递的员工抱怨往往会由于高层领导对事实不了解而无疾而终甚至反而责难于员工。这种结果会使碰过壁的员工对公司失去信任感，从此一言不发、消极怠工、发牢骚，甚而做出跳槽、破坏机器等恶意的报复行为。

第二投诉程序则是由职员至公司人力资源部或评审团再到公司领导，走的是曲折路线，即将投诉通过第三方转发给公司高层，第三方一定是站在所有部门之外，如人力资源部的经理或者是负责员工管理的人员，最好投诉给人力资源部带领的一个小小的评审团。因为这是一个小组，这个小组是由不同部门的员工组成，无论如何，投诉给一群人要比投诉给一个人的感觉好得多，这样可能更有把握获得公平的评审结果。

3. 建立健全企业工会组织

工会组织是依法、合法的，一般小企业不在乎这些工作。但是，一旦建立工会组织。员工关系的管理，特别是企业规章制度的合法性、公正力、权威性，都是可以受到法律保护和支持的。换句话说，企业在出台规章制度以及遇到员工关系纠纷的时候，就有足够的沟通、协调回旋余地和主动权。

4. 规章制度合法化

很多企业不知道，企业的规章制度原则上是要经过以下合法、公证力程序的：经过工会通过、经过员工代表会通过。所以，这些基本程序可以保障雇主权益。

5. 丰富员工活动

组织和协调员工生活的方方面面，组织和协调员工活动主要秉承一个原则——组织的任何活动都要与公司的经营目标挂钩，而且能让员工明确认知活动的真正目的。切忌为了活动而组织活动。

做好各阶段、不同频次的活动规划与设计、组织。比如：工会福利活动、开展员工文化娱乐活动、组织丰富多彩的体育活动、亲子与家属参与的活动，以及技能比武等竞技竞赛活动。

四、员工的内部沟通管理

（一）沟通的定义

沟通是为了设定的目标，把信息、思想和情感在个人或群体之间的传递，并达成共同协议的过程。沟通强调的是一种双向性，强调的是双方共同的交流。

（二）沟通网

沟通在我们的日常生活中是最平常的，同时也是最重要的事情之一。就一个员工而言，经常需要沟通的对象非常多，包括行政部、人力资源部等相关的同事、老板、家人、朋友等。

（三）沟通的复杂性

一个人要与那么多人保持沟通，这充分说明了沟通的复杂性。正因为沟通很复杂，所以沟通也很容易出错，对企业来说，人员关系错综复杂，为了避免出错，一定要采取有效的预防性管理，这是内部沟通需要解决的一个关键问题。

就以喜欢和在意这两个词来说，如果你同时问几个这两个词究竟哪一个距离爱更近，大家的回答就不尽相同，尤其是对一些公司来说，往往出现公司管理层一厢情愿做出的决定并不能反映员工的真实想法，这就是沟通不畅的一种表现，所以，要正确认识沟通，要正视沟通的复杂性。

（四）沟通漏斗

沟通漏斗说明的也是沟通的障碍性。沟通漏斗是将沟通的过程比作一个漏斗，它是一个逐渐将主要内容遗失的过程。

假定一个人心里想的是 100%，他嘴上说出的可能就是 80%，别人听到的就只有 60% 了，而别人根据自己的文化背景真正听懂的可能只有 40% 了，等到别人按照自身的理解将其转化为行动之后，只有残余 20% 了。

（五）高效沟通的原则和技巧

1. 高效沟通的 "7C" 原则

（1）complete（完整）。

要求在沟通中，双方务必将自己要说的内容说得完完整整。

（2）concise（简明）。

强调沟通要简洁，越短越好，越简单越好，这样才能保证对方听得清楚。

（3）considerate（体贴）。

（4）concrete（言之有物）。

强调在沟通中要有事实、有证据，沟通中最怕的是对人不对事，最重要的就是对事不对人，因为对人有时会打击他人的人格，所以要求沟通要言之有物。

（5）clarity（清晰）。

沟通切忌含糊其词、唯唯诺诺，这样只会使沟通漏斗漏掉的内容更多，在企业沟通中这一点是最致命的。经理和员工的冲突经常是因为沟通不清晰造成的，表述得越清晰，越不容易出错。

（6）cortsey（礼貌）。

员工和老板其实也是一种互为对方客户的关系，所以，互相服务当然要求礼貌。其实，在公司工作从某种程序上说很像在演戏，它要求每个人都要带着一定的面具，要讲礼仪，说话有技巧、有分寸，这与在家里的状态是很不相同的，这就是所谓的沟通要有礼貌。

（7）correct（正确）。

强调沟通信息的正确性，一定要把正确的信息传达给员工，千万不要误导，尤其是管理层在与员工沟通的时候，千万不要因为信息的错误而致使员工误解了原本的意思。

（六）加强公司内部沟通交流的"葵花宝典"

坚决制止小道消息与谣言，及时公布公司政策、通知，积极组织各类推广企业文化的活动，及时反馈和处理员工的投诉或建议、电话、邮件，加强对公司内部网的管理，定期组织沟通会听取员工意见，切实做好员工辞职、离职时的面谈，定期计划和组织员工调查，定期组织员工与高层的见面畅谈会，适时组织公司的大会，为员工提供咨询服务，加强管理人员的培训，开展丰富多彩的员工文化、体育、娱乐活动，及时表彰优秀员工，加强与外地公公司的联系，办好内部期刊，加强与员工家属的联系，邀请员工家属的参与式管理，加强与外部供货商的联系和业务协作单位的联系。

五、员工的纪律管理

（一）纪律处分的程序

员工关系管理的一个重要的相关职能是员工的纪律管理，当员工触犯了公司纪律时，公司的有关部门就要遵照一定的程序对其实施处罚。在实施处罚时首先需要明确设置纪律处分程序的两个要点：第一，在进行处分前一定要向员工明确什么样的情况下会被处罚；

第二，处分时要将完全不归咎于员工、不由员工控制的责任提取出来。在明确了设置纪律处分程序的两个要点之后，就要了解纪律处分的具体程序。

（二）建立并公示宣贯规章制度

在建立规章制度之前要让员工了解为什么要建立这样的规章制度，让员工认同这些规章制度。具体的规章制度包括员工手册、员工的行为规范、纪律处罚条例等成文的制度。

1. 向员工说明规章制度

向员工说明规章制度这一步骤是纪律处罚程序中最重要的，无论是在新员工培训的时候还是在部门经理会议上，要将规章制度的具体内容和要求告知新老员工。只有在大家不断知情、不断被提醒的时候，公司才可以用这些制度去处罚员工。

2. 观察员工的表现

向员工说明了规章制度以后，接下来要做的就是不断观察员工的表现，并且经常给予反馈。经理要告知员工怎么做是不对的，怎么做是对的，怎么做可能违反了哪一条规定，经理需不断提醒、不断反馈，如果员工依然犯错误，才可能对其实施惩罚。

这种提醒过程非常重要，中层经理的执行权益力中包含这样一条规定——你指导员工不断的反馈，如果员工依然做不到你才能惩罚他或辞退他。

3. 表现与规章制度相比较

在实施惩罚前，还要将犯错员工的表现和成文的规章制度作对比，比较二者是否相差很多，差距表现在什么地方，这样可以为下一步骤的实施提供有力的依据。

4. 实施恰当的处分

如果员工的行为背离规章制度很远，就要遵照规章制度对其实施恰当的处分。处罚结束并不意味着真正的结束，这个纪律处分程序其实是一个封闭的循环，所以，处分结束后要进行再次说明、再反馈、再对比，如果还是不行，只能再处分。

（三）纪律处分的方式

1. 热炉原则

所谓热炉原则是指员工一旦犯错，一定要飞速给予反馈，也就是要趁着炉火没灭，燃烧的时候，提出警告并给予惩罚，这种惩罚不能受个人情感左右，强调的就是趁热打铁。这种处分方式的最大好处就在于能令员工深刻记忆。

2. 渐进的纪律处分

渐进的纪律处分强调的是一点一点渗透、一点比一点厉害，它的目的在于确保对员工所犯的错误施以最轻的惩罚。也就是能惩罚轻的时候，绝不采取更重的措施。

3. 无惩罚的纪律处分

无惩罚的纪律处分在国外比较常见，现在在国内还不是很流行。它是指当员工犯错误的时候，公司采取的策略是对其既不警告也不处罚，而是给其一段时间无薪休假，比如三天或者一个星期，让员工在家里自我反省"我还愿意遵守规章制度吗？我还愿意继续为这个公司工作吗？"如果不愿意休假结束后他就会主动辞职了，如果愿意，就要自己向公司承诺以后不再犯类似的错误。

这种惩罚方式的高明之处就在于一旦员工自己做出承诺，其实比经理盯着的效果要好得多，从而也就变相达到了惩戒的目的。

（四）纪律处分的实施难题

纪律处分在实际工作中实施起来有很大的难度，许多实施者尤其是中层经理如何对员工实施处分深感困难，甚至非常害怕用纪律去处分员工。所以，往往能听到这样的话语"给你处分可不是我的提议啊！我告诉你是人事部干的，我替你说过好话"。尤其是对于那些技术人员来说，处罚员工会令他们担心浪费时间和失去友谊。于是，经常采取拖延战术来躲避惩罚员工。

实际上，以上难题可以通过对中层经理的培训来解决问题。培训的主要内容就是沟通的技巧，沟通技巧中最关键的是培训说话的技巧和听话的技巧。因为纪律处分主要涉及的就是说和听，还要培训中层经理的非权威性影响力和说服力，设法让员工心甘情愿地领受处分。

六、员工的冲突管理

（一）冲突的定义

企业组织中的成员在交往中产生意见分歧，出现争议、对抗，导致彼此间关系紧张，称该状态为冲突。

（二）冲突的类型

冲突可以分为有效冲突和有害冲突：

1. 有效冲突

有效冲突的形式是大家集思广益，把自己的远见表达出来，可能有中间的冲突，但是越冲突，主意越多。否则，压抑怒气反而酿成极端反应。而有效冲突能够增加内聚。两大集团的有效冲突可以表现它们的实力，并最后达到权力平衡，以防无休止的斗争；可促使其联合，以求生存，或对付更强大的敌人，或联合垄断市场。

2. 有害冲突

有害冲突是组织中具损害性的或阻碍目标实现的冲突。管理者必须消除这种冲突。有效冲突也可转化成有害冲突。有害冲突不仅能使人力、物力分散，凝聚力降低，而且还会造成人们的紧张与敌意，降低对工作的关心度。

总而言之，看待冲突要一分为二，冲突不多，就不利于团队和组织的改善提高，不利于适应新环境；而冲突太多太大时，则会引起混乱和组织的生存危机。

（三）引发部门和员工之间冲突的部分原因

能够引发部门和员工之间冲突的原因很多，正如前文所示，目标、时间、工作性质、地缘、组织分工背景的差异以及缺乏沟通、争夺资源、团体意识都能导致冲突的发生。

（四）冲突的二维模型

冲突其实存在一个二维模型，也就是人们有五种冲突方式：暴力竞争型、回避型、协作型、适应型、妥协型。

（五）冲突的解决技术：职权控制法、公开矛盾、利用第三方

第六节 工作管理

人，到企业来是干什么的？归根结底：来工作的，HR 不把员工的工作管理作为第一要素之一，研究透、管理好，那叫什么人力资源管理呢？所以，让我们百思不得其解的是：为何六大模块没有工作管理模块？

工作管理包括工作标准管理、目标计划管理、信息与评审管理三大块，具体又可细分为：工作研究、工作标准、工作计划、工作执行、工作信息、工作总结、工作评审、工作改善、工作技巧，这些节点构建了工作管理的闭环，这就是准确的科学的工作管理。

做好工作管理，没什么技巧，照着这几条做即可：

①学会工作调研与分析；

②抓住工作目标与重大事项、KPI；

③学会拟定工作计划、学会分工；

④学习工作标准、传授教导工作方法；

⑤快速反应、立即执行、及时检查；

⑥及时准确获取过程及结果信息，统计分析评审；

⑦对结果有说法：积极果断激励。

以下是各环节的知识结构与构成闭环逻辑示意图：

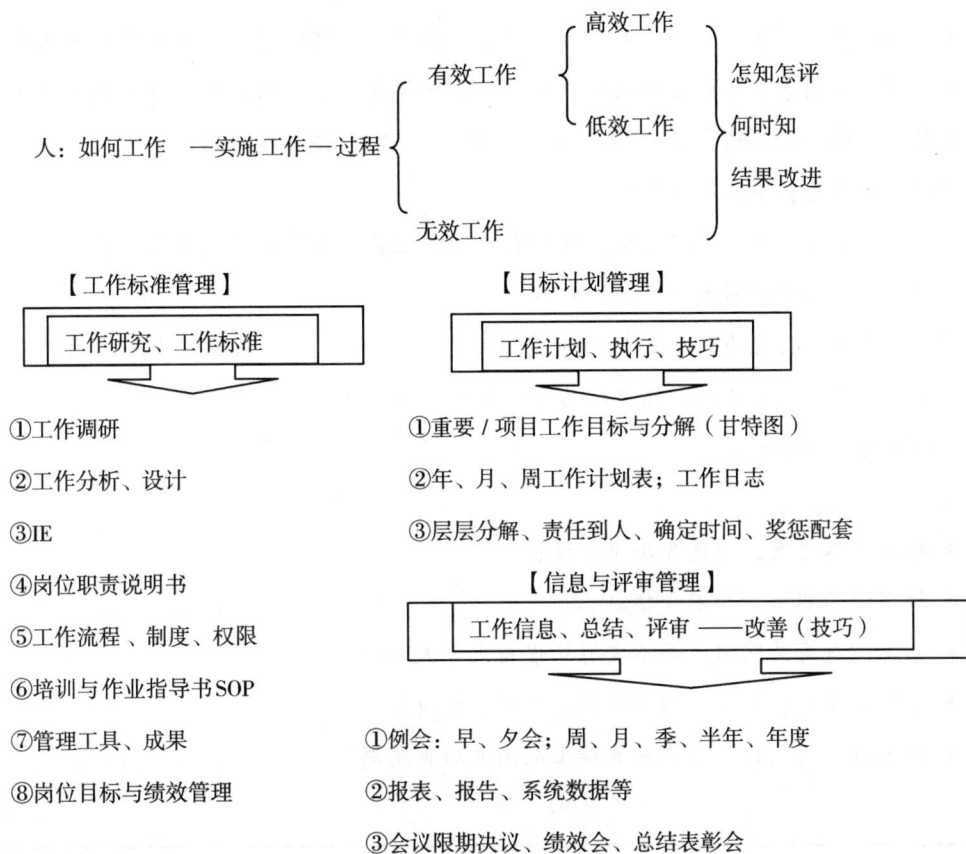

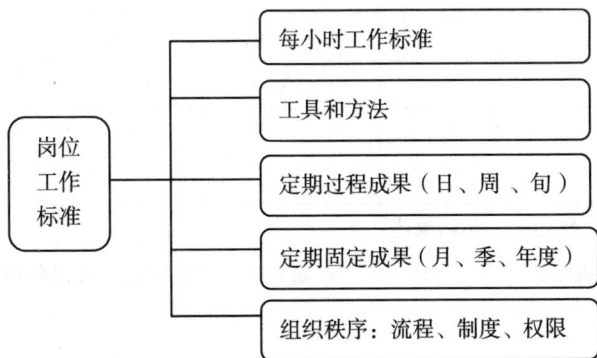

人：如何工作 —实施工作—过程 有效工作 高效工作 怎知怎评
低效工作 何时知
结果改进
无效工作

【工作标准管理】

工作研究、工作标准

①工作调研

②工作分析、设计

③IE

④岗位职责说明书

⑤工作流程、制度、权限

⑥培训与作业指导书SOP

⑦管理工具、成果

⑧岗位目标与绩效管理

【目标计划管理】

工作计划、执行、技巧

①重要／项目工作目标与分解（甘特图）

②年、月、周工作计划表；工作日志

③层层分解、责任到人、确定时间、奖惩配套

【信息与评审管理】

工作信息、总结、评审 ——改善（技巧）

①例会：早、夕会；周、月、季、半年、年度

②报表、报告、系统数据等

③会议限期决议、绩效会、总结表彰会

岗位工作标准

- 每小时工作标准
- 工具和方法
- 定期过程成果（日、周、旬）
- 定期固定成果（月、季、年度）
- 组织秩序：流程、制度、权限

【示例 1：看看我们怎么做】

职位分析调查问卷

说明（填写前请务必详细阅读）：

本问卷调查目的是通过一系列因素的调查，得以了解现时您在公司内的各项职责。

请注意，本问卷收集的是目前职位的情况，而非有关个人的材料，这不是对您工作表现的评估。因此，回答请务必做到：详细、准确，一定不要有所保留或夸大，所提供的回答应当适用于最为典型的通常情况。

在您填写之后，本问卷将转交给您的直属上级主管。主管须认真审核并签字认可，这是为了确保部门内部填写本问卷的一致性。

该问卷的内容将作为岗位分析的重要依据，如果填写人在填的时候发现有遗漏、错误、或其他需要说明的情况，请立即与人力资源中心联系。

感谢您的大力协助。

最后请记住：

- 填写问卷之前，请您先浏览一遍；
- 描述您的职位，而不是您自己。
- 回答所有有关问题，而不要有所保留或夸大其辞。
- 描述与您职位有关的典型情况，而非临时情形。
- 对不确定的项目请与您的直接上级沟通后再填写。

一、基本资料

职位名称		所在公司			
所在中心/部门		公司工龄		岗位工龄	
学 历		专 业		填写人姓名	

二、工作描述

（一）本岗位工作职责概述（一句话概述）

如：调度副主任的职责概述：通过合理的生产计划安排，通过协调、督促各单位生产，实现期望的生产目标

（二）工作职责和任务

备注：请认真、详尽、具体地一一列出您所从事的工作（包括领导交办的或公司组织大型活动时所涉及的临时工作，但请只列出最重要的三项临时工作）

续表

工　作　任　务	占总工作任务量比重（%，约数）	发生频率（次/天或周或月或季或年）
	（　　）%	
	（　　）%	
	（　　）%	
	（　　）%	
	（　　）%	
	（　　）%	
	（　　）%	
	（　　）%	

从以上所列职责中，按重要性高低选出 3~6 项您认为最重要的职责（将序号填入下面的括号内）：

（　　　　　　　　　　　　）

三、工作关系

上下关系	再上一级主管：
	直属上级主管：
	本职位：
	本职直接负责管理的职位及对应任职员工人数 (1) (2) (3) (4) (5) (6) (7) (8) (9) (10) (11)
	备注：请注明职位名称及任职者人数

续表

四、补充建议		
意见和建议	您认为本岗位工作安排有哪些不合理的地方？本部门的工作内容、业务分工、职责划分有哪些不合理的地方？本部门职责与其他部门职责划分有哪些不合理的地方？本公司的管理工作有哪些不合理之处？请指出您的意见和合理化建议	
	不合理处： （1） （2） （3） （4） （5） （6）	改进建议： （1） （2） （3） （4） （5） （6）

直属上级主管签名：＿＿＿＿＿＿＿　　　　审核日期：

【示例2：看看我们怎么做】

×××中心/部门　　　年度工作规划

一、部门使命

部门存在的价值

通常描述：基于……为了……进行/完成/负责……

二、部门价值与职能分析

维度	价值与职能分析		现状与不足	部门三年发展规划		
				2018 年	2019 年	2020 年
部门核心价值创造	股东价值创造	创造销售和利润的价值	对于未能完全发挥其职能作用与价值的地方	本年度拟提升的策略方向	本年度拟提升的策略方向	本年度拟提升的策略方向
	效能提升价值	提升效能产生的财务价值，如提高人均销售收入、提高资产利用等				
	成本控制价值	降低成本方面的价值				

续表

维度	价值与职能分析		现状与不足	部门三年发展规划		
				2018 年	2019 年	2020 年
部门服务的客户（内部、外部）与客价值主张、诉求	关键客户	客户诉求	现状与不足	部门三年发展规划		
				2018 年	2019 年	2020 年
	关键客户可能包括外部客及内部的上、中、下游客户	该类客户对部门的关键诉求是什么	对于满足客户诉求在哪些方面还有提升的空间	本年度拟提升的策略方向	本年度拟提升的策略方向	本年度拟提升的策略方向

三、××××年部门目标与重点支持计划

维度及权重	公司成功关键因素	部门年度目标及目标描述	关键举措	重点支持计划	特别的资源需求
财务	本维度公司战略实现的途径	基于公司成功关键因素，本部门应设置与之对应的目标以实现战略	为实现部门目标所应采取的策略措施	为达成目标，基于关键举措应实施的支持计划	为实现目标、完成计划，除常规资源外需额外增加的资源
客户					
内部运营					
学习成长					

第七节 组织行为管理

人是组织的人，组织是人的组织。人在一起就成了组织，组织里的人，来自五湖四海，各有各的性格、爱好、专长，各有各的行为习惯与逻辑规范。

员工进了企业，好比公民入伍参军来到部队。假若还是各自为政、各有喜好、我行我素，不统一思想、不统一规范、不统一行为、不统一纪律，那肯定是一盘散沙，更加不可能统一价值观、使命与愿景，不可能统一目标，不可能造就高绩效团队，不具备企业最核心的竞争优势与驱动力。

HR要做好人力资源研究开发，以及发展保障。想通过员工自身价值的实现，最终完成对企业效率效益的实现与提升。不做好员工的组织行为研究与管理，不引导员工规范好组织行为，显然是未尽职和无作为的。

一、组织行为管理要做些什么

在人力资源管理领域与范畴内，我们为其研究的价值范畴主要包括个人行为层面和企业规范化层面。简单解释，就是个人的习惯、专业化程度与职业化水平，以及企业的标准化与制度化、流程化。

组织行为管理是统一核心价值观与战略目标的关键管理！

二、组织行为的衡量：职业化

职业化是不以个人喜好与习惯取代标准与规范，不以个人喜好作为管理决策依据，不以个人喜好与判断轻易下结论。这三个"不"，就是职业化的界尺与标志。

以个人喜好做工作是一个组织秩序混乱、组织氛围混乱、内耗严重、人事关系复杂、人浮于事、混日子的最大原因。其核心是缺乏绩效管理，不以数据事实讲话，其表现是小道消息盛行，偏信偏听，喊口号人多，讲真话做实事人少。

三、组织行为的几项规则

规则之一：从精神层面入手是打开管理之门的金钥匙

对于大多数普通员工来说，物质待遇方面的要求是最基本、也是相当重要的，但如果

```
                      ┌──────────────┐
                      │  个人行为层面  │
                      └──────┬───────┘
         ┌──────────────────┼──────────────────┐
   ┌──────────┐        ┌──────────┐        ┌──────────┐
   │ 专业化程度 │        │ 职业化水平 │        │  个人习惯  │
   └──────────┘        └──────────┘        └──────────┘
     岗位职责              任职资格              性格
     岗位技能              知识结构              沟通
     工作标准              团队协作              情绪
     目标与绩效            发展提升              价值观

                      ┌──────────────┐
                      │  企业行为层面  │
                      └──────┬───────┘
         ┌──────────────────┼──────────────────┐
   ┌──────────┐        ┌──────────┐        ┌──────────────┐
   │  规章制度  │        │  流程工具  │        │ 体系机制标准化 │
   └──────────┘        └──────────┘        └──────────────┘
     基础制度              三级流程              七大闭环机制
     管理制度              三大权限
     专项制度
```

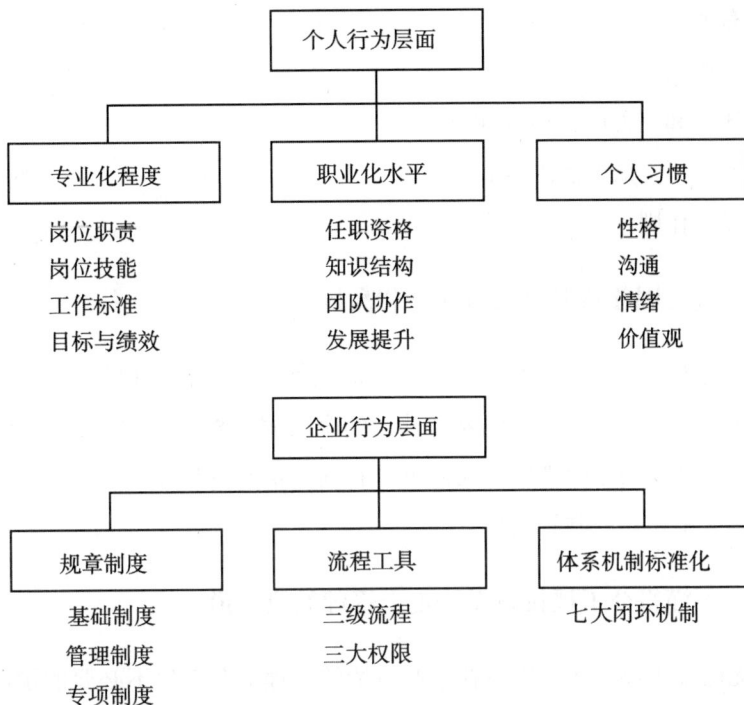

把物质需求看作员工的唯一需求并以此指导管理思路，那就大错特错了。满足了基本的物质需求之后，精神层面才是真正能够打开管理之门的金钥匙。

1. 把团队的管理目标与员工个人目标统一在一起

2. 最需要培育的是员工的信念和精神

3. 通过提升精神档次来提高员工的工作成效

4. 把建设管理道德作为提高管理能力的重中之重

5. 把握员工心态等于找到了提高管理成效的金钥匙

6. 通过企业文化建设提升员工、企业的战斗力

规则之二：一定要树立制度高于一切的管理思想和规矩

制度是保障一个组织正常运行的基石。随意践踏制度的管理注定是失败的管理。管理者最忌讳而又最容易犯的错误就是把个人意志凌驾于制度之上，长此以往，制度形同虚设，员工的行为、组织的运行必然产生不可逆转的偏差。

1. 建立健全组织结构

2. 建立严格的用人制度

3. 设计好薪酬制度

4. 建立竞争机制

5. 制度的建立和完善应始终放在首位

6. 坚决抛弃法不责众的思维定式

7. 制度下以身作则

规则之三：没有固化机制就没有秩序和高效

制度可以规范人的行为，标准可以提高人的技能，而流程可以提高人与组织的效能。一个高效的组织除了目标一致和其他要素外，健全与固化机制（例如流程标准等），往往极大地影响着组织绩效和运营秩序。我们可以看到，企业越是标准化程度高，越是井然有序，靠法制机制，不是靠人制管制！

规则之四：不懂得分工授权就无法走上管理的快车道

管理者事无巨细大包大揽，固然在某些事情的处理上会产生不必要的纰漏，但从管理的角度却是个巨大的纰漏。因为这会让所有的下属都变成缺乏活力和自主精神的应声虫。老板累、员工闲，不懂得授权的管理者会在"兢兢业业"中把企业或一个部门带上慢车道。

1. 管理者不能凡事都亲历亲为

2. 不懂得授权就不是合格的管理者

3. 给下属授权要讲究策略和技巧

4. 授权时大权力小权力应区别对待

5. 大度升职，让员工都当老板

6. 要坚决清除合理授权的诸多障碍

7. 在对下属的支持中把授权落在实处

规则之五：坚决制止歪风邪气、内耗负能量，净化组织氛围

一组研究数据表明：67.7%以上管理人员离职原因是与组织氛围有关的，其中新人占到80%以上，也就是说组织行为管理已经成为人力资源关于用人、留人管理的关键工作。而组织行为管理中，最具有隐藏性和最容易被忽视的是组织氛围，也就是生存与集体协作环境。

大多时候一个企业的老板和高管很难发现这些问题才是影响员工士气、生存、成长的重要原因，他们只关心和要求传递和张扬正能量。岂不知，正是隐藏并不断滋生的负能量在恶化和吞噬着组织。

第八节　培训管理

高素质的员工是企业最宝贵的资产，而构成员工高素质的要素——如知识、技能、责任心、创新思维等，可以通过学习和训练来获得。在这样一个竞争激烈、变革纷纭的时代，个人学习、组织学习、终身学习已成为企业不容回避的话题。

作为企业的培训中心，主要功能有三：一是建立学习的机制，引导学习、积累、交流、创新的文化氛围；二是通过组织系统的、多样化的教育训练，让员工个人成长、企业效益提升；三是着眼于企业未来，为各层各类岗位储备大量的后备人才。

培训是一项全员参与的工程。公司的每一位员工，既是学习者，也是培训者。各职能部门的负责人、各岗位的核心关键人员是推动培训、传播知识的中坚力量。

培训是一项长期而艰巨的工程。知识的积累与传承不可能一蹴而就，在这一点上，我们要有"十年树木，百年树人"的视野和胸怀。

很多企业看似生意兴隆，家大业大，风风光光。其实，盘点下骨干和关键人才，扳起指头都可说清。很多管理者才华横溢，能力超群，但他们在员工培训方面的认识与实践，却与现代管理制度的要求相差甚远，甚至对员工培训持消极态度。当然，也有些企业空有满腔热情，不知道方法，把培训工作做得"高大上、热火朝天"，但却无实效，没看出与经营目标有何关系，没看到与企业发展有何关系。

其实，培训是一种回报很高的投资，如果管理者对员工培训不予重视，企业要想持久发展是不可能的。

一、科学完善的公司培训体系包括五个方面

（一）培训制度体系

培训制度是培训工作开展的依据。培训要素（如讲师、课程、学员、信息、设施等）应以文件形式予以定义和明确，培训工作（如入职培训、后备人才培训等）应以流程的形式予以固化，专门项目培训应以方案的形式予以策划。

(二) 培训讲师体系

优秀的讲师队伍是公司智力资源的结晶。在讲师选拔、培养、教学、激励方面建立一套机制, 鼓励讲师开发教材、训练他人, 关注讲师个人素质提高。

(三) 培训课程体系: 即知识管理体系

建设有系列的培训课程, 形成分层分类、课目全面、实用精品的课程体系是培训课程管理的中心任务。建立符合公司需要的教材库、试题库、案例库, 加强知识积累和技术传承。

(四) 效果评估体系

探索符合实际需要的培训效果评估技术与方法, 综合运用诸如讲师现场观察、课程满意度测评、考试/考核成绩、培训后学员所在部门反馈、学员绩效改善等指标, 测量培训效果, 改进培训工作。

(五) 培训数据体系

建设包含员工、讲师、课程等方面的培训信息数据库, 做好原始数据资料的存档保管, 定期统计、分析、发布培训数据与信息, 使培训信息不仅能满足 ISO 规范化的要求, 也能满足人力资源管理工作的其他需要 (如考评、晋升等)。

二、实操的参考案例及标准

【示例 1】

零售业《新店培育手册》

对零售连锁企业而言, 单店业绩直接影响企业整体利润的增长, 而新开店面临新的商圈、新的客户、新的销售队伍以及陌生的管理机制, 最容易出现业绩不达标以及人员不稳定等问题。为确保新店的成功率, 现结合新开店面临的挑战和常见问题, 提供专业解决方案与经验, 力求帮助新开店驻店导师 (包括但不限于终端店长、终端内部讲师、培训督导、区域主任、区域主管等) 能够更好地开展新店培育及辅导工作, 提高新店人员稳定性及业绩达标率。

本手册配套使用工具包括: 标准化服务检查表、常用商品知识检查表、商品陈列手册、专店人事管理制度手册、员工学习口袋本 (客户投诉防范及处理技巧、销售服务流程及技巧)、新店长培训课件、员工管理常见问题等。

目 录

【示例 2】

营销区域主管培训计划／目录

模块	培训课程	培训内容	课时
岗位知识技能	区域主管人事体系	（仅限自营员工） 1. 区域主管岗位职责 2. 薪酬制度及绩效考核要求等	2 小时
	区域专店人事管理沟通	1.《专营店人事管理制度手册》及常见问题 2. 劳动合同内容讲解及劳动纠纷处理流程	2 小时
	货品财产安全管理	1. 货品财产安全管理流程及相关规定 2. 专店财产，邮寄保险操作	1 小时
	货品管理	1. 货品库存与回转规定 2. 货品结构类型及配货说明	3 小时
	ERP 管理	1. ERP 系统 2. 新 OA／邮箱使用培训 3. 门店系统培训 4. 库存系统查询 5. 销售系统查询	2 小时
	货品盘点流程及规范	货品安全管理及盘点规定与流程（1 小时）	1 小时
	销售核算	货款管理，销售核算（1 小时）	1 小时
	报表及财务管理	备用金管理、资金审批流程（2 小时）	2 小时
	促销管理	1. 促销流程及工作说明 2. 工作流程指引与操作指引 3. 常见问题指引 4. 区域案例分享	1 小时
	专店形象管理	1. 专店形象简介与陈列标准指引 2. 相关制度与工作流程 3. 常见问题指引	1H
	大钻管理	1. 大钻促销流程及注意事项 2. 大钻货品专业知识及提升培训资料指引	1 小时
	物料管理	1. 物料、道具申请流程 2. 开店、撤店、装修流程	2 小时

续表

模块	培训课程	培训内容	课时
岗位知识技能	会员管理与客户关系维护	1. ×××会员俱乐部简介及会员管理制度 2. 工作流程等	1 小时
	售后服务管理规定	1. 产品定制及售后服务 2. 操作流程与工作规范指引 3. 关键事件处理	1 小时
	标准化服务流程及专店培训管理	1. 标准化服务流程规范讲解及演练 2. 专店常见培训类型及实用培训工具表讲解 3. 专店培训管理答疑	2 小时
岗位管理技能	专店运营管理	1. 专店事务及货品方面培训 2. 专店价签、折扣、证书、配链管理及货品维护 3. 专店标准服务流程及服务类管理实际运用培训、货品陈列 4. 售后及会员俱乐部、工具使用、情感诉求培训	2 小时
	人力资源管理	1. 留人育人问题 2. 四位一体人力资源模式	2 小时
	销售管理	1. 专店销售任务分解 2. 销售督导、专店巡查规范与指导 3. 例会及季度会议管理，公司制度与政策的传达与实施注意事项	1.5 小时
	区域规划及竞争环境分析	1. 岗位工作内容 2. 品牌概述与经验分享	2 小时
	区域主管关键能力	1. 区域经理职业素养 2. 区域主管关键能力	1.5 小时
考核与沟通	培训考核	理论知识+实际操作	1.5 小时
	沟通	结合实习期考核+考试测评结果确定后续安排	1 小时

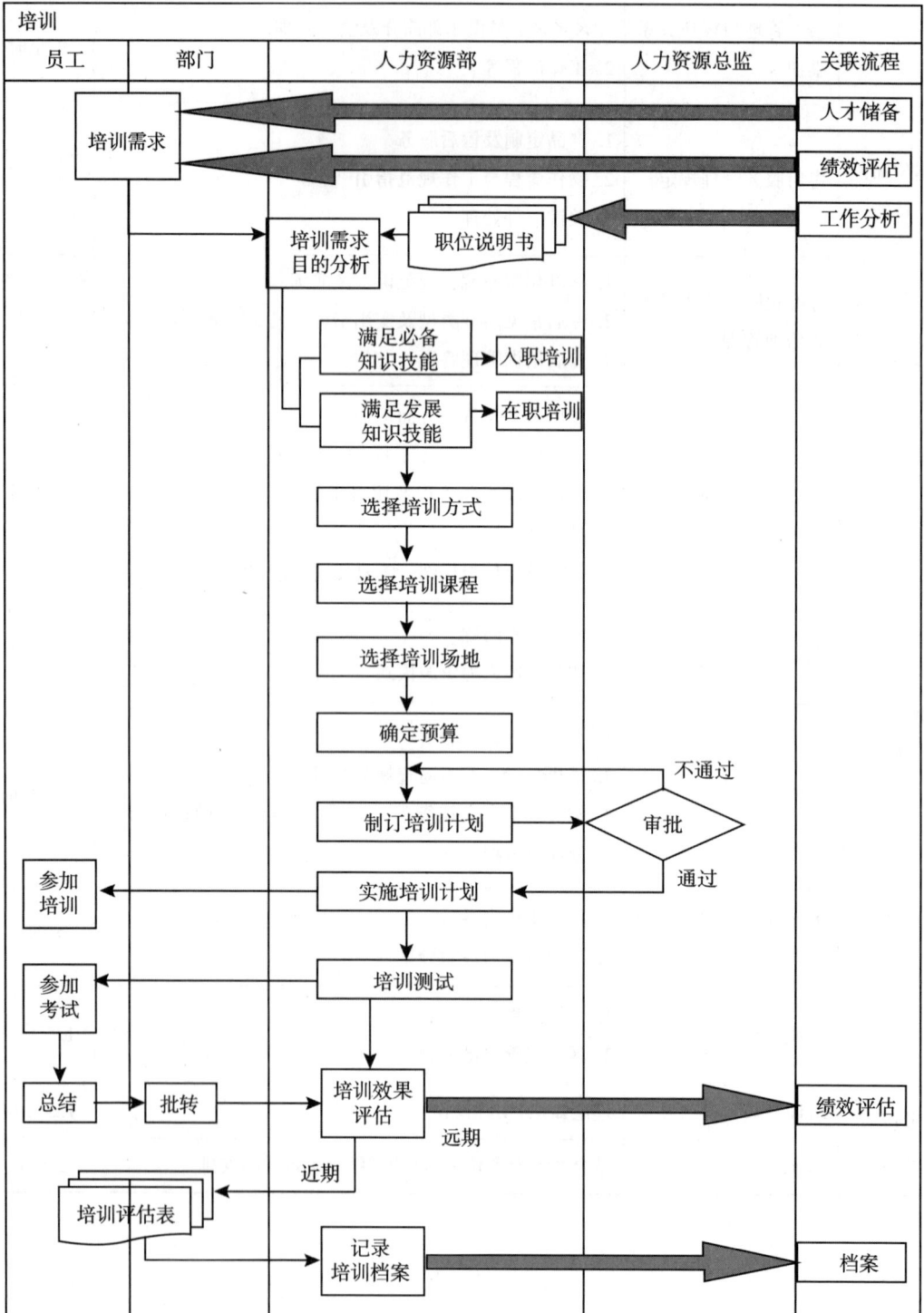

培训流程

培训				
员工	部门	人力资源部	人力资源总监	关联流程

培训需求 ← 人才储备

培训需求 ← 绩效评估

培训需求目的分析 ← 职位说明书 ← 工作分析

满足必备知识技能 → 入职培训

满足发展知识技能 → 在职培训

选择培训方式

选择培训课程

选择培训场地

确定预算

制订培训计划 → 审批（不通过／通过）

实施培训计划 → 参加培训

培训测试 → 参加考试

总结 → 批转 → 培训效果评估 → 绩效评估（远期）

培训评估表 ← 近期

记录培训档案 → 档案

第九节　薪酬福利管理

由于观念问题，企业员工除了只重视可直接兑付的工资外，往往忽视一些间接的报酬（如免费住宿、休假、集体加餐、娱乐、旅游等可分摊的费用）。

只有在缺乏这些企业文化的其他企业，才会感到间接报酬的重要意义。而这一部分薪酬，也是非常重要和企业实际存在的报酬支付。

从战略角度看，薪酬福利不只是对员工贡献的承认或回报，它还是一套把公司的战略目标和价值观化成具体行动方案，以及支持员工实施这些行动的管理流程。薪酬体系关注的是行动及其结果，它包括工资计划、激励或奖金办法、以及多种形式的对个人贡献的承认方案。它为个人明确界定了"在组织里，我的利益是什么"。

一个有效的薪酬体系除了反映员工们做出的贡献，还应强化员工对企业的责任感，它是公司战略和文化的一个组成部分，它不但能够帮助组织吸引和留住成功必需的人才，还能影响员工的责任感和他们为企业付出努力的程度。

工资是成本，属于直接成本或报酬；福利也是成本，属于间接报酬，工资和福利一起叫作报酬系统，也叫薪酬系统（见图9.10）。

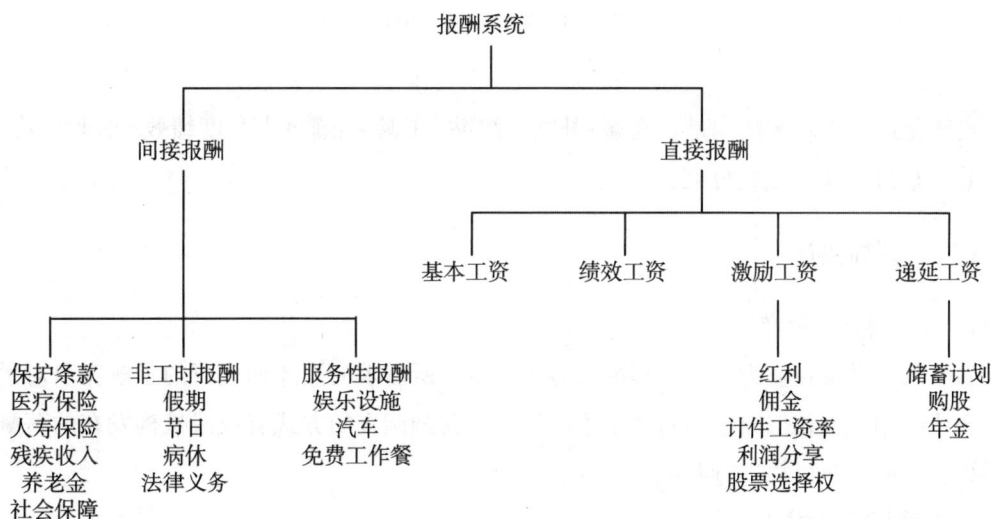

图 9.10　薪酬系统

一、如何做好薪酬设计管理

（一）薪酬的定义和构成

1. 薪酬的定义

薪酬是指雇员作为雇佣关系中的一方，因为工作或劳动而从雇主那里所得到的各种收入以及特定的服务和福利之和。

2. 薪酬的构成

工资（基础工资、岗位职务工资、绩效）、奖金、津贴与补贴、福利、股权。

结构化薪资（见图 9.11）：科学的薪资结构有利于发挥薪资杠杆效率与人工管控功能。

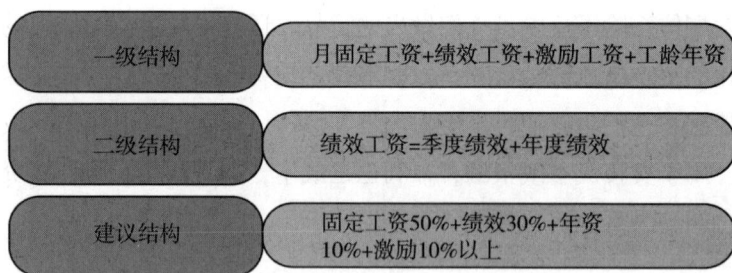

一级结构	月固定工资+绩效工资+激励工资+工龄年资
二级结构	绩效工资=季度绩效+年度绩效
建议结构	固定工资50%+绩效30%+年资10%+激励10%以上

图 9.11　结构化薪资内容

最简化最实效薪酬结构是：底薪+补贴、津贴+工龄+出勤奖+月度绩效+季度绩效+年终绩效（最好有年终效益分红）。

（二）薪酬调查

1. 薪酬调查的定义

薪酬调查是指企业为了以合理的人力成本吸引所需求的人才而进行的了解竞争对手或同类企业的相同或相似岗位的薪酬水平的行动，薪酬调查的方式有权威机构发布的薪酬调查报告、委托专业机构进行薪酬调查等。

2. 薪酬调查的方法

（1）外部公开信息查询。

可以查看政府及有关人力资源机构定期发布的人力资源有关数据，包括岗位供求信息、岗位薪酬水平、毕业生薪酬、行业薪酬、区域薪酬数据，也可以查看上市公司高管薪酬数据，这些薪酬数据对公司薪酬政策及薪酬水平的制定有参考意义。

（2）企业合作式相互调查。

同行业企业之间建立合作关系，共享薪酬数据有关资料信息，同时可以共同开展薪酬调查活动，这样可以节约成本，相互受益。

（3）招聘时采用问卷调查及面谈期望薪酬等方式，对外部人力资源市场价格有大致了解。

一般情况下，这个信息的准确度还是比较高的，因为大多数应聘者对行业内该岗位薪酬水平是有了解的，同时也会非常慎重地提出薪酬要求。如果企业经常由于薪酬原因不能招聘到最优秀的员工，那么说明企业提供的薪酬水平的确没有竞争力。

（4）聘请专业的市场调查公司进行。

可以委托专业市场调查公司来进行，这种方法数据准确，但成本高。

（5）外部数据购买。

向专业薪酬服务机构购买有关薪酬数据。很多市场调查公司、咨询公司有自己的薪酬数据库，薪酬数据库往往按区域、行业、岗位、时间编排，可以查询任意区域、任何行业、任何岗位有关薪酬数据以及变化趋势数据。

（三）薪酬设计的原则

在人力资源管理中，制定公平合理的岗位薪酬标准是整个人事管理的基础和核心内容，而重要性原则、稀缺性原则和复杂性原则是制定科学合理的岗位薪酬标准必须坚持的三大基本原则。

1. 重要性原则

重要性原则是指在制定岗位薪酬标准时，首先要根据该岗位对本单位的贡献程度大小来确定该岗位的薪酬高低，如果该岗位对本单位非常重要，则其薪酬标准相应较高。反之，则不然。

2. 稀缺性原则

稀缺性原则是指在制定岗位薪酬标准时，除了首先要考虑该岗位的重要性程度外，其次还必须考虑该岗位任职资格的可替代性，即该岗位所要求的任职资格是否具有较强的特殊性或稀缺性，即从事该岗位工作的人员是否需要具备一般人不可能具备的特殊能力。如果该岗位虽然很重要，但是一般人都能胜任，则不应该给予较高的薪酬标准。

3. 复杂性原则

复杂性原则是指在制定岗位薪酬标准时，最后还必须考虑该岗位工作的复杂程度，即从事该岗位工作的程序是否比较复杂、繁琐，或劳动量和劳动强度较大。如果某项工作虽然重要性和稀缺性都不是很突出，但是显得特别复杂，则应该相应地给予较高的岗位薪酬。

以上三大薪酬设计原则在实际应用过程中还应该考虑其优先顺序，并根据不同单位的实际情况给予不同的权重。但具体如何加以利用则是我们需要进一步探讨的问题。

（四）影响薪酬设计的因素

根据对激励性薪酬体系设计目标的分析，可推出一个具有激励性，并能吸引、保留公司核心员工的员工薪酬体系，应是在符合国家和地方法律、法规的条件下，对内公平合理，对外具有竞争力，并能鼓励员工不断提升人力资源能力。据此，可得出激励性薪酬体系设计要考虑的因素有：企业业绩、生活水平、市场供求关系、劳动关系。其中，前两个是决定因素，后两个是调整因素。

综合考虑这些因素，可以得到确定薪酬的五大指标：岗位工作的价值、员工的能力、相关岗位人力市场的需求情况、当地最低工资标准、企业人力资源成本。

1. 岗位工作的价值

岗位工作的价值是指企业中每个岗位的工作价值，即每个岗位间的相对重要性，或每个岗位对公司业绩的相对贡献度。此处的工作价值，是一个相对价值，或可比价值，是将公平付薪建立在更为宽广的基础上，而不是将报酬公平与否的注意力仅放在相同的职位上。岗位工作的价值，一般是通过工作评估或岗位评估来确定。

2. 员工的能力

员工的能力也是一个相对概念，是指员工具备的工作技能和与工作相关的知识。随着知识经济时代的到来，员工的知识资本对公司业绩的贡献越来越受到关注。企业内部对人力资源开发的重视以及信息化、流程重组带来的组织扁平化，中层管理工作的缩减，管理者的晋升计划减少，在薪酬体系中考虑员工的相对价值，更成为激励员工的切入点。员工的相对价值，通常根据员工的职务达成能力或职责掌握能力来确定，员工的相对价值确定的手段是绩效考核与技能鉴定。

3. 相关岗位人力市场的需求情况

对企业中不同岗位在当地人力市场的情况，主要是指人力市场上各职种的薪金水平情况。就目前而言，薪金（主要是基本薪酬）水平直接影响企业招聘计划的有效推行，市场薪金水平是通过薪酬调查确定的。

4. 当地最低工资标准

当地最低工资标准规定了当地员工维持一定生活水平所需要的生活费。目前，我国许多地方政府规定了城市居民的最低生活费，企业在考虑生活成本时，可将之作为一个参考。

5. 企业人力资源成本

企业的人力资源成本一方面受到人力资本的投入产生的价值、带来的利益的影响，另一方面也决定员工的生产力、公司的资本结构、用于再投资金额、经济状况和竞争能力等。企业人力资源成本是很难下定义的，企业人力资源成本到底多强，也是很难测算和富有争论性的。因此，企业人力资源成本确定的问题，常常需要员工与公司管理层通过协商合作来解决。

从这五个方面进行考量，是制定薪酬体系的基本坐标，同时薪酬体系的制定也要同企业的战略目标相适应，现代企业的管理是一种人性化的管理，从人力资源的角度说，这种管理的目的就是最大限度地发挥员工的积极性。在我国企业管理不断发展的今天，薪酬是与员工积极性结合最紧密的一个因素。

（五）薪酬设计

1. 岗位等级法

该方法的特点就是将企业中的岗位划分为若干等级，不同等级享受不同的工资待遇，该法简单可行，但缺点在于不能有效地激励员工。

2. 岗位分类法

岗位分类法和岗位等级法有相似之处，该方法是将岗位分成若干类型，不同类型的岗位工资不一样，岗位分类法的工作程序是：①确定岗位类别数目；②对各岗位类别的各个级别进行明确定义；③将被评价岗位与所设定的等级标准进行比较，将它们定位在合适的岗位类别中合适的级别上；④当岗位评价完成以后，就可以以此为基础设定薪酬等级了。

3. 因素比较法（要素比较法）

因素比较法是淡化岗位差别，选取一系列与工作密切相关同时又具备可比性的因素来进行比较，从而确定不同岗位的价值，并确定相应工资的一种方法。这种方法相对来说较岗位等级法和岗位分类法要复杂，但更能显示出其公平所在，这种方法在技术类岗位评价中较为适用。因素比较法的工作程序是：①因素选择（选择关键因素）；②工作分析；③确定基准岗位；④确定基准岗位工资；⑤确定非基准岗位工资。

（六）薪资确定与变更

1. 定薪

2. 调薪

3. 离职核算

二、薪酬的评审与操作流程（见图 9.12 和图 9.13）

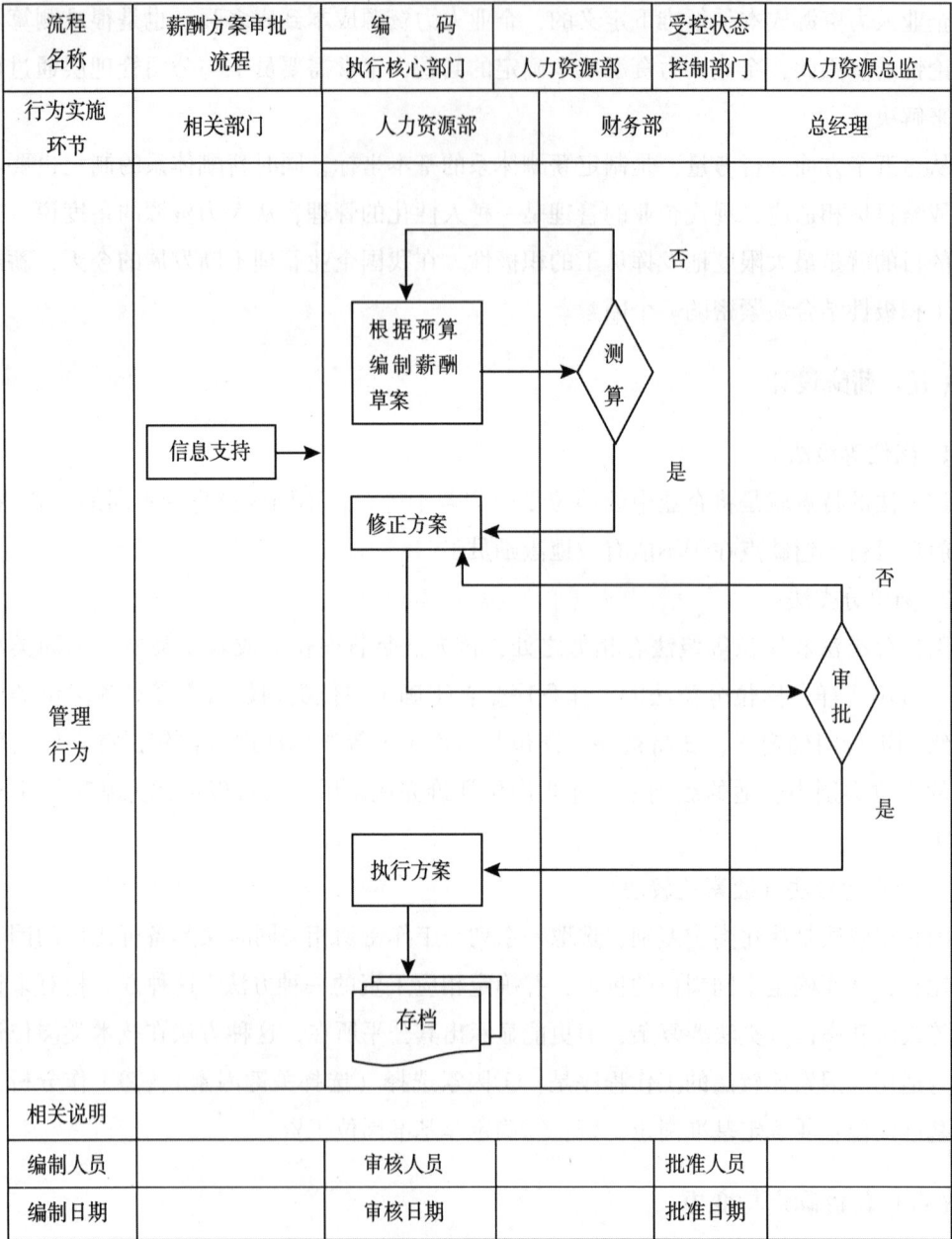

流程 名称	薪酬方案审批 流程	编 码		受控状态	
		执行核心部门	人力资源部	控制部门	人力资源总监
行为实施 环节	相关部门	人力资源部		财务部	总经理
管理 行为	信息支持	根据预算 编制薪酬 草案　测算（否/是）　修正方案　审批（否/是）　执行方案　存档			
相关说明					
编制人员		审核人员		批准人员	
编制日期		审核日期		批准日期	

图 9.12　薪酬的评审流程

薪酬操作流程				
外部信息	员工	人力资源部	人力资源总监	关联流程

职位说明书 ← 工作分析

岗位评价 → 岗位级别表

统计局统计数据 → 薪酬调查 → 地区差异系数表

国家法律法规

薪酬调查 → 岗位津贴基数

绩效评估表 ← 绩效评估

制订年度薪金调整方案 → 薪金调整方案 / 浮动工资调整方案 / 销售人员奖金调整方案 → 审批 否/是

实施年度薪金调整方案

岗位津贴基数调整通知 ← 制作通知 发布文件

签字确认 ← 人事通知单

考勤考核表 ← 考核 / 考勤

← 福利 / 奖惩 / 保险

计算制表 月薪表 → 审批 否/是 → 财务部

接收 ← 月工资明细

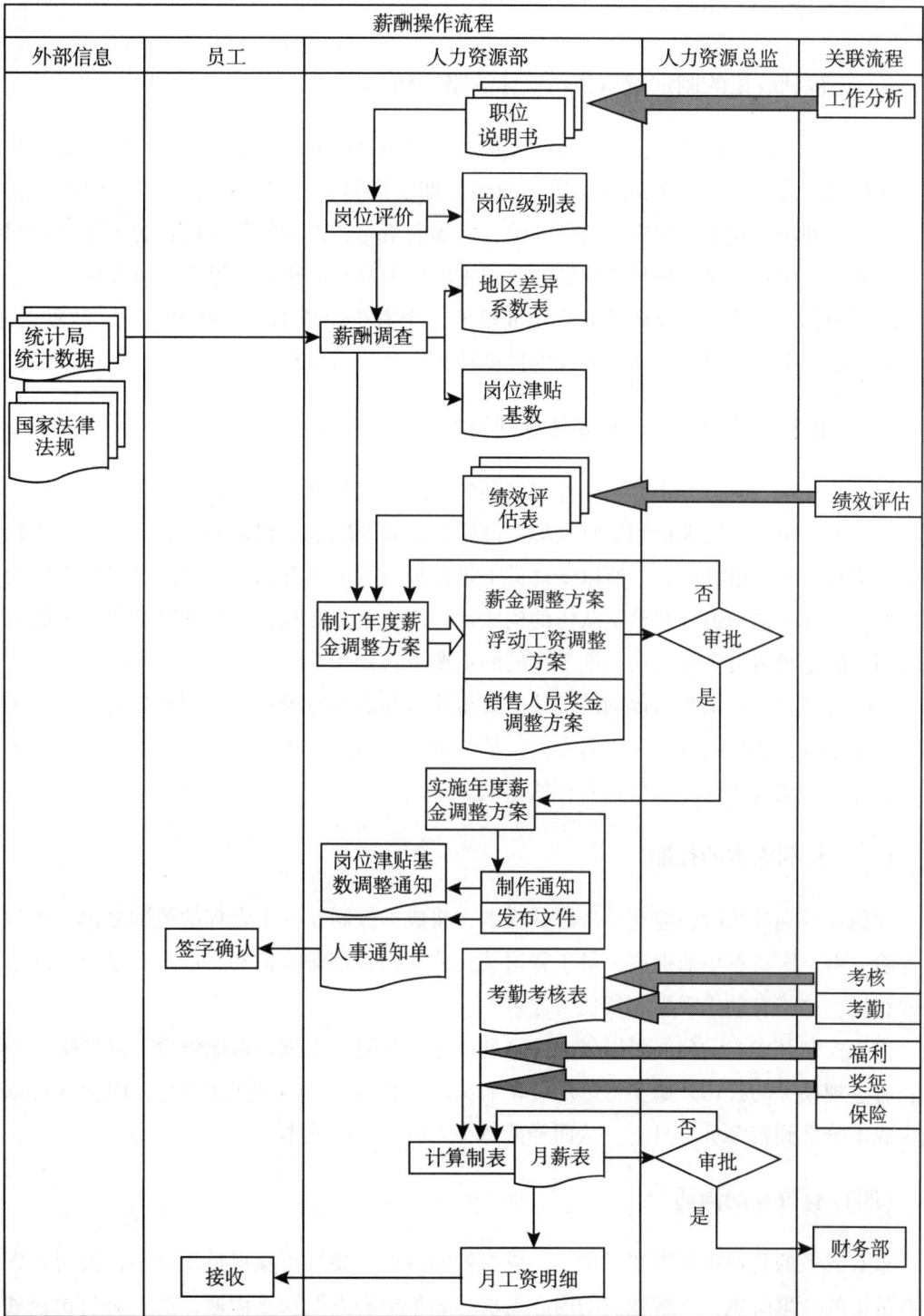

图9.13 薪酬的操作流程

三、如何做好福利管理

（一）福利政策的制定应与公司整体战略一致

在制定公司福利政策时，十分有必要从战略层面进行分析和思考，使设计出的福利政策适应公司的发展，既要考虑公司的长期和短期发展目标，又要考虑公司不同的发展阶段。当公司处于创建成长时应采取高绩效、低福利策略，以便使公司成长与员工收益相结合，降低公司风险。对于成长稳健型的公司则应加大福利的比例，提高管理效率。

公司的福利政策应是公司整体竞争战略的一个有机组成部分。吸引人才，激励人才，为员工提供一个自我发展、自我实现的优良环境，是公司福利的目的。

（二）福利政策的制定一定要注意到员工的偏好和需求

员工的性别、职业、年龄等差异对福利的类型有非常重要的影响。年龄偏大的员工可能对养老金、医疗保险等福利更感兴趣，已婚员工对家庭福利和休假更感兴趣，而年轻人可能希望有更多的培训机会。所以要对员工进行福利需求调查，对不同人员采用不同的福利类型。另外，福利组合对员工队伍的构成也会产生重要影响，如一种富有吸引力的养老金计划可能是吸引员工在公司长期工作的的重要方式。

有些公司允许员工参与福利的设计，如将购房和购车专项货款额度累加合一，员工可自由选择是购车还是购房；在交通方面，员工可以自由选择领取津贴，解决自己上下班问题，也可以不领取津贴，乘公司安排的车辆。

（三）福利成本的控制

在制定福利政策时，应充分考虑其成本，将成本控制在一个合理的范围之内。比如医疗保险，由于医药费用的提高，员工普遍关注公司的医疗保险福利，推行有吸引力的医疗保险计划，这将有助于吸引和留住人才。

为了控制其成本，公司可以采取一系列措施，如对员工进行健康教育，降低疾病的发生；有些规模大的公司开始实行以低费率购买医疗保险（公司补充保险），因为这可以将固定成本分散到较多员工身上，从而降低每个人所承担的成本。

（四）有效互动沟通

卓有成效的公司福利需要和员工达成有效的沟通。要真正赢得员工的心，公司首先要了解员工的所思所想，了解他们的内心需求。如果福利方面缺乏沟通，员工对公司福利政策含糊不清，也就不会有体贴入微的政策到位。通过多种形式的沟通，如发放福利手册、与员工交谈、互联网传递等，使员工认识到公司为其提供的福利的价值，增强对公司的忠诚度。通过沟通和员工的各种反馈意见，也可以促使公司对福利管理进行有效的改进。

（五）将福利与企业效益、工作业绩相联

传统观念认为，福利支付以劳动量为基础但并不与个人劳动量直接相关。正因为如此，福利缺乏激励性。其实，科学合理的福利政策与员工绩效是紧密相联的。在兼顾公平的前提下，福利待遇以员工所做贡献为主要依据，尽量拉开档次，员工会得到应有的部分。但需要员工本人去争取，一切取决于员工对公司的贡献，福利政策也要遵循这一规律。

总之，在福利管理中，公司若较好地处理了上述提到的问题，就可以说是建立了一套良好的福利体系。现代社会的福利管理，已经转变了传统管理的旧模式，将福利管理纳入企业目标和企业人力资源的开发，并与员工的薪酬管理组成一个有机的报酬管理体系。

好的福利体系既有效控制了公司福利成本又照顾到了员工对福利项目的个性化需求，可以让公司在不增加太多成本的情况下提高员工对公司的满意度，可以说这是一个双赢的管理模式，这是大多数公司愿意做的。对于各公司来讲，关键是从实际出发，找到适合的创新设计，我们需要因地制宜、因公司情况不同而充分运用福利管理办法，来服务于我们人力资源管理工作，服务于公司和员工共同发展。运用得当，这将会成为公司人力资源管理的致胜法宝。

四、构建标准化薪酬福利制度体系（示例：体系模板）

目　录

第十节　绩效与激励管理

说到绩效管理必须记住几个人和几句话：

中国最实战的绩效导师江竹兵先生的观点：绩效管理是唯一可以统一思想、目标，并使战略目标落地的执行保障。

全球第一 CEO 杰克·韦尔逊说：企业管理=绩效管理；绩效比忠诚、资历与信任更科学、更可靠。

世界经营之神松下幸之助说：企业不盈利就等于犯罪。

笔者的观点：无目标、无绩效、无考核=无管理=无价值。

不懂目标与绩效管理是最不合格的管理者。

一、职责、绩效与公司目标、业绩

员工要求高薪与企业要求高效率、强化责任，只有两方面都高度统一，才是最合理、最科学的薪酬系统。绩效工资是所有企业通用的绩效考核手段，不是克扣工资，而是强化责任、落实稽核机制，公司的希望是全体人员能全额领取绩效工资。

在绩效考核机制下，个人绩效、工作职责、公司职责、效益四者之间存在以下必然的关系（见图 9.14）：

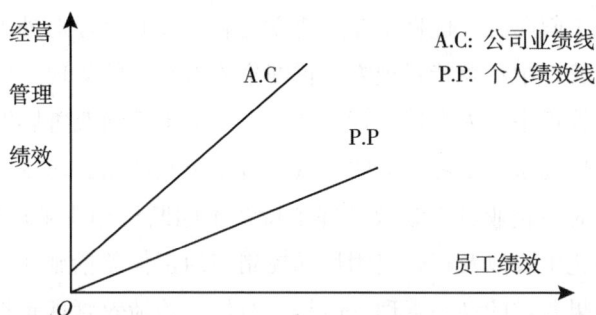

图 9.14　个人绩效、工作职责、公司职责、效益的关系

随着员工绩效的增强，公司业绩、个人绩效都成正比提升，其间差异是效益的增长根本因素之一。因此，公司鼓励高绩效，对于长期个人绩效偏低的人员经考核、培训后，再无法提升应予以调岗。

二、绩效管理就是企业管理

绩效管理在现代企业人力资源管理中占据核心地位，绩效主要体现为效率（努力用正确方法做事）和效果（做正确的事），具体讲是员工一段时期工作结果、工作行为、工作态度的总和及部门一段时期完成的情况以及企业在一定时期内目标管理工作完成的数量、质量、效率、赢利情况，即通常人们所说的员工绩效管理考核与组织绩效管理两大企业管理运作系统。

绩效管理实际上就是企业力求打破现状、实现管理突破、挑战企业更高前景目标的过程。通过企业根据前期运作情况与发展愿景、内外环境的分析与预测，制订企业预期目标（MBO）、发展战略、各种预算、规范企业中各单位绩效活动，追踪校验并定期汇总分析与综合评估。

绩效管理是企业最高层表达企业文化、实施管理的重要途径，向员工表达了企业所推崇的做事方式，鼓励什么行为，什么是企业对员工的期望，员工能为企业创造什么价值，维持良好工作环境等。

通过绩效管理工作中的指导、管理、奖励与发展、诊断与协调来发现企业管理的不足及影响工作绩效的组织系统因素和员工个人因素，有利于提高管理者与全体员工的综合能力。

通过绩效管理有利于协调部门关系，协调员工关系，提升企业团队精神。在整个的绩效管理中，员工都是主动参与的，被鼓励发表意见，提出自己对工作的看法及建议，员工得到了企业充分的尊重，管理者与被管理者是一个工作业绩的生命共同体、负有共同完成既定工作目标的责任，能最大限度调动工作积极性，所以员工易获得工作的快乐感与成就感，从而提升企业员工归属感，优良企业的建立也利于提升企业对外人力资源总体竞争优势。这也是现代企业管理中利克特管理方法Ⅳ即集体参与法的体现。

在企业员工绩效管理中，人力资源管理部门应为员工不断改善影响员工绩效的组织因素，如岗位轮换、工作气氛、学习氛围的营造、员工个人能力、态度、工作环境条件，工作任务与目标等。同时在企业员工绩效管理中持续不间断运用头脑风暴法、脑力激荡术、期望与过程激励等强化手段以及正确使用目标控制与纠正偏差措施尤为重要。总之，绩效管理是一个过程与结果并重的动态管理，但是，对员工的绩效管理是提高企业组织绩效的前提。

三、绩效管理的终极目标

企业绩效管理经过持续"PDCA 戴明环"的循环管理，最终应达到的目标是：培养企业优良绩效文化氛围，立足市场制胜业绩并维持螺旋上升，建立企业高素质、高效率的员工团队，鼓励并不断激励先进，健全优秀员工个人职业生涯规划，不断挑战创新为企业追求卓越成效，建立企业生产经营管理与人本管理相联系的循环系统。

四、制约企业绩效发展与绩效无效的因素

（一）员工个人

能力、知识、技能、性格、工作态度等。

（二）企业组织系统

工作任务的一致与合理性、目标的复杂性、困难程度、目标间的冲突、企业运行工作准则及奖惩制度、工作环境与条件、部门划分与人员配备、工作职责详尽程度与冲突、集权与分权、工作同事、上司素质与管理艺术、团队凝聚力、各方面支持、企业稳定程度、

企业价值观、企业运作方式等。

（三）不以目标为核心，不以增长为目的

过于关注形式，把绩效搞复杂了。把绩效当做考核人的工具，把绩效管理当做辅助管理体系。

（四）全员的还是 HR 的

绩效管理是全员参与的全面管理机制，必须互动，业务方的主动才能构建目标统一的全面绩效，绝对不是 HR 闭门造车的一个工作。

（五）没有激励闭环

始于目标，终于激励。绩效最终没有找到激励落点，就一定无法形成闭环。

五、绩效管理的闭环法则（见图 9.15）

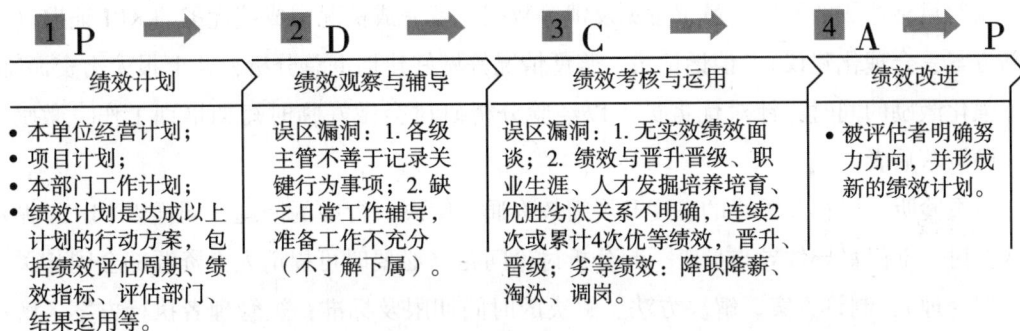

1 P →	**2** D →	**3** C →	**4** A → P
绩效计划	绩效观察与辅导	绩效考核与运用	绩效改进
• 本单位经营计划； • 项目计划； • 本部门工作计划； • 绩效计划是达成以上计划的行动方案，包括绩效评估周期、绩效指标、评估部门、结果运用等。	误区漏洞：1. 各级主管不善于记录关键行为事项；2. 缺乏日常工作辅导，准备工作不充分（不了解下属）。	误区漏洞：1. 无实效绩效面谈；2. 绩效与晋升晋级、职业生涯、人才发掘培养培育、优胜劣汰关系不明确，连续2次或累计4次优等绩效，晋升、晋级；劣等绩效：降职降薪、淘汰、调岗。	• 被评估者明确努力方向，并形成新的绩效计划。

图 9.15　绩效管理的闭环法则

在系统中，员工不是处于简单的被管理和被监控的位置，而是被充分调动积极性，参与企业绩效管理系统的建立与运行，系统强调的是员工绩效目标的提高和进步、员工个人及组织的共同发展，不是对历史的考核和算账，通过运行绩效管理，让企业和员工在发展过程中，明确目标、及时发现问题、分析原因、解决问题、不断前进，提高员工满意度及成就感，叠加企业组织绩效的提高。PDCA 循环流程图即各阶段主要工作任务如下：

（一）计划阶段：进行绩效管理的准备、计划及系统设计

重新回顾公司经营指导方针，经营理念，现有组织结构，各岗位任职说明书；评估公

司一切与绩效管理有关的制度（如原有绩效考核制度、现行员工薪酬与福利制度、奖惩制度、劳动纪律管理规定等）的合理性；调查全体员工（含各管理层）对绩效管理的认识度与态度以及对公司的满意度；分析目前员工工作环境与状况并对有关问题做调查问卷，整理意见。

设计系统循环各个细节，并做到程序化、表格化的系统硬件环境，确定循环周期。

统一认识，必要时组织员工培训（介绍系统运行时间安排、意义、程序、范围、表格和需要工具，确定推行总控部门及具体实施部门、督导者、员工的权利与义务等）。

分析过去，总结经验，通过绩效面谈确定员工绩效合约，建立目标管理卡。

（二）实施阶段：系统实施

部门督导主要工作：根据统领下属的性格、学历、知识、经验、能力明确不同的指导方法，既是管理者又是辅导者与参与者；根据具体实施情况，保持持续绩效沟通，掌握进度、纠正偏差、解决一切困难、并保持必要的强化手段，鼓舞士气；另外管理者日常工作是收集质量、成本、客户投诉、员工能力及工作态度、生产流程及公司制度与目标完成关系、制约目标达成的原因、员工意见反馈等数据，就完成情况、成绩优劣的 KPI 证据（如革新方案、合理化建议）、谈话记录、奖惩情况等做好建档汇总分析，并上报人力资源部；保证强化激励的同时，针对优劣员工以经验分析研讨会做好临时短期培训工作，激励先进、鞭策落后者。

注重聆听，以相互关心的态度开展绩效沟通，解决执行中的问题，同样以 PDCA 循环方式检讨，部门督导领导与员工一起分析讨论问题（必要时可提请人力资源部会同相关部门共同处理），制订方案、解决方法、解决的时间期限及标准；被管理者执行方案，解决问题；部门督导在具体时间就执行中问题解决程度验证，确定状况；双方总结解决问题情况，提取经验，未解决的问题进入新一期循环解决。具体方法坚持正式与非正式结合的沟通，可采用定期会谈、闲聊、聚会庆祝、晨会、周会、月总结会、定期书面报告等方式。

建立员工对话记录，就岗位职能、绩效回顾、未达标分析、潜力预测、未来任务及目标设定、员工完成工作要求、员工对公司及个人职业发展看法、双方协商问题及措施等记录在案，并将期末考核整理成书面材料，双方签字后报送人力资源部作为公司经营决策会议参考。

员工主要工作是充分利用领导赋予的权力及自己综合能力，在团队力量下，学习 PDCA 绩效循环人类行为模式相关知识，并自觉运用到工作中提高个人工作成效。确定个人绩效目标，并在实施中对出现的问题制订相应纠正计划；实施绩效目标及纠正计划；日常检查，校验实施情况及纠正情况；总结并进一步提出改善措施。

（三）检查阶段：绩效评价与控制、诊断纠正绩效管理目标与计划偏差

运用绩效评价表格对原定绩效目标达成情况逐项对照评价（主管与员工双方评价），待完成后，主管与员工双方共同找出影响绩效达成的原因、存在的问题，解决的方法，并形成书面材料为处理阶段提供依据。

在进行绩效诊断时，应做到使用"头脑风暴法"穷尽所有问题之后，再针对每一个问题提出一个为什么，然后找出可能原因，再对每一个可能原因问为什么，如此反复最终找到问题主要原因。部门负责人与员工一起应重点考虑的是：员工是否理解目标，是否授予了足够权力，过去业绩如何，问题是新发生的吗，员工技术如何，采取过什么补救措施，培训能解决问题吗，员工工作态度如何。

该阶段流程为：考察员工工作目标完成情况，检讨工作质量，通过各种考核手段的实施、各种考核资料的汇总分析，有利于评价企业人力资源的优劣，考察员工发展潜力，为企业人力资源计划提供依据；有利于企业人力资源管理部门正确客观地评估企业各岗位所承担的风险、贡献的大小，推动企业员工薪酬福利待遇的公平、公正、合理定位；有利于企业为鼓励员工开展奖励工作；通过考核资料的收集建档，有利于企业面对产生职位空缺时及时调整选拔可用人才；同时，通过定期或不定期的员工考核，及时发现企业组织结构、工作分工与员工能力等缺陷问题，调整企业组织人员，制订企业员工培训计划，有针对性地组织开展员工培训工作，并通过绩效管理系统论证培训效果。考核工作贯穿企业人力资源管理的各个环节。

在绩效管理系统中，人力资源管理部门全面负责所需各种技术表格的开发设计，在其他职能部门的共同参与下，承担总体控制的责任，但因此产生的管理突破将使各职能部门直接受益。

（四）处理阶段：汇总整理及综合评估，提高绩效措施

这阶段的主要工作是利用各部门汇总资料，洞悉企业隐藏的深层问题和实施阶段未解决问题作出分析，制订纠正措施；进行奖励和处罚，组织员工及负责人开展培训；通过调查汇总情况及时改进组织系统。作出书面及图表分析报告，呈报公司高层，并能为公司员工培训、验证招聘结果、建立动态员工薪酬体系、培养接班人、淘汰不合格者提供依据。奖励可以是财务工资奖励，也可以是对员工的升迁、或是心理上的激励；惩罚一般先作出绩效警告，不予调资或工作调动，不能享受公司部分福利等，屡教不改可以辞退或除名。

六、如何做好目标管理与指标设定

在公司的上层、中层、基层构成了管理运作组织结构，因而日常工作的重心点也有一定差异。可以看到，上层关注目标多为难以定量化的定性目标，这种目标制定存在较大难度，某些方面实在难以量化，可以制定日程及内容并组织实施，实施中进行追踪调查和意见调查，并记录成果。中层、基层主要关注具体工作，目标一般可以获得量化指标。

在绩效管理中，较难的工作也是工作的重心是绩效目标的设定，即目标管理卡的签订。一般说来，目标应具备"4可4有"原则：可衡量的、可评估的、可管控的、可分解的、有依据的、有时限的、有挑战的、有激励的。

七、统一目标的原则与技巧

1. 双向原则：自上而下+自下而上

2. 全员参与原则：公司—系统—部门—岗位；

　　　　　　　顶层—班子—高管—中层—基层—执行

3. 层层分解，个个关联：人人天天有目标，人人天天有指标

4. 计划原则

有目标必须有策略，有策略必须有计划，有计划必须有时限。

工作计划分配到岗、责任到人、时间限定。

5. 过程可控原则

过程可控原则即玻璃房模式，过程有信息反馈、评审、预警机制。

6. 及时激励原则：加强过程激励与结果考核激励

以上是现代企业关注员工与企业绩效业绩实现双赢的考核提高方法，可以看到从始至终企业强调的都是对人的关注、对管理经营活动的具体工作任务的关注，螺旋上升的管理模式，使企业与员工整体得到了提升，共同生命体的建立铸就了优良企业团队精神，员工全体自觉参与企业经营活动的管理，同时也为企业培养了员工荣誉感、归属感。

八、绩效考核模型与工具与运用（见表9.4、图9.16、表9.5、表9.6、表9.7）

表9.4　　　　　　　　　　　　绩效考核模型的工具与运用

方法工具	特征简述	适用企业	适用岗位
BSC（见图9.16）	全面全员绩效；分战略、岗位、客户、成长四个层面	大型集团；经营数据较公开化企业	团队、中高管、部门负责人

续表

方法工具	特征简述	适用企业	适用岗位
MBO	基于目标的工作计划分解考核	项目类，如房地产节点管控	项目经理、PMC、综合岗
KPI	关键指标量化考核	中小企业	关键岗、管理岗
360 度	以胜任力提升为宗旨多维度评价考核	大企业，组织层级多，职能矩阵型	关键岗、中高管
BARS	关键事件评分	劳动密集型	同质重复工职员
HD-KBI	笔者研发：关键工作+KPI+动态绩效（加减分）	以上均不完全适合的企业	全员

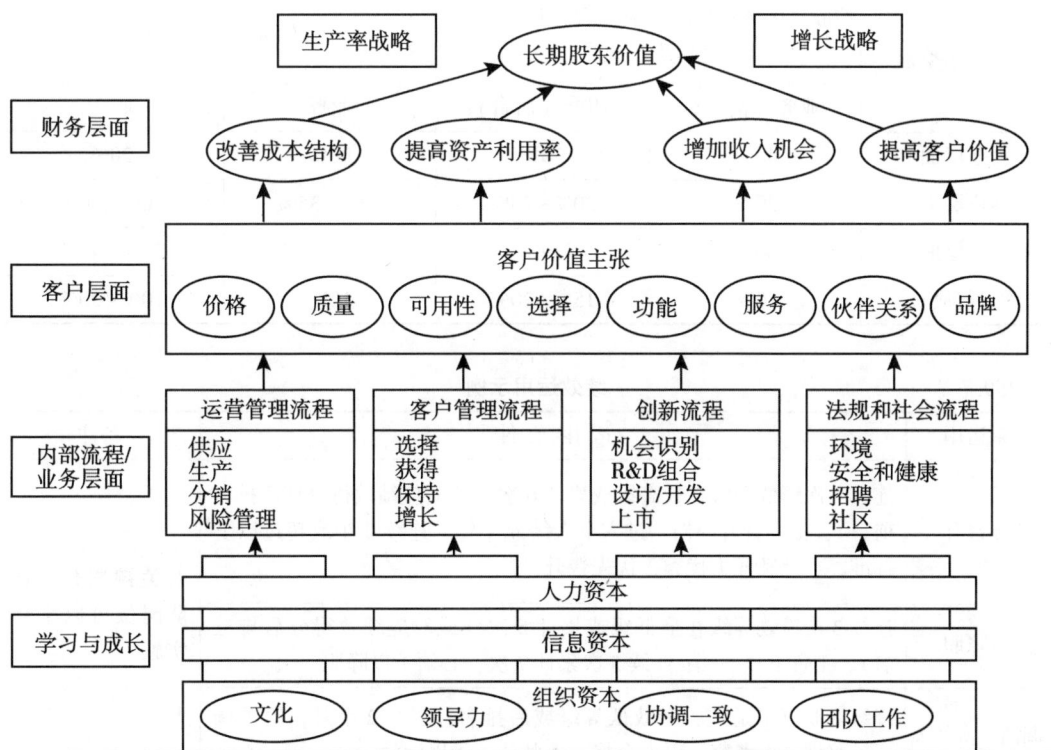

图 9.16 BSC 模型

表 9.5 **考 核 周 期**

类别	部门	考核周期	绩效工资基数	年终奖
年薪制人员		季度+年度	季度浮动（60%）+年度浮动（40%）	年度预留
月薪制	业务部门	月度+年度	月度绩效（30%）	根据年终效益激励制度处理
	职能部门	季度+年度	季度绩效（20%）	
	门店全员	月度+年度	月度绩效（20%）	
备注	总部	业务部门	战略投资中心、战略采购中心、营运管理中心，成本控制中心、设计工程中心	
		职能部门	人力资源中心、财务管理中心、信息管理中心、企业发展部、办公室、风控管理中心	
	区域及门店	业务部门	商品运营、采购、市场（企划）、综超；经营团队	
		职能部门	收银（前台）、防损、行政、人事、团购客服	

表 9.6 **BSC 考核权重规划表**

BSC 指标类别	控股、区域总部副总级（含）以上人员，经营班子成员		其他部门经理级人员	
	业务（前台）	职能（后台）	业务	职能
财务层面	40%	30%	30%	20%
客户层面	20%	20%~25%	20%~35%	20%~30%
运营层面	30%	30%	25%~40%	25%~40%
学习与成长	10%	15%~20%	10%	10%~20%

表 9.7 **绩效运用示例**

结果运用	运 用 条 件	备注
晋级晋升	连续 4 次绩效等级在最高级或累计 6 次（或对应绩效得分部门排名前三），工资晋升一档、进入个人绩效工资。连续 2 年或超过以上标准，加上胜任力优秀，优先晋升	对关键岗位、梯队岗位可以半年实施
降级降职	连续 3 次绩效等级在最低级或累计 5 次（或对应绩效得分后排三名），工资下浮一档；连续 5 次累计 7 次，必须予以降职	
调岗、淘汰	降级降职再不适应，绩效低等级或后排名，超过 2 个月，给予调岗、培训、再考察、再不合格、不胜任，予以淘汰	
培训激励	享受商学院定制式培训项目或增加培训预算	
福利激励	根据情况对有薪假、年假或探亲假等给予奖励、调整，或者旅游给予特别预算等多种形式进行激励	

【示例：（　）月份绩效考核表（HD-KBI 表模）】

	具体内容	完成标准	计划完成时间	完成结果确认	评估人/部门	评估分		
本月重点工作项40%								

项目	考核指标	目标值	权重	指标定义	评估标准/方式	评估资料	评估人	结果	评估分
KPI 60%	指标1	百分比	30%	承接公司目标并体现本岗位价值		完成工作的资料			
	指标2	百分比	30%	承接客户目标并体现本岗位价值		完成工作的资料			
	指标3	次/月	40%	本岗位核心管理价值与客户核心需求		完成工作的资料			
小　计									

项目	内容	评估标准及考核依据（无具体依据评分无效，经管、审计独立监督）	考评签名	评估分
动态绩效（20%内）	日常行为与规章纪律（-5~5）			
	创新、高效与超值、超额（1~10）			
	工作失职失误失信及损失（-1~10）			
	内外部客户满意度（-5~5）			
小　计				
合计得分				

人力/经管：　　　　考评/面谈人：　　　　被考核人确认：

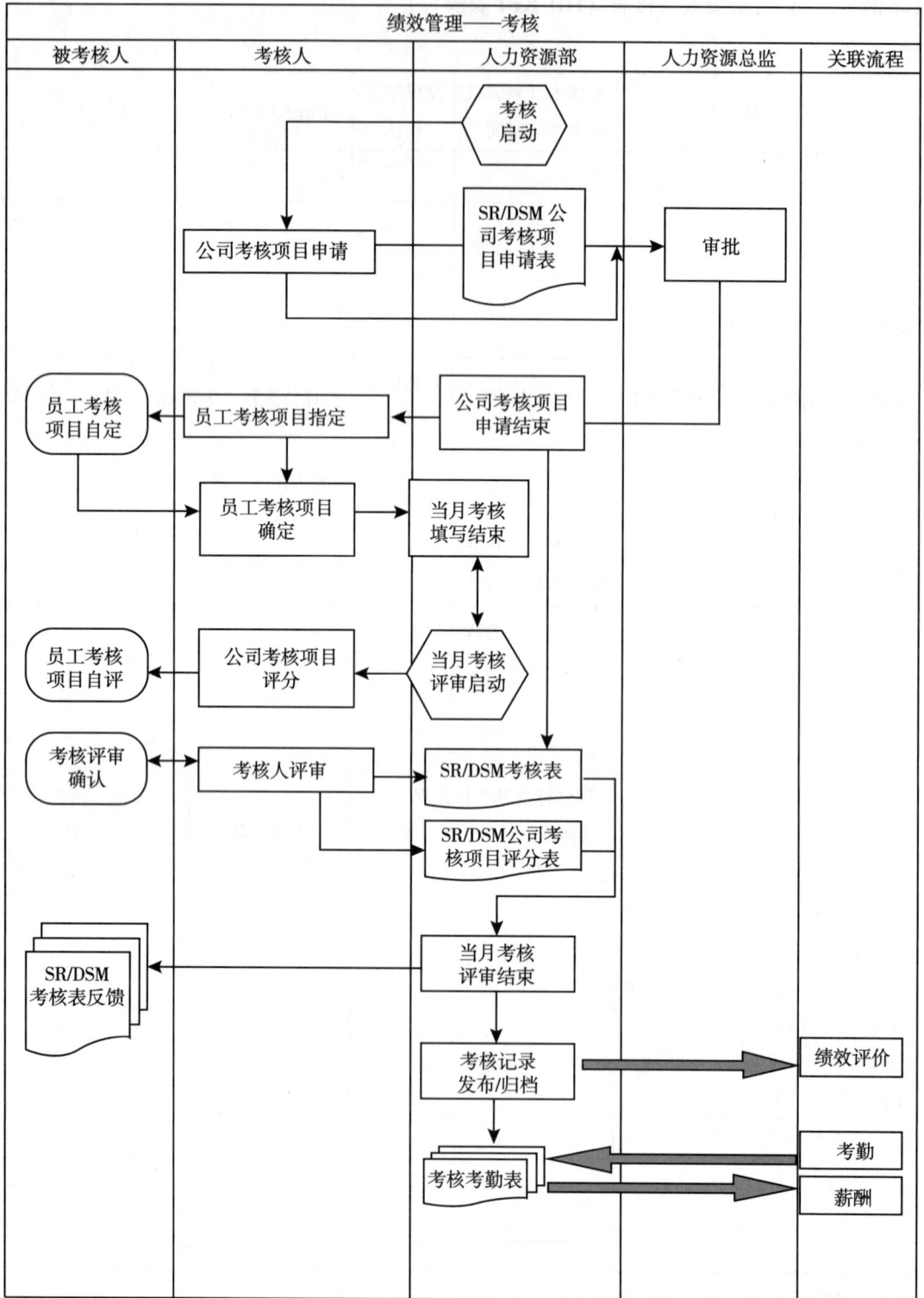

绩效管理——考核

被考核人	考核人	人力资源部	人力资源总监	关联流程

考核启动

SR/DSM 公司考核项目申请表

公司考核项目申请

审批

员工考核项目自定

员工考核项目指定

公司考核项目申请结束

员工考核项目确定

当月考核填写结束

员工考核项目自评

公司考核项目评分

当月考核评审启动

考核评审确认

考核人评审

SR/DSM考核表

SR/DSM公司考核项目评分表

SR/DSM考核表反馈

当月考核评审结束

考核记录发布/归档

绩效评价

考核考勤表

考勤

薪酬

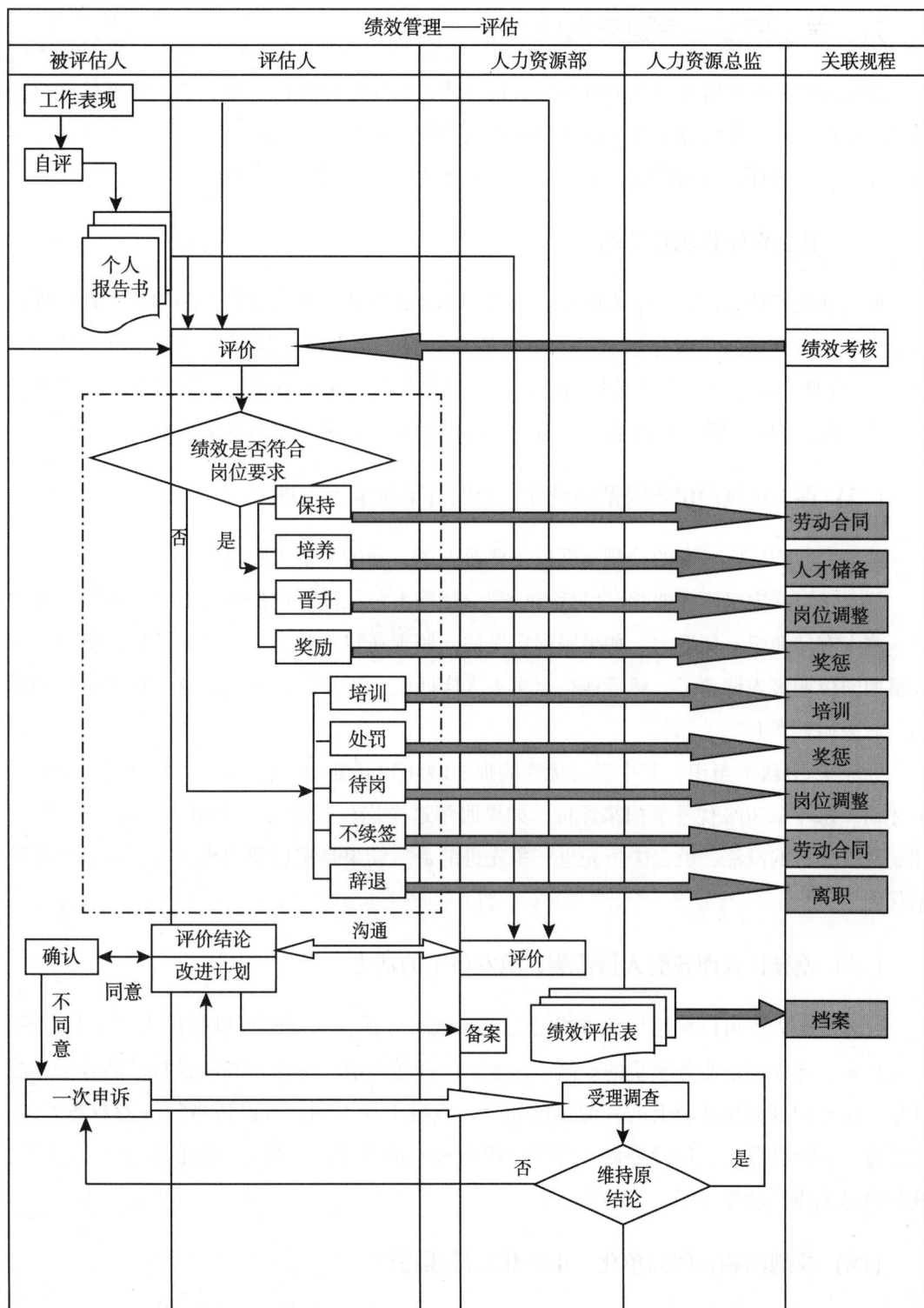

绩效管理——评估

被评估人	评估人		人力资源部	人力资源总监	关联规程

工作表现

自评

个人报告书

评价 ← 绩效考核

绩效是否符合岗位要求

否 / 是

保持 → 劳动合同

培养 → 人才储备

晋升 → 岗位调整

奖励 → 奖惩

培训 → 培训

处罚 → 奖惩

待岗 → 岗位调整

不续签 → 劳动合同

辞退 → 离职

确认 ↔ 评价结论 改进计划 ← 沟通 → 评价

同意

不同意

备案 ← 绩效评估表 → 档案

一次申诉 → 受理调查

维持原结论

否 / 是

九、关于激励的专题交流/分享

及时激励不仅是管理过程的最有效管控方式，也是保障目标绩效管理和所有管理机制的终极闭环落点。获取分享制应成为公司价值分配的基本理念，敢于开展非物质表彰，导向冲锋，导向标杆，导向绩效为王，激发员工活力，公司就一定会持续发展。

（一）社会保障机制是基础

所有细胞都被激活，这个人就不会衰落。拿什么激活？血液就是薪酬制度。社会保障机制是基础，上面的获取分享制是一个个的发动机，两者确保以后，公司一定会持续发展。"先有鸡，才有蛋"这就是我们的假设。因为我们对未来有信心，所以我们敢于先给予，再让他去创造价值。只要我们的激励是导向冲锋，将来一定会越来越厉害。

（二）逐步实施岗位职级循环晋升，激发各单位争当先进

第一，我们实际已有的薪酬标准就不要改变了，动的是个人职级。

第二，以岗定级不能僵化。以后有少部分优秀人员，没岗位但允许有个人职级，要看重这些人有使命感，创造力。如果脱岗定级的问题现在找不到合适方法来操作，就把优秀人员的岗位职级先调整了，然后他自己再去人岗匹配，程序还是不变，这个机制可以叫做岗位职级循环晋升。

如原来 20 级的组织，其中做得优秀的那 30%可以转到 21 级，每三年转一圈，做得好的才动。每年拿 30%优秀部门来评价，如果明年这个岗位还在先进名单里，就更先进了，还要涨。落后的没涨，就会去争先进，争先进的最后结果是把钞票发出去了，而且主要发给优秀单位。

（三）差异化管理各类人员薪酬，激发员工的活力

特殊专业人群可以采用特殊方式的用工和激励方式，如厨师可以拿提成，多劳多得，抢着出单，才能促进服务质量的提高；法务、翻译等人群，可保留和激励自己的骨干作战队伍，也可以临时用社会上的资源，比如：一线员工找不到，可以适当比例去劳务外包，用派遣工。社会分工、风险分离，管理负担与成本或许更低。建立这样的社会平台组织，我们自己的组织就缩小了。

（四）薪酬福利管理简单化、市场化是最佳趋势

把岗位职级重新简化梳理，不要搞复杂的层级，把每个层级的岗位的工资带（范围）

圈定（根据市场调研水平及人工占比管控目标），根据层级发展与职业生涯路径确定各层各岗的级数，确定极差与级数标准，定薪套级，按结构化工资拆分，每一年调研并根据效益梳理优化一次。过于复杂的工资结构、标准、体系，不利于理解，也不宜于管理和价值直观体现。过多的补贴不一定让战斗力增强，可能还是惰怠的，不是激励性的。

（五）把英雄、标杆的盘子划大，敢于表彰、激励，促使员工长期自我提升

第一，非物质激励就是要把先进的盘子划大。现在我们要打破传统的每年晋升晋级5%~10%的过程激励限额，要把先进比例保持在30%~50%，剩下10%~20%逐步合法实施末尾淘汰，裁掉一部分。这样逼着大家前进。

第二，敢于花点钱做一些典礼，发奖典礼上的精神激励，一定会有人记住的，这就是对他长期自我激励。美军海军学院的毕业典礼很独特，在方尖塔上涂满猪油，让大家爬这个塔，大家一层层地攻，欢庆这个典礼。

第三，敢于破格提拔人才。适当地打破制度与时间轴的条条框框，给予部门10%以上的自主提拔权。只要有严格、规范、标准、公正、公平的竞聘与评审机制，提拔人越多，优秀标杆越多，企业正气、斗志越强。有什么不对呢？让员工自己去找差距、找标杆，自己对比自己的绩效与贡献，自己主动学先进、赶帮超，自己不断自我提升。

【示例：年终奖考核/核算表】

被考核人：　　　　　　　　　负责店铺/组别/区域：　　　　　　　实施考核日期：

预提年终奖	计算过程				
考核项目	标准与方法	配分	初评	复评	审定
年度总销售目标达成率	总目标达成率（　　）×配分（　　）＝得分	30			
年度加权利润率目标达成率	（加权目标达成率/年度目标利润率）×配分（　　）	30			
工作配合度	沟通协调能力强，服从工作安排，与各环节、各部门配合顺畅，及时准确完成工作	10			
工作纪律性	遵守公司规章制度，不搞特殊化，无违规违纪行为；每有一次违规违纪扣3分	10			
工作计划性	工作计划性强，目标明确，目标分解下达及时明确，工作改善改进能力强，不断提升工作业绩与管理水平	10			

续表

预提年终奖	计算过程				
考核项目	标准与方法	配分	初评	复评	审定
工作意识与执行力	具备问题意识、目标意识、责任意识、改进意识、成本意识、促销策划与改善意识；具备强烈明确的业绩达成、利润达成意识；并有行之有效的实际案例与业绩表现	10			
合　计					
各月绩效加权得分		年度考核得分		综合评审得分	
严重损失与失误记录					扣款
年终奖预提额		应发提成（含计算过程）	［预提年终奖（　　）×综合评审得分（　　）×100%］－扣款=应发年终奖（　　）		

使用说明：1. 本表春节前 15 天开始考核，全部由人事行政部门组织实施，信息部门配合。其中，"复评"栏由其直接主管领导评定，"审定"栏由总监或对应分管的副总评定，总经理有权直接填审定栏。

2. 各月绩效加权分由人事根据每月的考核统计，三栏分数按照加权为"年度考核分"；综合评审分=各月绩效分×30%+年度考核得分×70%。

3. 严重损失与失误必须提供详细记录附件与数据说明，然后由信息部门根据公司相关赔偿制度，核算应该扣罚金额。

4. 经过考核核算后，经过以下程序签名确认，即可组织提成发放。

第十章　人力资源管理的六大工程

很多企业倒下去或者萎缩，不是缺乏资金、不是没有人才，也不是不懂管理和创新，而是缺少"一文一武"，即一个硬实力、一个软实力。

缺文：缺乏全员齐心协力持续发展的核心优势与驱动力——企业文化与价值观。

观墙报、写文章、挂标语，喊口号、搞运动、表忠心，这些都不是企业文化，只是企业文化的一个侧面表现形式。

正如人的性格、追求、意志、梦想、价值观，这些才是区别人与人不同，是最终决定人的一生命运与成就的原动力与驱动力。什么可以区分出各个企业的不一样，决定一个企业的命运和发展呢？是企业文化与价值。

缺武：缺乏管理原则与标准，也就是我们所说的缺乏体系、系统、机制。

我们需要把企业变成有情感的人，有情感就有朋友，有朋友的人生意自然好。但有朋友也要讲原则，这个原则就是管理和规矩。

没有体系、机制，没有规章制度、流程，没有标准化规范化，老板只能算是个商人或生意人。因为企业的价值不具备持续性和增长性，只不过是社会活动中的一段商业故事。而百年品牌、百年基业，才是具有历史话语权与社会贡献的主导者和领袖。

什么是老板？老就是老师，板就是规矩。没有这两样东西，企业就会走不远。大多数中国企业的管理思想总是今天从西方学一点、明天从日本学一点，后天学一点传说的故事和历史，再后天听大师讲个课指点下迷津，然后轰轰烈烈做做这个、激情洋溢做做那个，晃晃悠悠几年、几十年下来，还是在不断重复着一些最基本的错误与遗憾，整个管理体系没有一个基准，管理机制不得固化。

什么是创新？不是推翻，也可以不是否定，不是破或立，不是新旧迭代，慎重点、务实点、客观点、和谐点，我们可以第一步不求转型，先谈优化升级。

因为创新的确不是一般企业家和管理者能理解、敢为能成的。

第一节　企业文化和价值观工程

企业文化是指一个企业在运行过程中形成的，并为全体成员普遍接受和共同奉行的理想、价值观念和行为规范的总和。它是企业长期形成的，有利于企业发展的氛围，不同的企业文化有不同的企业管理制度，表现出不同的物质形态，相应地也创造出不同的物质财富，优秀的企业文化是企业战略制定获得成功的重要条件。

优秀的企业文化包含三层次结构：精神文化、制度文化、物质文化。精神文化是基础，是核心，是企业文化的内容实质，制度文化和物质文化是在精神文化基础上表现出来或形成的形式和结果。

优秀的文化能够突出企业的特色，形成企业成员共同的价值观念，而且企业文化具有鲜明的个性，有利于企业制定出与众不同的、克敌制胜的战略。指导形成有效的企业战略，并且是实现企业战略的驱动力与重要支柱。

企业战略制订以后，需要全体成员积极有效地贯彻实施，正是企业文化具有导向、约束、凝聚、激励及辐射等作用，激发员工的热情，统一了企业成员的意志及欲望，为实现企业的目标而努力奋斗。有优秀的企业文化来导航和支撑，用文化打造企业品牌，用文化树立企业信誉，用文化传播企业形象，用文化提升企业竞争力，有利于企业战略的制定和成功实施。

企业文化与企业战略必须相互适应和相互协调。严格地讲，企业战略制定之后，企业文化应该随着新战略的制定而有所变化。但是，一个企业的文化一旦形成以后，要对企业文化进行变革难度很大，也就是说企业文化具有较大的刚性，而且它还具有一定的持续性，会在企业发展过程中有逐渐强化的趋势。

因此从战略实施的角度来看，企业文化要为实施企业战略服务，又会制约企业战略的实施。当企业制定了新的战略要求企业文化与之相配合时，企业的原有文化变革速度非常慢，很难马上对新战略做出反应，企业原有的文化就有可能成为实施新战略的阻力，因此在战略管理的过程中，企业内部新旧文化的更替和协调是战略实施获得成功的保证。良好的企业文化是企业可持续发展的关键因素。

一、学习研究：阿里巴巴的企业文化和价值观

阿里巴巴集团及其子公司基于共同的使命、愿景及价值体系，建立了强大的企业文化，作为其业务的基石。业务的成功和快速增长有赖于尊崇企业家精神和创新精神，并且始终如一地关注和满足客户的需求。

新员工加入阿里巴巴集团的时候，需于杭州总部参加全面的入职培训和团队建设课程，该课程着重于公司的使命、愿景和价值观，也会在定期的培训、团队建设训练和公司活动中再度强调这些内容。无论公司成长到哪个阶段，这强大的共同价值观让其可以维持一贯的企业文化。

阿里巴巴集团使命：让天下没有难做的生意；阿里巴巴的愿景：分享数据的第一平台；幸福指数最高的企业："活 102 年"；阿里巴巴的价值观：阿里坚持"客户第一、员工第二、股东第三"。

阿里巴巴集团有六个核心价值观，是阿里企业文化的基石和公司 DNA 的重要部分。该六个核心价值观为：

（一）客户第一——客户是衣食父母

1. 尊重他人，随时随地维护阿里巴巴形象
2. 微笑面对投诉和受到的委屈，积极主动地在工作中为客户解决问题
3. 与客户交流过程中，即使不是自己的责任，也不推诿
4. 站在客户的立场思考问题，在坚持原则的基础上，最终达到客户和公司都满意
5. 具有超前服务意识，防患于未然

（二）拥抱变化——迎接变化，勇于创新

1. 适应公司的日常变化，不抱怨
2. 面对变化，理性对待，充分沟通，诚意配合
3. 对变化产生的困难和挫折，能自我调整，并正面影响和带动同事
4. 在工作中有前瞻意识，建立新方法、新思路
5. 创造变化，并带来绩效突破性地提高

（三）团队合作——共享共担，平凡人做非凡事

1. 积极融入团队，乐于接受同事的帮助，配合团队完成工作
2. 决策前积极发表建设性意见，充分参与团队讨论；决策后，无论个人是否有异议，必须从言行上完全予以支持
3. 积极主动分享业务知识和经验；主动给予同事必要的帮助；善于利用团队的力量解决问题和困难
4. 善于和不同类型的同事合作，不将个人喜好带入工作，充分体现对事不对人的原则
5. 有主人翁意识，积极正面地影响团队，改善团队士气和氛围

（四）诚信——诚实正直，言行坦荡

1. 诚实正直，表里如一

2. 通过正确的渠道和流程，准确表达自己的观点；表达批评意见的同时能提出相应建议，直言有讳

3. 不传播未经证实的消息，不在背后不负责任地议论事和人，并能正面引导，对于任何意见和反馈有则改之，无则加勉

4. 勇于承认错误，敢于承担责任，并及时改正

5. 对损害公司利益的不诚信行为正确有效地制止

（五）激情——乐观向上，永不放弃

1. 喜欢自己的工作，认同阿里巴巴企业文化

2. 热爱阿里巴巴，顾全大局，不计较个人得失

3. 以积极乐观的心态面对日常工作，碰到困难和挫折的时候永不放弃，不断自我激励，努力提升业绩

4. 始终以乐观主义的精神和必胜的信念，影响并带动同事和团队

5. 不断设定更高的目标，今天的最好表现是明天的最低要求

（六）敬业——专业执着，精益求精

1. 今天的事不推到明天，上班时间只做与工作有关的事情

2. 遵循必要的工作流程，没有因工作失职而造成的重复错误

3. 持续学习，自我完善，做事情充分体现以结果为导向

4. 能根据轻重缓急来正确安排工作优先级，做正确的事

5. 遵循但不拘泥于工作流程，化繁为简，用较小的投入获得较大的工作成果

二、中小企业未来不可或缺的三种企业文化

对于创业初期的中小企业来讲，打造优秀的企业文化，是企业获得长足发展的源泉。因此，中小企业的企业文化发展一定要注意发展以下三种企业文化：

（一）第一种企业文化：顾客文化

顾客文化是以"满足顾客需求"为特征的企业文化。顾客是企业发展的源头与活水，是市场的基本组成单元。离开顾客，企业不可能发展得起来。因此，中小企业特别需要加强顾客文化的建设，将企业文化建设和顾客文化建设有机地结合起来。

从某种程度上说，企业发展的过程就是不断满足顾客需求的过程。企业只有不断满足顾客与时俱进的需求，顾客手上的钱才会源源不断地流入企业的钱袋。但是在现实生活中，很多企业并没有做好满足顾客需求这一点，这是企业以自我为中心在作怪。

（二）第二种企业文化：速度文化

俗话说，眼快不如手快。这就要求企业在执行上的速度要快。速度文化是以强化市场嗅觉、提高执行能力为特征的企业文化。速度文化讲究的是反应快、出手快。在市场竞争中，中小企业要及时和广泛捕捉有关信息，对收集到的信息作快速处理，争取在第一时间推出应对举措，抢占先机。

大多数中小企业在市场竞争中处于弱势地位，原因是它们市场嗅觉不够灵敏、执行能力难以提高。这些中小企业想要成为一流品牌企业，在市场竞争中与强者争锋，就需要速度，等到竞争对手想到的时候，我们早已捷足先登，抢占了战略据点。中小企业要加强速度文化建设，做到立即做、快速做和持续做，并且要正确地做。

（三）第三种企业文化：创新文化

创新是企业发展的动力。一个企业发展的过程，从某种程度上说也是不断创新的过程。时过境迁，企业要是不创新，不紧贴时代脉搏，即使是最美好最有价值的事物也会淡出消费者的视线。因此，中小企业务必须学会创新，让创新成为一种企业文化。速度创新是指快的技巧。快也要创新，不会创新的快就也不能出奇制胜。

由此可见，中小企业要脱下企业文化的华丽外衣，构建起这三种不可或缺的企业文化，让文化走下神坛进入实际事物当中，让文化更加简单有效。在营销制胜的历史上和品牌林立的市场上，企业文化的力量不容小视。

三、企业选人、留人：薪资还是文化

员工可争论工作上的问题，但不可为私人问题而搬弄权术、尔虞我诈、诬陷、排挤对方，否则员工不会将主要精力放在工作上。我们应强调团队精神，充分发挥非正式群体的积极作用，弱化他们的消极影响。

案例：

2016年以来，日化产品生产企业 A 公司面对激烈的竞争，公司业绩一路下滑。第四季度，公司财务巨亏，营业收入较上年同期下降35%。为扭转发展颓势，公司领导决定从节约人工成本入手，将本就低于行业水平的员工收入再降20%，引起员工强烈不满。公司本来就管理不善，缺乏激励，即使业绩突出的员工也很难晋升到更高职位；部门及员工权责不分，有事互相推诿。员工积极性遭受严重打击，不断有员工特别是公司核心骨干陆续离职，年底，公司员工离职率更是高达 50%。

案例解析：

为何 A 公司人才流失率如此之高？经深刻剖析，我们不难发现，A 公司员工流失的原因主要是企业和员工之间心理契约的缺失。心理契约就是员工和组织之间的相互理解和信任。心理契约的构建可以实现人的自主能动性的开发，避免组织与组织成员之间由于信息不对称所带来的工作效率的缺失。

由于存在信息不对称，组织成员对组织的承诺只有通过建立心理契约、形成内在激励才能达到。如 A 公司对进入企业的员工，会有意无意地违背隐含的承诺，从表面上看一切依旧，但员工强烈的心理变化却导致核心员工和优秀人才内心极为不满。这种反应和变化很快就会落实到具体行动上，即准备离职。他们认为，这样的企业和这样的老板已经不值得他们再为此付出任何努力了。深入分析，这种心理契约的缺失主要反映在以下四个方面：

1. 薪资福利待遇不满意

作为人力资源管理者，大家都知道，薪资具有刚性，尽管企业经营不佳，但 A 公司采用降薪方式来达到节约人工成本和提升公司业绩的目标，也一定会导致员工的强烈不满。此外，A 公司薪资与福利方面的问题还表现为：薪资水平与外部同行业、专业相比较相对较低，不具有留住、吸引核心人才的竞争力，导致企业薪资制度的外部非公平性和低竞争性；同时，待遇的内部公平性问题更是突出，做多做少都一样，业绩突出的员工却得不到应有的激励，员工的付出与回报不成正比。更别说基本的薪资待遇以外的生活保障待遇了，基本上没有涉及，即使有规定也得不到落实。

2. 职业规划难实现

对企业长期雇用的员工来说，好的发展空间、合理的职业规划与能够获得的薪酬一样重要。在 A 公司，被聘在某个固定岗位上的员工很少有机会针对别的空缺职位竞争上岗，也少有机会从低到高逐级上升，迫使那些高追求、有斗志的员工不得不跳槽。就是说，如果员工发现在企业无法实现其职业生涯规划目标，他就可能跳槽到更适合自己发展的其他企业去。

3. 工作职责设计不合理

A 公司工作权责不分，有的工作无人做，有的人无工作做。建立在非合理性上的职位说明书和岗位描述无法为企业薪资制度提供科学的薪酬设计，导致只对计件制员工按工作量发放加班工资，而对那些技术和管理岗位的员工，特别是工作表现突出、占据核心岗位的技术、管理人员的加班熟视无睹。此外，因为企业对各岗位的工作职责设计缺乏科学依据，员工工作职责分配不合理，工作边界不清晰，如某些技术、管理人员 24 小时开机待命，随叫随到，人为地增加了工作强度。即使在经济上有一定补偿，但长此以往，员工身体难以承受，必然选择"要命不要钱"。

4. 企业文化出问题

开放的用人制度与工作气氛对员工来说很重要。科学的管理制度与和谐的工作环境是员工愿意在企业长久工作的一个重要原因，但由于缺乏有凝聚力作用的企业文化，大多数离开 A 企业的员工认为自己难以融入这个企业。A 公司部门之间、员工之间存在着严重的沟通障碍，有事互相推诿的现象随处可见，使员工感觉工作交流少，相互合作少，自己处于未能有效共享工作信息的状态中，感觉很孤立。

此外，企业文化也影响到公司的高层管理者。由于员工对上司的满意程度与员工流动存在着很强的相关度，当员工对其上司不满时，其流动倾向就会增加。A 公司领导对员工批评的多，表扬的少，工作中缺乏科学管理下属的方法。对于工作绩效不佳的员工只会一味指责或批评，却不给予正确的引导，引起员工的反感情绪，将工作当作一种负担，滋生离职心理。

四、企业文化建设的六个有效条件

企业文化是企业在实践中逐步形成的为全体员工所认同、遵守并带有本企业特色的价值观念、经营准则、经营作风、企业精神、道德规范、发展目标的总和。企业文化是具体的，可以通过"六个有"来展现。

（一）企业文化建设必须有追求

有追求才能让人振奋。对企业而言，追求就是为办成什么样的企业、带出一支什么样的队伍而制订的目标，它反映了企业的价值理念、发展目标，体现了企业的责任感和使命感。确立符合企业实际的目标追求，可以为企业发展提供强大动力。在现实生活中，有的企业在起步阶段虽然规模不大，却能一步步发展壮大，最终成为企业巨头，是与企业追求符合自身实际的目标密不可分的。

（二）企业文化建设必须有标志

有标志才能让人认得。企业标志是企业文化的外在集中体现，是一个企业区别于其他企业的一种形象符号。人们往往是首先通过标志来直观认识一个企业的文化的。因此，企业文化一定要有自己的标志。好的标识能为企业文化锦上添花。可以说，越简单、越具有文化内涵的符号越能打动人，越容易让人认识并记住。

（三）企业文化建设必须有活动

有活动才能让人快乐。活动是企业文化的有效载体。一个企业只有经常组织丰富多彩的活动，如群众性的文艺活动、体育活动、读书活动、竞赛活动等，才能最大限度地调动员工的参与热情，才能在给员工带来快乐的同时增强企业的凝聚力、向心力。有的企业不仅有艺术团队、运动团队，还有广播电视、网络服务、企业小报、企业杂志等，并经常开展诸如"十佳员工"、"十佳案例"、"十佳服务"、"十佳感动瞬间"等评选活动。正是有了这些活动载体，企业文化才得以生动展现。

（四）企业文化建设必须有故事

有故事才能让人感动。理念的东西只有通过通俗化的故事才能吸引人，高深的东西只有通过深入浅出的解说才能说服人。毛泽东同志所讲的愚公移山故事，让亿万人民记住了做事要坚韧不拔、排除万难，去争取胜利。因此，企业的核心价值观念要通过能够打动人的故事来展现。故事应与当地历史文化和企业实际结合起来，这样才会有历史厚重感和现实真实感，从而为人们所认同。

（五）企业文化建设必须有典型

有典型才能让人信服。榜样的力量是无穷的，典型是最有说服力的。典型犹如企业的"灯"与"火"，"灯"可照路，"火"可暖人。树立一个好的典型，可以使员工学有榜样，起到引领带动作用。因此，树典型是企业文化建设中的重要内容。它不仅可以展示企业所倡导的价值理念，使员工明确方向、坚定信念、不懈追求，而且能够激发员工的创造活力，为企业发展壮大献计献策。

（六）企业文化建设必须有品牌

有品牌才能让人满意。品牌中最重要的是服务品牌，它实质上是企业文化的结晶，包括企业的服务理念、服务内容、服务方式、服务效果等。在实践中，有的企业把服务细分为基本服务、增值服务、情感服务、成长服务、前瞻服务、济困服务、应急服务等，在每项服务下面还有若干小项。正是有了这些具体的服务内容，才形成了企业的服务品牌。从一定意义上说，企业奉献给社会的主要是产品与服务。通过服务，不仅可以增加产品的可信度，而且可以展示企业积极向上的精神风貌。价值取向也就决定了企业文化建设的方向，贯穿于企业文化建设的始终。

马云曾在阿里巴巴内部网站发表了一封信，名为《我想和还没有成三年阿里人的同事们谈谈看法》的邮件主要针对的是入职阿里巴巴不满 3 年的员工。马云写道："刚来公司不到一年的人，千万别给我写战略报告，千万别瞎提阿里巴巴发展大计，谁提，请谁离开!"

年轻的员工往往犯一个毛病，没上班几天就开始指责和批判一切。中国一直不缺批判思想，今天的社会能说会道的人很多，能忽悠大家的很多，但真正完善建设的人太少，建设性的破坏要比破坏性的建设更有意义。公司其实缺的是把战略做出来的人，把想法变现的人，把批判变建设性行动的人。

少抱怨，多理解；少发脾气，多沟通；少说闲话，多干活；少占便宜，多吃亏。干好自己本职工作就是尽职，协助好别人干好工作就是优秀，明显体会感受到自己工作对企业有利就是伟大。不断修正自己，调整自己，用自己的努力和智慧去完善一切的不尽如人意。

最后，分享马云同志提出的新员工和年轻人发展五步骤：看，信，思考，行动，分享。

第二节 岗位标准化职业化工程

岗位标准化、职业化，是为了集成解决企业选人、育人、用人问题，通过标杆法则的工作分析，把传统抽象的岗位职责等知识，基于标准化为核心的一个综合工程。它包括选人标准、工作标准、任职资格标准、培训标准、绩效标准、工具成果固化标准以及组织角色标准等7大标准维度。

正如人才可复制、标准化规范化工程一样，这是个"一把手"工程。一个企业老板不清楚这个工程的价值，那么只能说这个企业老板是不懂管理的。

通过该工程的实施，有以下几个超值特征：

1. 梳理

岗位年年梳理职能职责反复修订，千奇百版，一次集中梳理。

2. 标准

融入经验与积累，以标杆为准则，横向只集成关键7维度，纵向深挖千米研究透彻，一次性构建选育用的核心标准。

3. 固化

加快和促成零散、多元的管理标准结晶、沉淀与固化。

4. 集成

一个人的选、育、用整体工作成长过程、标准全部集成一表一册。

5. 实用

把以前分散、形式化的工作结果，变成集成、固化的标准表，随时随地可学可用可对比。简单说：只要一个会识字的员工，照学照练，自己都可以学会弄懂六七成。

6. 提速

明确和加快了一个员工成长、成熟的路径，简化了一个员工选好、育好、用好、留住的资源研究与服务管理过程。

7. 超链接

为人才可复制工程奠定标准基础，使得 HR 工作与员工相互关联链接，形成知识与价值闭环。

记住该工程的落地实施程序要诀：启动开大会，老板必须在；成立项目组，头头要挂帅；逐项做解读，分类做说明；制订好计划，明确好时间；关键标杆岗，编订要优先；三上三下审，群策群力建；岗位有标准，人才可复制；梯队一成熟，激励早跟上。

【示例：岗位职业标准化指导书模板】

岗位基本信息	店总经理/店长	所属中心/部门	国际控股营运中心
工作导师	直接领导（店总）+间接领导（区总）	培训导师	店总+商学院
入职引导人	工作： 生活：	学习：	
直接上级	区域总经理/业务副总裁	间接/分管领导	业务副总裁
直接下属	副店/店助/分管部门经理	辖员人数	直接：2～8 人，间接：80～200 人
编制日期	2010 年 9 月 30 日	修订记录	2010 年 V1.0

工作关系图：

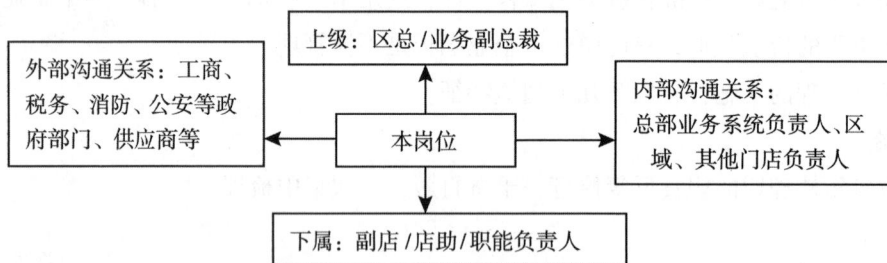

工作流协作价值信息

向外部获取何信息：1. 商圈市场竞争信息；2. 竞争对手销售状况；3. 外联政策及信息等。

向内部横向主要沟通何信息：1. 总部及区域业务线政策机制信息；2. 总部及区域职能线政策机制信息。

对上级承担哪些义务及责任：1. 业绩及利润目标；2. 组织能力提升；3. 安全运转；4. 商品及铺位价值最大化。

对下属/下游输出哪些服务及信息：1. 工作目标与标准；2. 培育指导；3. 决策指令与监督检查。

续表

常规职业生涯发展规划（示意与说明）	纵向发展岗位（预期时间）	2~3 年
	横向发展岗位（预期时间）	1~2 年

常规职业生涯发展规划（示意与说明）：

晋升：区域总/业务职能总

横向发展岗位：市场/营运/采购业务总 ← 本岗位 → 横向发展岗位：购物中心或更大规模店总

降职岗位

岗位任职资格

备注：分权重评核，基本条件 20%，性格风格 20%，能力素质 60%

以本岗位应有的任职要求为标准填写，而不是以现任职人员的情况为标准填写

请将选择项标"■"

基本面

学历	本科（含）以上	专业	营销、管理类优先	性别	不限
年龄幅度	28~45 岁	工作年限	8 年以上	行业范围	百货、零售等
资格资证	—	语言能力	表达清晰等	其他技能	沟通激励能力强
性格风格	□内向　■外向　■成熟　□执行型　■领导型　□雷厉快捷　□温和循序　■逻辑性强 ■团队合作　□自我展现　其他：				
能力素质	■组织协调（10）%　□文字数据（ ）%　□性格礼仪（ ）%　■职业经验（15）% □行业知识（ ）%　□学习成长（ ）%　□服从执行（ ）%　■领导指挥（10）% ■开拓创新（10）%　■敏锐预测（15）%　　　其他：				
专业面	对哪些专业知识必知必会：店铺管理、商品管理、团队建设、目标与绩效管理、市场行销。 熟知 店铺管理、目标与绩效管理、市场行销。 资源积累（商品、管理及其他）：品牌招商资源、行业人脉资源。				
经验与资历	从业 8 年，同类或本岗经验 3 年，同行业 5 年。 对岗位标杆与岗位竞争要素的分析：1. 对市场与商圈的敏锐度，反应是否快速；2. 市场竞争（行销行为）创新；3. 商品招商资源与铺位价值管理。 成功案例简述（尽量量化简述）：1. 新店经营目标预算与达成；2. 成长店的销售增长与提升；3. 下滑店的整改提升策略。 失败案例分析：1. 业绩下滑分析策略；2. 店铺成长缓慢，不达标分析策略；3. 商品与铺位价值低迷；4. 人员与团队不稳、士气低迷。				

岗位培训信息

备注：岗位知识技能培训，以入职或晋升本岗位人员应掌握的知识为标准填写；在职培训计划，以任职本岗位的人员需要在哪些方面提升知识技能为标准填写

	入职培训引导计划		在职培训计划
通识必修课	《企业概况》《安全管理》《员工手册》《绩效、考勤、薪酬制度》《岗位职位标准化指导书》《安全防损手册》	岗位技能必修课	《商业规划》《品牌库管理》《合同管理》《行销企划与推广》《店铺营运管理》《铺位价值》《会员管理》《目标与绩效管理》
综合管理课	《商业地产现状与运营》《行业案例》《高绩效团队与人才梯队》《领导力培训》《压力与情绪管理》《组织行为学》《管理沟通技巧》	选修课	《财务管理》《市场管理》《行销推广》《人力资源管理》
岗位知识技能培训	绩优店、整改店实习各 15 天		年度集中培训至少 4~6 次，课时 24~36 小时

岗位职责与工作任务

备注：依据各岗位实际情况，项目数量可酌情加减

职责 1：根据公司的年度经营计划，制订本店全年的经营计划、销售策略、营销方案以及成本控制、人才培养输出计划并负责推动和实施

工作任务	1. 制订年度经营计划
	2. 制订年度营销方案及销售策略
	3. 制订年度预算及成本控制方案
	4. 制订本店人才培养输出计划

职责 2：代表门店签订《年度目标责任书》，科学、合理地分解、下达部门的指标并始终监督和推动目标的进展情况，达成目标；代表门店签订《店内消防安全责任书》《安全责任书》

工作任务	1. 签订年度目标责任书
	2. 目标分解：月度、周、日工作目标及工作计划
	3.《店内消防安全责任书》（与公司签订）
	4.《安全责任书》（与街道办分别签订）

续表

	职责3：各类数据信息报表的管理与利用
工作任务	1. 每日对前一日的销售报表进行分析后，对相关部门提出提升销售的要求
	2. 监督分管副店长对经营楼层的销售分析以及致供应商函的落实情况
	3. 根据财务部每月下发的欠款通知书，督促和协助分管店长组织清欠工作并反馈给公司财务部
	4. 根据经营情况下达店内部门每周的销售目标，并通报各部门上周销售目标的完成情况，安排分管副店长跟踪
	5. 审核每月顾客投诉案例及数量的汇总表，提出有关服务质量、商品质量、价格质量等方面的管理要求，监督和协助各分管副店长落实、跟踪相关问题，同时予以店内通报

	职责4：促销管理与监控
工作任务	1. 每日调研商圈竞争对手的销售信息与竞争对手策略，快速形成竞争策略
	2. 落实公司大型促销活动的宣传工作，并监督、协助分管店长安排落实促销活动
	3. 审批或提出店内小型促销活动的方案以及设计方案
	4. 审批店内营运上报的各类促销申请单
	5. 审批店内企划对每期促销活动的效益分析，并上报市场部，同时通报全店
	6. 将审批促销情况反馈表上报公司，接受分管店长对现场促销与审批单上内容检查的结果反馈
	7. 审批采购中心报送的本门店新签与续签的合同等
	8. 每一档促销活动的过程及结果报表，及时总结分析，纠偏结论处置（重新洽谈的条件等）

	职责5：团队管理
工作任务	1. 对直属下级进行工作分工并进行绩效管理（目标确定、执行、跟踪、考核与面谈改善计划）
	2. 审批店每月人事报表、人事考勤报表、总值班表、每月工资表等相关报表
	3. 各类店内激励机制方案与推进
	4. 审核店内培训计划，并监督落实
	5. 每半年做一次新员工面谈，年节假日对员工进行慰问活动，关怀员工

	职责6：商品管理
工作任务	1. 指导、监督各部门的商品管理，保证上架商品的质量、价格以及陈列效果、丰满度和新、旧款的比例
	2. 安排定期对自营商品进行盘点，控制商品的损耗率
	3. 通过库存分析表，合理指导分管店长对所属部门的商品库存进行清理，严格控制库存数量、库存周转天数、周转率
	4. 了解商品及专柜的畅销、滞销情况，向采购部提出商品及专柜调整建议；通过顾客需求分析，向采购部门提出新品引进需求

续表

职责 7：资产管理、营运环境管理	
工作任务	1. 合理调配店内各种设备，并登记
	2. 保证卖场各项设施、设备运转正常，并抽查各类设施的日常维护情况
	3. 安全运营，严格按照国家消防安全要求，做好防火、防水、防盗、防台风等预防措施
职责 8：各类费用成本的申报、控制及突发状况的预防、处理	
工作任务	1. 审核、审批各类费用、成本的申请，并严格按照公司要求进行控制
	2. 每日通过巡场及时发现问题，安排人落实、解决问题，并不断完善现场管理制度；每年台风季节来临之季，准备充足的防汛器材，并安排工程部维修店内各处隐患；协助分管副店长处理重大顾客投诉
	3. 每年组织一次消防演习，杜绝各类消防隐患，严格遵守店内"七防"制度；处理重大突发事件，保证正常营业
职责 9：门店会员、团购业务管理	
工作任务	1. 制订门店会员发展目标及提升会员数量、忠诚度、到店频率、销售贡献等各项细化指标及相关政策，策略制订落实
	2. 按照公司下达年团购任务总目标，分解细化，落实相关责任部门，并督促落实
职责 10：负责门店企业文化建设、企业品牌推广	
工作任务	1. 按照公司的要求，计划本店的企业文化建设项目，并监督实施
	2. 按照公司的要求，计划本店的企业品牌推广项目，并监督实施
职责 11：完成岗位目标和上级下达的其他任务	

岗位 KPI 及描述（四大层面；加动态）

（指标、简述、考核周期；必须另附考核表）	财务：销售目标达成率 30%
	财务：毛利润达成率 20%
	财务：费用成本控制率 10%
	运营：坪效（销售额/面积）（一店一标，参照本店历史数据）15%
	运营：核心品牌销售占比（核心品牌要占比 60% 以上）（一店一标，参照本店历史数据）10%
	运营：会员增长率（额）10%
	学习：关键岗位人才梯队培育 5%
	动态绩效：每培育一个关键岗位加 1~5 分（采购、营运主管以上人才）；安全：每出现一次安全损失额超过 10 万元扣 1 分；年度累计安全损失总额超过 50 万元，年度绩效为 0

岗位工作分析与引导

备注：依据各岗位实际情况，项目数量可酌情加减。若各项常规工作有时间规律，可填写时间，若无，可不填。固定产出指计划、总结、报表、报告等

项目	时间	常规工作（以每小时为单位描述）			
每日	8:30~9:30	早会：前1日总结及当日工作重点，布置与检查；前日跟班较晚，次日可轮值店长值班			
	9:30~10:30	商圈竞争对手市场销售信息调研			
	10:30~12:00	走动管理（巡场）：各楼层、各品类、收银台、安全、卫生等方面			
	13:30~15:30	重点供应商、重点品牌的沟通（货品、人员、现场活动等事务）；行销策略			
	15:30~17:00	巡场（关键工作的宣导、沟通、交流）			
	17:00~18:00	当日销售估算形成晚班与次日店铺运营管理预测与要点分析策略；夕会			
常规加班工作					
项目	时间	常规工作			
每周	周促销/周销售总结会	周计划确认、促销检查、监督、协调工作（大型节假日或活动尽量跟班，业绩波动大尽量跟班）			
每月	月促销/月计划	促销检查、监督、协调工作			
每季	季促销/计划	确定计划、促销检查、监督、协调工作			
每年	年促销/计划	确定计划、促销检查、监督、协调工作			
主要固化成果与沟通机制	报告报表总结、计划等	日、周、月、季、年度业绩报表与计划	成本费用控制报表	预算	促销及项目活动报告
	完成时间	日、周、月、季、年度	月、半年、年	12月20日前及每季度	
	例会名称	日、周、月、季、年度会议	各期经营会议	预算启动/评审会	专项评审报告会
	实施时间	日、周、月、季、年度	周、月、季度	年底前一个月	活动方案前后一周

岗位工作方法与管理工具

关键流程名与简述	日会、周会、月会、年会
	开店流程；招商/调整优化流程；经营目标与管理绩效流程；市场促销流程；危机公关流程

续表

关键制度名与简述	《业绩激励与考核制度与办法》《招商采购流程及制度（手册）》《店铺运营手册》		
常用的管理工具或表单	**名称**	**作用**	**周期时间**
	日、周、月、季、年度业绩报表	了解各区间的业绩情况及竞品战情	日、周、月、季、年度
	月度、季度、年度绩效合约	月度、季度、年度目标激励	月、季、年
	各类费用成本报表	费用成本的审核、审批	月度

第三节 人才可复制工程

人才复制工程的价值与意义，人人都懂，家家都明。定义解释遍地都是，网络上也有。笔者在这里只想讲讲两大方面：一些原则、标准和方法；人才复制也分层级，不是一刀切的模糊理论，这一点是目前理论界从没正式界定、分清的。那就是关键岗位梯队建设，一线技能工的师傅制（全能、多能工）

一、复制——是企业人才建设的最佳途径

企业的发展需要源源不断的人才，很多企业说企业什么都不缺，只缺有用的人。人才的来源和途径有很多种，招聘和内部培养都是其中之一，但招聘人才需要投入大量的成本，同时还有一个价值观的匹配问题，特别是高端人才，更加突出。传统培养方式也需要大量的时间和成本，成长较慢，如果企业拥有一台像复印机一样的人才复制系统，那么企业就会拥有源源不断的适合企业发展所需求的人才梯队（见图 10-1）。

图 10.1 人才三原则

二、标准——是人才复制的支柱和核心基因

人才是可以复制的，其前提是要有标准，就像复印文件一样，要有原稿，人才标准包含选人标准、工作标准、培训标准、绩效标准。有了这些标准就可以对其进行培训，培训就好比复印机，使其在短期内成长为某个岗位需求的人才（见图10.2）。

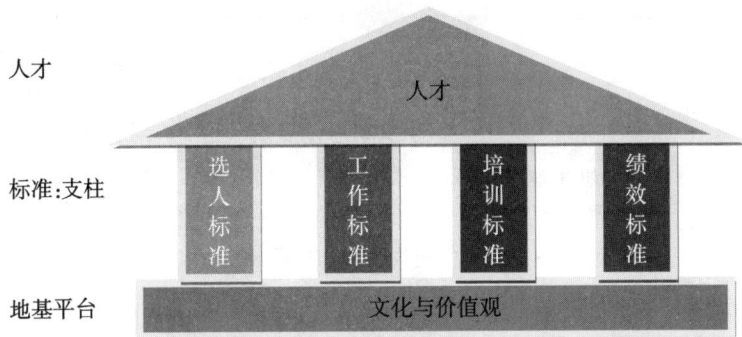

图 10.2 人才复制基因

三、关键岗位人才梯队复制步骤

人才梯队复制前要进行关键岗位甄别，不是所有岗位都是关键岗位，所谓关键岗位有几个重要的特点，首先是岗位重要性、影响度、稀缺性，如关键的管理岗位和技术岗位；其次是培养难度大，周期长。确定关键岗位后，就要对岗位进行分析，建立岗位的4个标准，有了标准以后再对梯队进行培训（见图10.3），使其基本达到岗位职业化标准。

四、一线技能工/多能工培养关键

一线技能工以及关键基础岗也是企业得以正常运作的重要人才保障，特别是经验丰富的技术工，所以一线技能复制培养也是重中之重。同时一人多岗、多技能是稳定一线的必要方式之一。一线多能工培养的关键首先也是要选好标杆沉淀标准，其次是要选好能说、能教、能带人的师傅（见图10.4），然后再通过传帮带的方式使大部分的一线员工成为多能工。

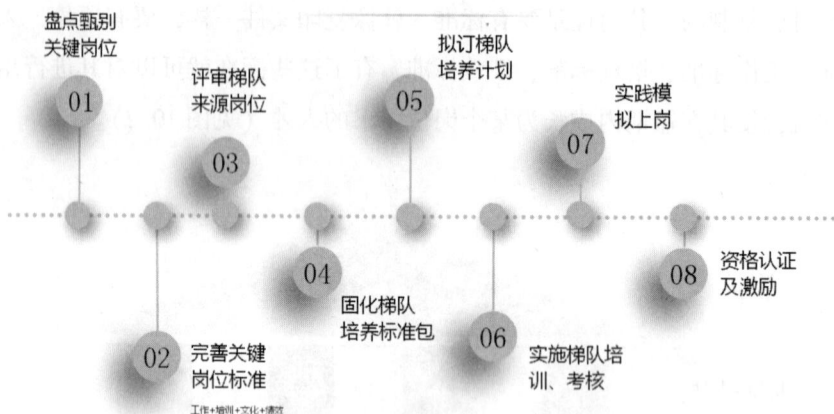

图 10.3 关键岗位梯队建设 8 步法

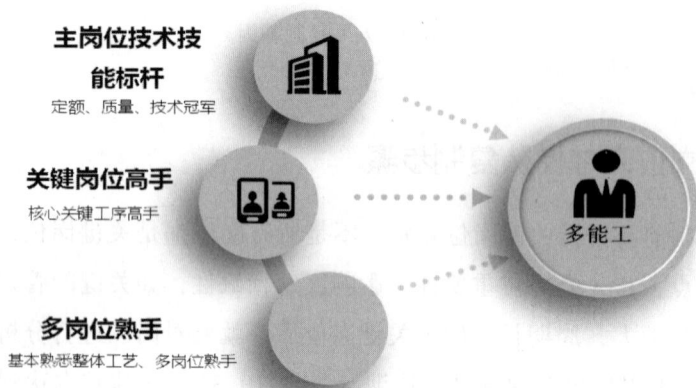

图 10.4 传帮带——技能工/多能工

五、核心竞争与持续发展：人才复制是核心机制与战略

一个企业如果不考虑人才培养，那是没有远见的，也是注定走不远的，所以企业领导人和所有管理者要把人才工程放在战略高度，要给予足够的重视和支持。同时一个企业如果没有一套完善的人才机制，也注定培养不出人才，更留不住真正的人才，所以作为人力资源部门建立一套完善的人才机制就尤为重要。人才工程是一个系统的工程。并非一个部门就能完成，是需要举全公司之力，各部门共同配合才能完成的，人才培养也不是一时兴起的工作，而是一项长期重要任务，要着眼于长远和未来，所以拥有一套完善的人才选、

识、育、用、留机制在背后支撑就十分重要，简单总结有以下几个关键：

1. 选才

人才选用的标准是人才梯队来源的尺子和门槛，要保证选进来的人可以符合基本要求，特别是价值观要一致。

2. 识才

识别人才，既要注重人才的绩效价值，也就是业务能力、工作能力，也要注重其适配性，归根结底是人才的品德。识人切忌看表面、看对上、看大事；一定要懂得看实质、看群众、看细节；打破传统 HR 的时间维度论，以业绩为导向、以标杆典范为导向，加大加快员工职业生涯成长。

3. 育才

培训培养的路径、方式、考核的标准要明确，要让每一个选进的梯队人员清楚自己努力的方向。

4. 用才

人才不用是浪费，同时会消磨其追求进步的激情，所以设计好人才发展通道，让每一个通过培养的人才都能有用武之地。

5. 留才

人才还必须留得住，建立一套有激励性的留才机制，让其保持激情并不断地在企业平台上持续追求进步。

六、为什么留不住人才？

员工的离职原因林林总总，马云同志讲只有两点最真实：钱，没给到位；心，委屈了。

这些归根结底就一条：工作不爽。

1. 什么是人才

做得了事，吃得了亏，负得了责，干得成事，就是人才。

2. 什么是领导

指引得了方向，给得了方法，凝聚得了人心就是领导。

3. 什么是忠诚

为了工作、目标、事业，能把命都拼上去，不成不罢休就是忠诚。

4. 怎么样留住人才

必须给员工 4 个机会：做事的机会，赚钱的机会，成长的机会，发展的机会。必须经营员工 4 个感觉：目标感，安全感，归属感，成就感。

5. 什么是培养人才

敢于给员工做事的机会，也能给员工犯错的机会，这才是培养人才。只要他忠诚，只要他愿意，只要有标杆，七八成就提拔，让他磨炼。计划培养计划见图 10.5。

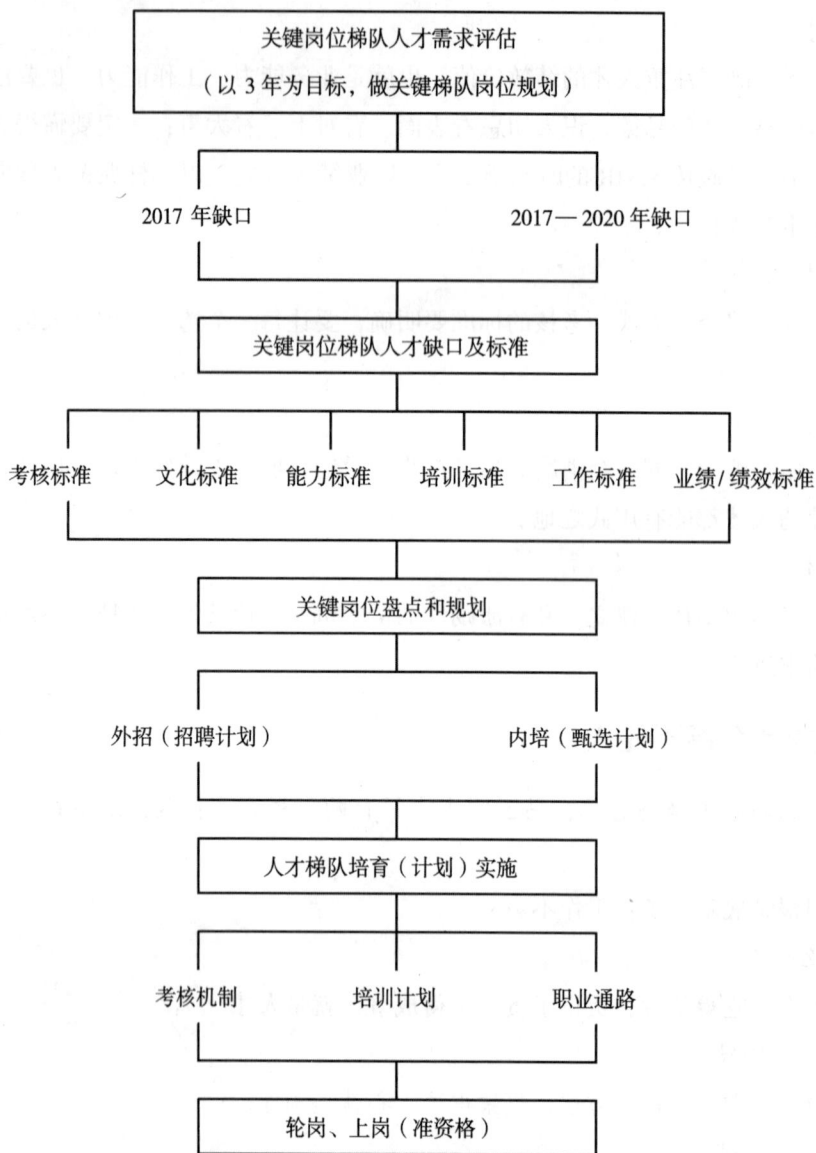

```
          ┌─────────────────────────────────┐
          │      关键岗位梯队人才需求评估      │
          │ （以 3 年为目标，做关键梯队岗位规划）│
          └─────────────────────────────────┘

   2017 年缺口                        2017—2020 年缺口

          ┌─────────────────────────────────┐
          │       关键岗位梯队人才缺口及标准    │
          └─────────────────────────────────┘

  考核标准   文化标准   能力标准   培训标准   工作标准   业绩/绩效标准

          ┌─────────────────────────────────┐
          │          关键岗位盘点和规划        │
          └─────────────────────────────────┘

   外招（招聘计划）                    内培（甄选计划）

          ┌─────────────────────────────────┐
          │       人才梯队培育（计划）实施      │
          └─────────────────────────────────┘

   考核机制          培训计划          职业通路

          ┌─────────────────────────────────┐
          │        轮岗、上岗（准资格）        │
          └─────────────────────────────────┘
```

图 10.5 关键岗位梯队建设机制逻辑示意

【示例：关键岗位人才梯队实施计划表】

步骤	月份 / 项目	3	4	5	6	7	8	9	10	11	12	1	2	3	4	5
1	盘点确认关键岗位	■														
2	建立健全关键岗位工作标准化指导书，包含选人标准、职责、基本工作内容，日、周、月工作成果，工作开展涉及的流程制度、权限、KPI与组织绩效，培训成长设计的课程课目等		■													
3	梳理确定该岗位培训包，拟订培训计划			■												
4	按培训计划实施培训、考核、领证					■	■	■								
5	轮岗给予上岗实习（副职助理）等机会									■	■					
6	从职场生涯或薪酬待遇，两个方向给予资格及荣誉的规划													■	■	

【示例：一线技能工（传帮带/师傅制）人才生产线】

步骤	月份 / 项目	3	4	5	6	7	8	9	10	11	12	1	2	3	4	5
1	盘点现有工序，确定关键工序及一线岗位（培养周期长、技术掌握与供应有难度等）	■														
2	盘点周边及市场人力资源配备瓶颈及确认难招岗位		■	■												
3	建立以上岗位标准（参照现有SOP）				■											
4	建立健全以上工序的导师制（师傅选拔标准）					■	■									
5	按以上标准考核选拔首批师傅与导师							■	■							
6	按目标与岗位的标准启动师傅与多能工培养									■						
7	总结形成以上岗位的快速培养、培训、帮带体系（×名技能工×师傅×多能工目标工程）										■	■				
8	按类分线：一线员工与多能工循环复制											■	■			

第四节　标准化规范化工程（制度、流程、权限）

很多企业整天忙忙碌碌，员工累、管理干部累，老板也是天天累、天天发脾气，到底怎么了，问题出在哪里呢？

认真统计分析后发现，这些企业每天问题不断、错误不断，企业的一切围绕在解决各种问题，而不是经营目标，绩效增长。

这样企业根本还没有脱离"哺育期"和人治阶段，一切还要靠人的精力和智慧换取管理成果。要么没有机制建设，要么机制建设形同虚设。这样企业的标准化规范化程度处于初级阶段或者混乱水平！初级阶段混乱水平谈何持续？谈何百年品牌？又谈何快速发展与增长呢？

管理机制标准化规范化工程，是一个企业的根基，几乎等同于一栋楼房的地基，牢不牢固，扎不扎实，既影响一个企业发展的质量，也决定了一个企业成长的速度与风险，当然是企业可持续性发展的核心竞争优势之一。

一、标准化规范化之结构（见图 10.6）

一目了然，无须多讲。请各自检视企业标准结构与规范化范畴，知道缺陷，对比知差距。

二、规章制度制定程序

制度的形成和制订过程，一般有以下四个基本步骤：

第一步：提出。由有关部门和人员根据管理工作的需要，提出制度制定要求。经上级有关部门和人员同意后，进行充分的调查研究，提出制度草案。

第二步：讨论和审查。制度草案提出后，要广泛征求相关各方的看法和意见，集思广益，在充分讨论、研究的基础上，改正其中不切合实际之处，弥补疏漏，调整与其他制度矛盾、重复之处，使制度草案进一步完善化。修改后的制度草案、要报请上级管理部门审批。

第三步：试行。制度草案经上级管理部门审批后，可以试行。试行的目的是在实践中进一步检验和完善，使之成熟化、合理化。对于新制定的制度规范，试行是必不可少的一个阶段。

第四步：正式执行。制度经过一段时间试行、完善后，即可稳定下来，形成正式的、具有法律效果的制度文本，按照确定的范围和时间正式执行。与此同时，要向相关方面说

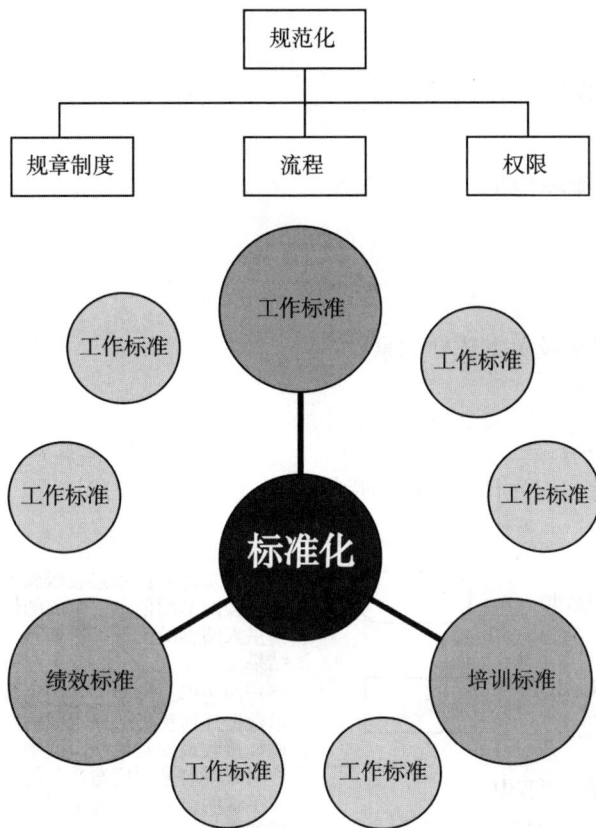

图 10.6　标准化规范化结构

明情况，报送上级管理机关备案。

三、流程的作用

1. 可控度与受控程度

2. 提高效率

3. 从隐性转向显性管理

4. 提高资源配置协调性

5. 实现层级与节点授权

6. 可快速复制

四、制订流程的标准与技巧

制订一套好的流程管理，企业应该建立正确的认识，满足四个条件，即在该战略上有感召力、组织上有可操作性、和业务息息相关、满足各类干系人的需要、有必要的激励制度。

（一）组织流程调研

（二）确定流程梳理范围

（三）流程描述

1. 明确流程的目标及关键成功因素
2. 画出流程图
3. 描述各环节规范
4. 流程收集成册，作为日常工作的指导依据（见图 10.7）

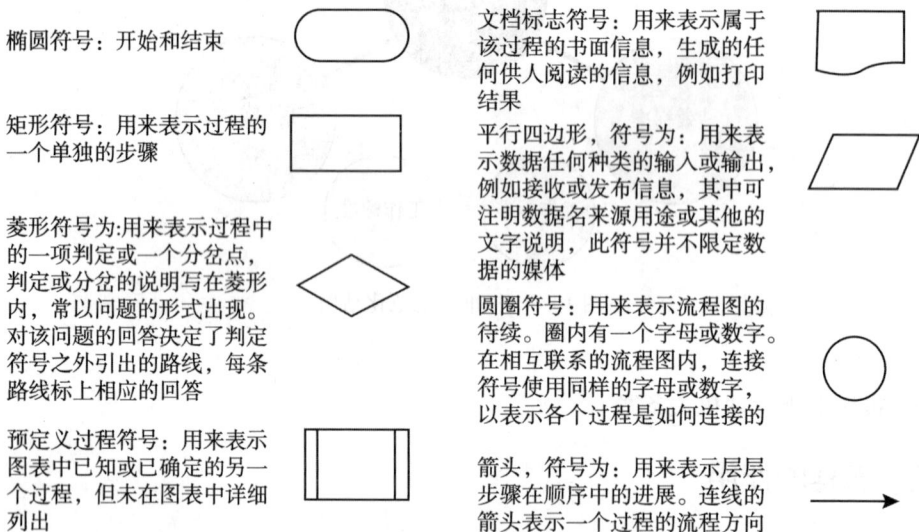

椭圆符号：开始和结束

矩形符号：用来表示过程的一个单独的步骤

菱形符号为:用来表示过程中的一项判定或一个分岔点，判定或分岔的说明写在菱形内，常以问题的形式出现。对该问题的回答决定了判定符号之外引出的路线，每条路线标上相应的回答

预定义过程符号：用来表示图表中已知或已确定的另一个过程，但未在图表中详细列出

文档标志符号：用来表示属于该过程的书面信息，生成的任何供人阅读的信息，例如打印结果

平行四边形，符号为：用来表示数据任何种类的输入或输出，例如接收或发布信息，其中可注明数据名来源用途或其他的文字说明，此符号并不限定数据的媒体

圆圈符号：用来表示流程图的待续。圈内有一个字母或数字。在相互联系的流程图内，连接符号使用同样的字母或数字，以表示各个过程是如何连接的

箭头，符号为：用来表示层层步骤在顺序中的进展。连线的箭头表示一个过程的流程方向

图 10.7 规范流程图符号

五、流程管理（见图 10.8）、优化（见图 10.9）与再造

（一）组织流程调研（完整、规范、宣贯、运用）
（二）确定再造优化的流程
（三）确立标杆范围与问题对比
（四）利用流程管理工具流程优化

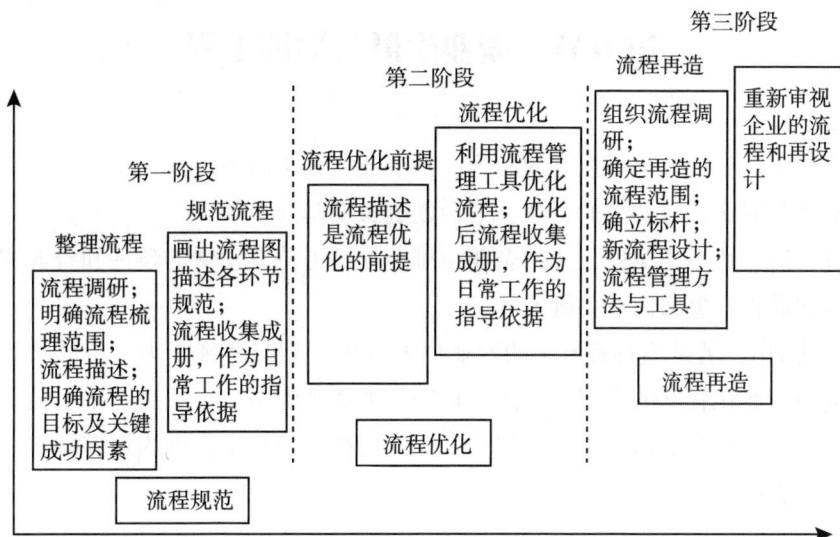

图 10.8　流程管理介绍

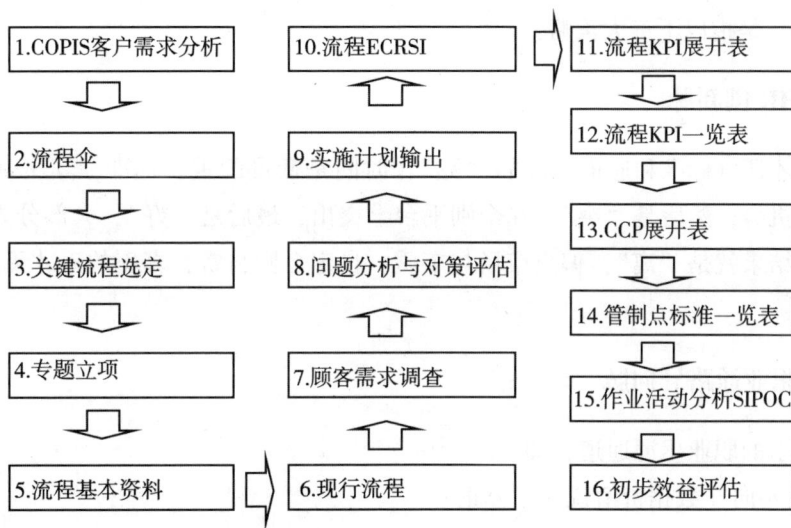

图 10.9　流程优化步骤

（五）优化后流程收集成册，作为日常工作的指导依据

（六）注意三大缺陷：责任人、时间、工具固化；两大原则：闭环、时效

第五节　职业生涯与培训工程

一个不关注员工成长与满意度的品牌，不会成为百年品牌。

一个不懂共同成长与共赢的企业，不会创造长期基业。

一个辨不清、留不住关键人才的企业，哪会具备可持续发展的条件和资源呢？怎么关注？怎么共同成长？怎么留住关键人才？

一个现代HR，若是不具备员工的职业生涯发展规划与实施能力，不具备如何不断提高员工技能与职业化程度的意识、方法。特别是那些关键岗位、关键人才，他们的职业通路与提升成长一旦成为空话、空白，那么企业的持续发展必定会因为现有资源瓶颈后续资源枯竭而成为空谈。

一、打通人才"任督二脉"，助力企业永续经营

人才是企业向前发展的不竭动力，人才通道和评价标准是人才孵化的催生力，打通企业内部人才发展通道，建立科学有效的评价标准是人才不断涌现提升的根基。所谓打通"任督二脉"，是指以下三大策略：

（一）HR创新脉

传统人才评价标准和通道关键靠"熬"，时间是衡量的重要标准，其次是"点"，领导点到才有机会，然后是"突"，在个别平台上突出，最后是"好"，大部分人觉得不错，这样造成的结果就是"离"，偏离市场与本质，自定自圆自赏，真正的人才无法涌现和受到重用。

（二）职业通路导向脉

构建科学的职业生涯通道，即

◆ 绩效导向（数据价值说话，公正）

◆ 典范标杆导向

◆ 潜质梯队，破格提拔

◆ 主动出击，组织发育

◆ 去HR权威化，去传统时间轴导向

◆ 回归市场与人性导向

（三）净化人才环境、优化组织氛围

责权利三位一体和对等，包容、欣赏、信任、激励，科学、规范、创新的理念，将会引导领导者不断优化、提升用人环境，给人才用武之地。

二、构建标准化培训体系（见图 10.10）

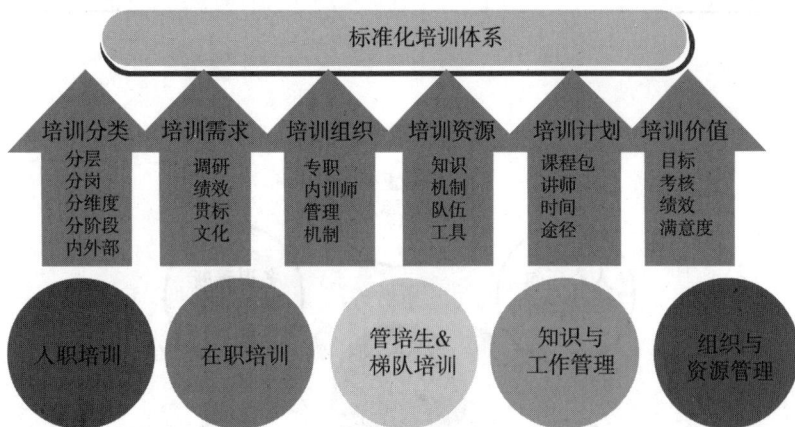

图 10.10 标准化培训体系

三、提供定制式培训服务：不仅要抓基础，更要抓成长

高管和中基层管理人员所需能力见图 10.11 和图 10.12。

【示例：入职/转岗培训计划表】

岗位			梯队人选		培养周期	
课程维度	课程门类		具体课程明细	课时	讲师	实操导师
文化与通识	企业文化与价值观					
	基本规章制度（员工手册）					
岗位技能与价值	岗位职责					
	岗位工作标准					
	岗位绩效标准					

续表

课程维度	课程门类	具体课程明细	课时	讲师	实操导师
组织秩序机制	核心业务/工作流程、权限				
	关键关联制度				
综合素质与能力	如：沟通技巧、商务礼仪、统计分析				

图 10.11 领导力培训——高管

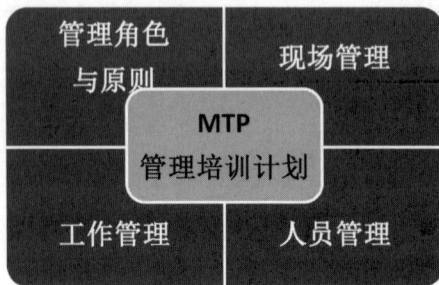

图 10.12 MTP——中基层管理

四、大力强化教练式培训

随着越来越多的工作者从最低工资岗位向高科技行业和办公室工作转变，有一个因素正给中国带来越来越大的压力：工作场所员工敬业度明显不足。一份著名的盖洛普研究曾将员工划分成三种类型：敬业、从业与怠业。

研究认为，敬业员工，即工作充满激情，感觉自己与公司存在深刻关系的员工，更有可能实现高效率工作，更积极主动，对公司更有益，也更可能留在公司长期发展。相反，怠业的员工通常会成为公司的负担，他们不仅给其他员工带来麻烦，而且会以一种漠不关心、甚至完全敌对的态度来对待业务。

中国的敬业度问题源自中国人对于权威与权力所赋予的文化重要性，根源是中国延续数千年的儒家文化价值体系，结果是大多数公司表现出命令与控制式的领导风格。对于激发与培养员工，促进公司的发展，只要无法直接转变成经济效益或个人利益，中国的管理者们通常都兴趣稀缺。

敬业度低的原因是什么？我们如何解决这些问题？盖洛普公司（Gallup）主席兼CEO吉姆·克里夫顿的回答非常简洁：

不论是在中国还是世界其他任何地方，造成专业水平、敬业度低的主要原因均是源于员工瞧不起自己的顶头上司的教练能力。

在全新的全球化工作场所，员工要求自主权和自由思考的权利，自上而下的管理策略已经不再有效。命令与控制式管理方法根本不可能带来积极变化。中国以及其他同样存在糟糕管理的地区怎样才能解决这个问题？答案就是教练制。凡是已经认识到导师与搭档的价值的资深员工们，一直将高管辅导作为一种重要工具，因为导师和搭档可以从不同的角度为他们提供宝贵的见解。

拥有高明的导师将给所有机构都带来巨大的好处：教练制是团队成员之间的一种双向沟通过程，旨在培养技能、积极性、态度、判断或执行力，以及为组织目标付出的意愿。

优秀的教练制是优质管理不可分割的一部分，它可以直接提高员工敬业度。管理者通常会忽视一个事实，即实现经济效益的最好方法实际上是刺激其他人实现各自的目标。教练制能在辅导者与被辅导者之间形成开放畅通的沟通渠道，建立互助友爱的关系，继而形成一种双赢的合作关系。

如果在一个办公环境中，员工将上司视为实现共同成长与成功的合作伙伴，而另外一个环境中，员工与上司相互厌恶，甚至妨碍彼此的工作，两种环境下工作效率的差异自然不言而喻。

或许有人会说，中国未来的成功或失败都取决于中国人的幸福程度与精神状态。敬业度会直接影响到工作效率、品质、客户互动与满意度、员工保留率、安全感、盈利能力、长期稳定性和发展潜力。

由于无法从根本上而且也不可能改变中国的文化传统，将管理者转变成导师，将工作关系转变成双赢的合作关系，才是目前最有希望解决中国敬业度不高问题的方案，教练制能够改造一切工作场所的文化。

如果中国公司开始注重培养管理者，激励、培养其他人，争取进行长期的、可持续的转变，中国成为全球领导者的潜力将得到彻底的释放。

五、关于企业商学院

（一）什么是企业商学院

企业商学院是企业常设的员工培训基地，是一种由企业出资建立的新型教育培训组织，为实现组织的战略目标而对员工、客户以及合作伙伴提供相关的培训与教育。

真正的企业商学院并不是简单地把公司的培训部门重新组合在一起，或者东拼西凑把一些不相干的课程按某种方式糅合在一起。真正的企业商学院应当是企业战略、企业文化和人力资源开发交汇融合的地点。它通常涉及一系列课程或计划，这些课程或计划通常都是根据公司的需要设计的，但有时候也会涉及外部课程或为公司的合作伙伴及行业的协会设置的课程。

（二）企业商学院的定位和目的

定位是：一个由企业兴办，为所有员工持续提供知识更新和知识管理的终身学习体系；一个为企业合作伙伴、销售渠道、服务中心、终端客户提供企业理念、产品知识和知识服务，从而汇聚和加强企业整体凝聚力的终身学习体系。

目的是：完成企业所有员工不同层次的培训，达成企业整体范围内的知识管理；为企业的合作伙伴提供及时的产品与技术知识，宣传企业理念和发展战略，从整体上加强联系，形成学习纽带，汇聚企业凝聚力，构建企业核心竞争力。

（三）人力资源培训与企业商学院的区别（见图 10.13）

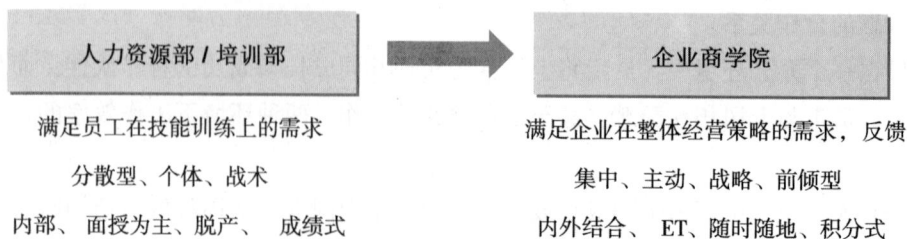

人力资源部 / 培训部	→	企业商学院
满足员工在技能训练上的需求		满足企业在整体经营策略的需求，反馈
分散型、个体、战术		集中、主动、战略、前倾型
内部、面授为主、脱产、成绩式		内外结合、ET、随时随地、积分式

图 10.13　人力资源培训与企业商学院的区别

（四）建立企业商学院的步骤（见图 10.14）

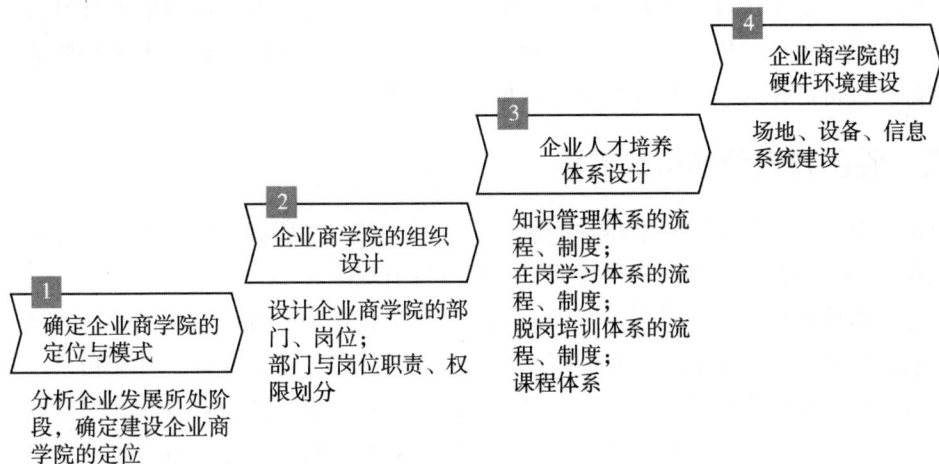

图 10.14　建立企业商学院的步骤

商学院的建立依托三大机制：在岗学习、脱岗集中式培训、知识管理。

□ 在岗学习：企业应通过约束激励制度，实行内部导师制、学习小组等多种方式的在岗学习、团队学习。

□ 脱岗集中式培训：脱岗集中式培训是企业人才培养的重要手段，能够集中、大面积、快速进行知识传播和学习。

□ 知识管理：企业应建立系统的知识管理制度，以保障沉淀在企业优秀员工身上的知识被发现、加工并在企业内传播，这是企业人才培养、绩效提升的根源。

第六节　胜任力工程（测评与提升）

一、何为胜任力及素质模型

胜任力素质又称为胜任特征，是指能将某一工作（或组织、文化）中有卓越成就者与表现平平者区分开来的个人的潜在特征，它可以是动机、特质、自我形象、态度或价值观、某领域知识、认知或行为技能。包括三个方面：深层次特征、引起或预测优劣绩效的因果关联和参照效标。

胜任力素质模型是指担任某一特定的任务角色所需要具备的胜任特征的总和，即针对特定职位表现优异的那些要求结合起来的胜任特征结构。

一个详细的胜任力素质模型应包括三个要素：胜任特征名称，胜任特征描述，行为指标等级的操作性说明。

它能够具体指明从事本职位的人需要具备什么能力才能良好地完成该职位职责的需要，也是人们自我能力开发和学习的指示器，同时人力资源管理工作者或职位的直线经理可依据该模型对员工进行有针对性的在职辅导，以使员工或从事该职位的人员具备所需要的能力，该模型还可以作为人力资源管理工作者对员工及从事该职位的人进行职业生涯规划的基础，也可以作为制订培训规划的依据和信息源。

二、胜任力模型的构成要素

决定一个人在工作上能否取得好的成就，除了拥有工作所必需的知识、技能外，更重要的取决于其深藏在大脑中的人格特质、动机及价值观等。

胜任力素质模型的构成要素一般为：知识，指个人在某一特定领域拥有事实型或经验型的信息；技能，指个体能够有效运用知识完成某项具体工作的能力；社会角色，即个体在公共场合所表现出来的形象、气质和风格；自我形象，指个体对自身状态感知能力，它包括对自己的长处和弱点、思维模式、解决问题的风格，与人交往的特点以及对自我角色合理定位等的认识；品质，包括气质、性格、兴趣等是个体表现的一贯反映，如性格内外向、不同的气质类型等；动机，指推动个体为达到某种目标而采取一系列行动的内驱力，如成就动机强烈的人会持续不断地为自己设定的目标努力。

创新型素质胜任模型四大核心维度：职业技能（能做什么）、职业素质（角色定位、自我形象）、职业行为（价值观、品质、动机）、职业价值（绩效、增长、贡献）。

三、胜任力模型的运用

（一）建立人才选用、培养、发展标准

一个公司的胜任力模型就是一个公司的人才标准，它影响着公司的招聘、培训、职业发展、绩效甚至薪酬等重要人事决策，并最终影响着企业的绩效。

（二）建立职务分析与工作标准

以胜任力为基本框架，通过对优秀标杆性员工的关键特征和组织环境与组织变量的两方面分析来确定岗位胜任要求和组织的核心胜任力，是一种人员导向的职务分析方法。即按照组织未来发展的要求来重构岗位职责和工作任务，确认职务要求，科学地调配人与岗，做到人与岗的最佳匹配。

（三）建立人员选拔依据与标准

依据的是该工作岗位的优异绩效以及能取得此优异绩效的人所具备的胜任特征和行为。根据岗位胜任力模型，对员工的价值观以及在过去所表现出来的能力高低进行判断，并与岗位胜任力标准对照，预测应聘者在该应聘岗位的未来表现，做出相应的选用决策。

有才无德不能用，企业应关注和减少胜任风险与培养风险。胜任力模型中社会角色和自我概念决定了人的态度和价值观，对其测评、改进和发展是人才选拔中最致命和关键的前提要素。

（四）建立基于胜任力的激励机制

基于胜任力分析而设计的激励机制要求企业与员工之间的关系是以劳动契约和心灵契约为双重纽带的战略合伙伴关系，使员工与企业共同成长和发展，形成企业与员工双赢的局面，包括建立合理、公正的绩效管理体系，建立与知识型员工的需求相配合的价值管理体系两大方面内容。

（五）建立基于胜任力的培训机制

培训是人力资源开发的核心，准确把握培训需求，是实现高质量、高效率培训的前提。员工胜任力模型的构建过程不但可以评定各层次员工现有的能力水平和素质现状，并且这些信息是量化的，有可比性，这种差距就是培训的内容和目标所在。发现员工的能力素质短板，对症下药，有针对性地设计培训内容和培训课程。

（六）建立基于胜任力的评估机制

对目标的完成、绩效的提高和能力的评估，可以帮助市场类员工完成目标，完善自我，以及了解自身在公司中的事业发展机会。

对能力的评估通常包括：

（1）员工的服务营销能力和素质优劣势；员工的潜在能力和发展趋势怎样？

（2）员工需要什么样的能力和经验才能满足岗位所明确的条件？

（3）要采取何种培训才能弥补员工经验和能力的不足？

通过使用评价中心等方式，对员工的能力素质进行评估，以充分了解员工的能力状态，分析妨碍员工获得更好绩效的能力障碍，员工的事业目标和他们的愿望。

根据这些信息，员工制订出绩效和能力发展目标及行动步骤，从而在工作中不断改变自身的行为，取得个人和公司期望的绩效成果。

（七）建立以能力和绩效为基础和依据的薪酬体系

随着经济知识化、信息化，以及组织结构弹性化和扁平化，工作小组或团队成为组织结构的基本单位。同一个工作团队的员工彼此之间没有很清晰的职责划分，大家共同协作，共同对团队绩效负责。

无边界工作、无边界组织成为组织追求的目标，工作说明书由原来细致地规范岗位任务和职责，转变为只规定岗位的工作性质、任务以及任职者的能力和技术。

相应地，薪酬体系也经历了以职位为基础到以个人能力为基础的变化，其中宽带薪酬体系就反映了以个人能力为基础的薪酬设计思想；同样，具有不同能力结构的公司员工可以设计不同的薪酬结构。

四、构建胜任力素质模型存在问题与优化思路

1. 在员工胜任力管理方面，企业通常存在的核心问题

- 选人、用人、育人时，所依据的标准不明确
- 只关心员工能不能胜任而不关注员工适不适合做
- 培训工作开展效果不明显，知识、方法、技巧培训了一次又一次，但业绩还是不明显
- 存在"干一行，爱一行"的误区，不能发挥员工的优势
- 不知道本企业运作所需要的核心能力有哪些
- 有的人学历、知识、技能很好，但不能产生高绩效；有个性与思想的人难以发展
- 专业人员发展空间成为老大难问题

2. 最大误区与败笔——盲目无规的 360 度评测弊端造就了好人好印象文化，丢失了企业活性与员工活力

3. 优化思路需要注意以下要点：

- 明确核心能力，进行素质定义
- 进行能力等级定位，选拔标杆式人员
- 通过行为事件访谈和其他方法收集数据；坚决采用和实施二级评测事例制
- 多用数据、事例、举证说话，少给主观者随意者随性机会和空间
- 设计各职位类别的核心能力模型
- 指导企业建立能力测评体系
- 指导企业将能力模型通过四维度透析法面试技巧，运用到招聘过程中
- 辅导企业将能力模型在人才选拔中作为核心要素进行评价
- 辅导企业将能力模型运用于培训课程设计中
- 辅导企业将能力模型运用在业绩管理中作为能力要素进行考核
- 辅导企业将素质模型与薪酬体系接轨
- 工作安排

根据企业业务发展的需求和员工的能力水平，灵活地对员工的工作进行合理安排，使人和岗最佳匹配，以人为本得到最大限度的体现。

- 员工培训

根据核心能力模型的要求，评估现有职位员工目前的能力与理想能力之间的差距，以确保培训课程的设计针对性，提高员工能力

● 绩效导向、业绩管理

对员工在工作过程中表现出来的能力进行牵引，根据员工的表现提出及时有效反馈，帮助员工提高绩效水平。

● 薪酬管理

根据员工所表现出来的能力水平，来确定员工的薪酬水平，极大地鼓励员工去提高自身的能力水平。

● 专业化发展

引导企业人员打造业务领域内的专家，实现职业化发展。

五、胜任力素质模型构建流程与技巧（见图10.15）

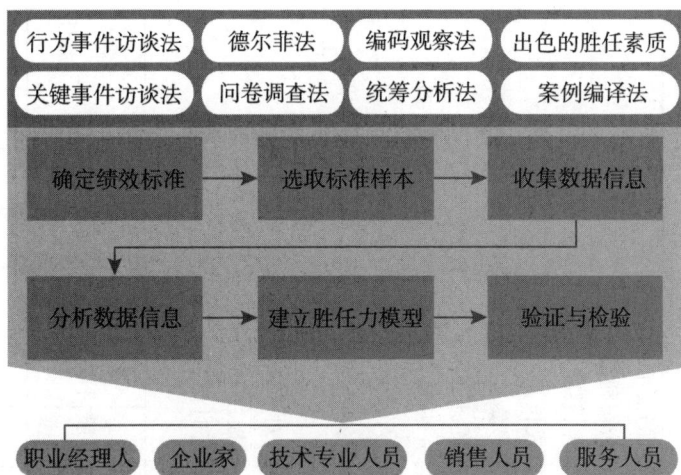

图10.15　如何设计胜任力模型

（一）职系与序列划分

制订职务序列表，不一刀切，注意分类区别。

（二）能力素质要素提炼

分维度，选标杆，列要素，建标准，配权重，定档级；不求十全十美，抓住核心焦点。

（三）能力素质要素评级

拿数据、举实例、要客观、去主观；公平、公正、负责任；抓关键，看本质，不随意，不随性，优劣直观再提升。

【示例：_____ 胜任力与匹配度测评表（中高管）】

测评指标	绩效价值（25%）	文化价值观（20%）	忠诚度与大局观（15%）	内部客户满意度（10%）	规范标准 OR 创新能力（15%）	团队管理 & 组织发育能力（15%）	合计
测评标准	（本年度经营管理目标、重点工作项达成成绩效）	1. 自我：认同，遵守公司文化 2. 言行：与公司文化价值观一致，以此为作则 3. 正能量：不仅能坚持落地执行，并且时刻以此标准关注身边人和事，对企业文化有良性监督提升作用	1. 公司利益优先，个人利益服从公司利益 2. 有奉献精神，愿意与公司共同成长，时刻维护公司形象 3. 从全局高度，长远眼光观察、分析问题，不计较个人或部门得失，顺全公司整体推进 4. 爱岗敬业，对于公司困难能积极主动找方法，紧盯时间，解决难题	1. 关联部门业务支持与协作满意度 2. 对上级的服从、配合度 3. 对下级的指导、培育，支持度	1. 严格执行现有工作流程 2. 对流程中不当之处，具备审视能力，形成制度、流程标准化的能力与结果 3. 以身作则，系统或部门内无违反制度、流程现象	1. 依团队成员专长合理人岗配置 2. 通过授权，合理激励等手段，充分发挥团队成员优势，保障团队工作目标（绩效）地持续达成 3. 关键梯队与组织发育健全（无缺岗失控风险），组织具备传承持续能力	
测评等级	完全胜任 20~18 / 胜任 18~15 / 一般 15~10 / 不胜任 10~0	完全胜任 18~15 / 胜任 15~10 / 一般 15~10 / 不胜任 10~0	完全胜任 15~12 / 胜任 12~10 / 一般 10~8 / 不胜任 8~0	完全胜任 15~12 / 胜任 12~10 / 一般 10~8 / 不胜任 8~0	完全胜任 10~9 / 胜任 8 / 一般 7~6 / 不胜任 5~0	完全胜任 10~9 / 胜任 8 / 一般 7~6 / 不胜任 5~0	
实际完成、达成率×权重配分或加权绩效							

续表

测评指标	绩效价值（25%）	文化价值观（20%）	忠诚度与大局观（15%）	内部客户满意度（10%）	规范标准 OR 创新能力（15%）	团队管理 & 组织发育能力（15%）
两极事例测评依据	1. 必须诚实举出具体事例,现象,否则无效 2. 不了解,没把握,可以放弃评定					
评分	由主测评人或经营管理部依据全年工作完成情况评定					
根据以上维度（优点）						
根据以上维度（不足）以及提升需求计划						

【示例：＿＿＿＿胜任力与匹配度测评表（中基层、职员）】

测评指标	积极主动，快速反应；高效执行力（20%）				内、外部客户满意度（20%）				文化价值观（20%）				学习成长，提升潜质（20%）				岗位绩效价值（20%）				合计	等级
测评标准	积极主动开展各项工作；快速反应，立即执行；有时间观念；懂计划，抓过程，有结果				积极主动配合协作，对组织绩效有强大推动作用和表率，及时解决问题，团结和谐，关心关爱他人				1. 自我：认同，遵守公司文化 2. 言行：与公司文化价值观一致 3. 正能量：不仅能坚持落地执行，并且时刻以此标准关注引导身边的人和事				不懂就问，掌握各项标准，全方位学习应用，钻研业务。具备培养提升优势与空间				日常各期绩效考核加权平均水平与表现					
测评等级	完全胜任	胜任	一般	不胜任	完全胜任	胜任	一般	不胜任	完全胜任	胜任	一般	不胜任	完全胜任	胜任	一般	不胜任	完全胜任	胜任	一般	不胜任		
	25~18	18~15	15~8	8~0	25~18	18~15	15~8	8~0	20~15	14~10	9~6	5~0	20~15	14~10	9~6	5~0	10~9	8	7~6	5~0		
人员得分																						
数据、事例记录																						
优点																						
缺点、需求																						

后记： 可持续发展与"互联网+" 大数据
——与时代同步或超越时代

　　2013 年底，基于朋友多年等候与邀请，笔者糊里糊涂误闯进"互联网+"领域。也有幸结识了国内较早研究和推广电商、微商、B2B、B2C、O2O、大数据等的"大咖"与高手，是他们不吝深教与渊博的新知识，以及几乎颠覆、疯狂的创新思维、转型案例、裂变奇迹，带我走进圈子，并一头扎进去做了几年研究，同时也有幸操刀和参与了一些电商、微商、APP、新媒体传播项目。拥抱互联网与时代同步或超越，将最终决定个人和企业可持续发展与资源管理前景。

　　在此，一并感谢这些良师益友过往的支持与帮助。其实，我们应该记住他们对中国"互联网+"的先驱性、领袖性贡献与付出，因为他们才是真正在实操落地的大师与专家。

　　感恩与微商名嘴方雨兄交流合作，与电商大咖龚文祥老乡的合作，与微电影之父郑云大师的畅谈交流合作，与国内首家众筹上市公司小腹基丁总、赵欣兄北京专访交流，与中国电商会董事长林裕坤先生袁飞秘书长的互访畅谈，腾讯总部谢总的拜访及移动零售模式探讨，中国跨境电商洋务派创始人匡将老弟，肖森舟大咖的首本《微信营销 108 招》，特别是由凌教头、徐义、黄刚、大熊、青龙老贼、方雨等电微商先驱大咖们牵头、工信部与义乌市人民政府主办的首届世界微商大会。后期受教和君资本董事长曾勇华博士关于新资本的指导，以及与国内首家大数据公司创始人杨贵勋（ALEX，国际大数据华人架构师）在深圳留学生创业园多次聚会、指导、合作。

　　那段难忘的岁月，正如"互联网+"微电商的颠覆与裂变一样令人亢奋不息，几乎每天在接待、拜访、交流、培训。来自全国各地的微商电商界朋友，有时候一天要接待六七波人。很忙、很累，但是每天都有新收获和新知识冲击和改变着自己和周围的一切。

　　基于那些沉淀和经历，接下来，笔者想谈谈可持续发展与"互联网+"大数据的契合点与共融性。

　　未来的时代，或者说近一点，至少后五年、十年，一个企业的可持续发展，真是离不开"互联网+"、大数据、智能化这三个大时代趋势的，不光是中国企业，世界各国企业与经济都会因此步入一种新的可持续发展时代，真正回归商业和顾客本质。

　　中国企业在"互联网+"时代的六大反应与困惑：

（1）观望——不知、不懂、不信

（2）对抗——慢半拍、不学习、不融合、顽固对立

（3）迷惑——什么转型、转型什么、怎么转型

（4）激动——疯狂、急躁、如饥似渴、异想天开、暴富传奇

（5）乱动——全盘否定走极端，线上线下割裂，没有定位瞎投资，不动模式瞎运作

（6）失望——不见奇迹失去耐性，没有裂变质疑基因，虎头蛇尾半途而废

下面是笔者在暨南大学、中国首家大健康行业微商招商发布会以及深圳华强北、广州中国美容协会等机构和领域做过的一些专题交流讲座、实操经验分享，希望可以抛砖引玉、交流碰撞：

认清本质，化难为易，循序渐进，面对"互联网+"、O2O 及大数据应注意：

（1）创新理念

不复杂、不可怕；不做不一定死，不懂乱做必死；社会讲分工，细分有差异，不懂别装懂，多学开视野。

（2）简单认识

①"互联网+"

就是现有的商业模式、发展战略、价值链、业务流程、商业运营和互联网产生关联融合，借助其优势提速、增效、互补。

②O2O、B2C 等

线上线下共同体、并存、结合，回归商业的便利和顾客本质，不是割裂和冲击；比如：移动新零售、综合平台、APP 等。

③大数据

基于产品与服务价值链各关键节点的数据，信息的记录、收集、整理、分类、分析等，最后又回到升级与提升客户便利与满意度、精准度的运用。

（3）谁适合干什么，怎么干

①品牌零售业、百货业、大卖场

适合电商 PC 平台+移动 APP，均适合 O2O 模式，其品牌零售业还适合发展微商（微代理、微直销均可）。大数据运用对它们都有极强效果与好处，但是重点是先有套适用固化的信息管理分析分享机制（如：报表、评测、预警、结论）。

②电商平台与微商

中小企业，非行业集中型品牌，适合进知名度高、区域平台、细分平台（如：进淘宝、天猫、京东），也适合自建移动 B2C 即 APP。大型企业与成熟品牌，适合自建平台及 APP。

③电商、APP、线下实体商品及价格问题

实体价格×（70%～90%）＝电微商价格。误区：商品不能同质化，商品必须同价，互联网只卖低价货。

（4）智筹新资本

O2O 与互联网+溢价能力及新资本市场估值。本书中写过一个公式，现在再举例解释下：

流量/粉丝×成交率/转化率（A：随机 3%～5%；B：聚焦 10%～20%；C：精准 30%～50%；D：会员转型 50%～80%）×成交单价×重购率（次/年）×溢价系数（A：2～5 倍；B：5～10 倍；C：10～30 倍；D：30 倍以上）

例：10000×10%×20 元×50 次×20 倍＝2000 万元

即：一个拥有 1 万粉丝的小平台，在假设条件下，其估值近 2000 万元。

假如需要融资、风投，可以去做商业计划路演发布，新资本市场有 Q 版、新三板，进入条件和费用极低，可以去挂牌做股权交易融资。这就叫"互联网+"的裂变溢价效应，也说是新资本杠杠效应。

亲爱的读者朋友，想分享的东西好多，虽然不会是最好的，但是一定是最真诚的！谢谢您的关注与厚爱，保持联系，再深入交流。